매너 레벨 올리기

삶이 갓생으로 술술 풀리는 사회생활

매너 레벨 올리기

이정민(매너도서관) 지음

서사원

세상 모든 한수범을 위해

어느 날 아들이 취업 준비를 한다고 했다. 계속 어리다고만 생각했는데 어느새 그럴 나이가 되었단다.

"엄마가 면접 준비 도와줄까?"

당연하다는 듯이 제안했다. 난 엄마니까. 그리고 전문가니까.

"인사는 이렇게 해야 하고, 표정은 이렇게, 자세는⋯."

난 아들이 당연히 고마워하며 집중해서 들을 줄 알았다. 그런데 예상과는 달리 듣는 둥 마는 둥 태도가 시큰둥했다.

"아들, 듣고 있니? 엄마한테 개인 지도 받으려면 컨설팅 비용이 얼마인 줄이나 알아? 좀 잘 듣고 배워."

살짝 자존심이 상한 나는 허세를 부려봤다. 원래 자식에게 엄마 말은 전부 잔소리로 들린다고 하니 그러려니 하고 넘어가려 해도 섭섭한 마음은 여전했다. 그렇다고 취업을 앞둔 아들을 손 놓고 있을 수도 없는 일이었다.

그래서 엄마의 잔소리 대신 아들이 즐겨보는 유튜브라는 방법을 사

4 ●

용해보기로 했다. 아들에게 들려주고 싶었던 취업과 직장 생활에 꼭 필요한 매너와 준비사항을 휴대전화로 촬영했다. 그리고는 영상 편집을 아들에게 억지로 맡겼다. 편집하다 보면 어쩔 수 없이 내용을 몇 번이고 들어야 할 테니까. 물론 이런 내 의도는 비밀이었다.

유튜브 촬영은 생각보다 만만한 일이 아니었다. 현대판 맹모삼천지 교敎孟母三遷之敎가 따로 없었다. 그래도 애쓴 보람이 있었다. 아들이 면접을 잘 통과해 취업이 되었으니 말이다. 직장 생활도 제법 잘하고 있는 듯 했다. 게다가 엄마를 보는 눈도 좀 달라졌다. 요즘은 오히려 먼저 상담을 요청하곤 한다.

"엄마, 이럴 땐 어떻게 해요?"

"음, 그럴 땐…."

애초의 목적을 달성했으니 유튜브를 접으려 했다. 그런데 댓글 하나가 눈에 확 들어왔다. 아니, 가슴에 팍 꽂혔다.

"안녕하세요 선생님, 저는 대학을 졸업하고 취업 준비를 하고 있는 취준생
입니다. 선생님 영상이 올라올 때마다 노트에 번호를 매기고 적어가며 공
부하고 있습니다…."

그 댓글을 몇 번이나 반복해서 읽었다. 불현듯 사명감 같은 것이 샘 솟았다. 대학에서 내가 가르쳤던, 똘망똘망한 눈빛으로 수업을 들으며 열심히 공부하던 그 제자들의 모습이 떠올라서였다. 모든 사회 초년생

이 내 아들처럼 취업 상담을 해줄 엄마를 두진 않았을 테니 내가 대신 상담해주는 엄마이자 선생님이 되면 좋겠다는 생각이 들었다.

　그래서 이 책을 쓰기로 마음먹었다. 유튜브에서 못다 한 취준생과 사회 초년생을 위한 매너 이야기와 직장생활 노하우를 알려주고 싶었다. 주인공 한수범은 댓글을 달았던 그 구독자분을 모델로 만들어낸 인물이다. 자칫 딱딱할 수 있는 매너 이야기를 좀 더 흥미롭게 읽을 수 있게, 하지만 내용은 결코 가볍지 않도록 하며 소설 형식으로 집필했다. 사회 초년생이라면 관심이 많을 소개팅 매너도 듬뿍 넣었다.

　이 세상 아들딸들이 취업이라는 사회생활의 첫 단추를 성공적으로 끼우길 바라는 마음을 담아 지난 수십 년의 강의와 비즈니스 경험 중 알짜 내용과 꿀팁을 뽑아 최대한 꽉꽉 채웠다. 이 글을 읽는 분 모두 즐겁게 매너 고수의 레벨까지 도달하는 모습을 상상하며 한 글자씩 써 내려갔다. 그래서인지 글을 쓰는 내내 무척 행복했다.

　자취방에서 희망도 없이 취준생으로 지내던 한수범이 게임을 하듯 레벨 1부터 시작해 한 단계씩 레벨을 높여가며 매너 있는 사람이 되어 취업에도 성공하고 승승장구하는 인생 역전은 바로 여러분의 이야기도 될 수 있다. 오늘도 이 책을 선택한 모든 독자가 취업과 인생에서 성공을 이루길 간절히 바라는 마음으로 원고를 마감하고 있다.

원고를 집필하던
당하동 서재에서

(CONTENTS)

LEVEL 3 | 사회생활 필살기 업무 매너 갖추기

LEVEL 4 | 능력이 더욱 돋보이는 직장 생활 매너 갖추기

등장인물 소개

한수범

시골에서 상경해 서울 소재 대학의 경영학과를 졸업한 취업준비생이다. 기본적인 인성은 따뜻하고 은혜를 잊지 않는 순수함을 가졌지만 투박한 태도, 다듬어지지 않은 외모와 매너로 취업과 연애에 어려움을 겪고 있다. 우연히 매너도서관이라는 유튜버를 알게 되어 매너 공부를 시작하면서 인생 역전을 맞이하게 된다.

매너도서관

한수범의 멘토이자 매너 전문가이다. 30대 초반부터 국내 대기업에서 국제 매너 강의를 하며 국제매너박사 1호라 불렸다. 한편 해외 비즈니스 컨설팅을 수십 년간 해오며 한국과 일본의 대학에서 학생들을 가르친 경험도 있다. 취미로 '매너와 서로 배려하는 따뜻한 삶'을 주제로 유튜브를 하고 있다.

김한별

한수범의 대학 선배이자 대기업에 취업해 직장에서 인정받고 있는 엘리트다. 한수범과는 대학 시절 동아리 활동을 함께하며 가깝게 지냈다. 지적이고 호감 가는 외모에 옷도 멋지게 잘 입고 다닌다. 늘 겸손하고 매너 있는 태도로 직장 동료들과도 잘 지낸다.

오다해

김한별의 입사 동기이다. 마케팅팀에 근무하다 결혼하면서 교육팀으로 부서를 옮겼다. 통통한 몸매에 둥근 안경을 쓰고 있어 마치 귀여운 펭귄 만화 캐릭터처럼 보인다. 평소에는 농담도 잘하는 털털한 성격이지만 교육할 때는 막힘 없는 명강사로 돌변하는 반전 매력이 있다.

고수정

한수범보다 1년 먼저 공채 채용으로 입사한 옆자리의 선배이다. 매사 업무 처리를 깔끔하게 해서 회사에서 인정받고 있다. 동료들과의 관계도 좋고 업무와 관련해 한수범이 수시로 도움을 받고 있다. 사회생활 역시 센스 있게 잘하고 있어 수범이 배울 점이 많은 선배이다.

엄병태

업무에 관해서는 완벽주의자인 마케팅 부서 팀장이다. 덕분에 회사에서는 인정받고 있지만 변덕스러운 성격과 잔소리로 부하 직원들에게는 '꼰(대중의 꼰)대'로 통하고 있다.

이아름

오다해의 후배이다. 탄탄한 중소기업을 운영하는 부유한 집안에서 사랑받으며 자란 명랑한 성격의 소유자다. 대학에서 산업디자인을 전공했고 졸업 후 전공을 살린 직장에 다니고 있다. 매너 없는 남자를 유독 싫어하고 결혼할 상대는 경제력보다 장래 가능성이 더 중요하다고 여긴다.

1

품격 있는 사람이 되기 위한
매너 갖추기

자신의 현재
수준부터 깨닫자

"이제 더 볼 게 없네."

수범은 짜증난다는 듯 중얼거렸다. 두문불출한 지 벌써 며칠이 지났다. 온종일 방 안에서 이런저런 유튜브 채널을 클릭하며 보고 있었고, 손바닥만한 원룸 여기저기에는 먹고 쌓아둔 컵라면 용기와 음료수 병이 나뒹굴었다.

"나 같은 인재를 대체 왜 몰라보는 거야!"

여러 날 감지 않아 기름진 머리카락을 긁적이며 한마디 푸념을 해본다. 자기처럼 실력 있는 사람을 몰라보는 세상에 화가 치밀었다.

***

한수범은 작고 한적한 시골 동네에서 태어났다. 그 안에서 나름 똑

똑하다는 소리를 들어가며 제법 귀하게 자랐다. 명문대는 아니지만 서울 소재 대학의 경영학과에 진학해 꽤 우수한 성적으로 졸업했다. 당연히 졸업하자마자 취업이 되리라 여겼다.

그런데 예상과는 달리 번번이 면접에서 탈락했다. 어쩌다 겨우 합격한 곳에서는 수습 기간만 간신히 채웠을 뿐이었다. 이제 시골에 계신 부모님에게 생활비를 보내달라고 연락하기도 염치없었다. 그렇다고 계속 여기저기에 이력서를 내는 것도 이제는 지쳤다.

***

기분 전환을 해보려고 틈틈이 소개팅도 했지만 매번 딱지 맞았다. 얼마 전에도 혹시나 하는 마음에 소개팅을 했다. 예쁘장하고 교양 있어 보이는 상대가 마음에 들어 없는 돈에 비싼 식사까지 했다. 그런데 연락준다던 그녀는 깜깜무소식이었다. 연락을 놓칠까 싶어 며칠 동안 휴대전화를 손에 쥐고 살았다.

"이 정도면 얼굴도 괜찮고 키도 큰 편인데… 도대체 뭐가 문제였을까?"

혼잣말을 하며 방 한구석에 있는 거울을 한참 들여다보고 있을 때였다. 소개팅을 주선했던 친구에게서 전화가 걸려왔다. 수범은 혹시나 만나자는 그녀의 메시지를 대신 전해주는 전화일지도 모른다는 생각에 급히 통화 버튼을 눌렀다.

"수범이냐? 그쪽에서 전화 없었지?"

"으응, 아직. 잘 지냈냐?"

태연한 척하려고 일부러 친구의 안부부터 물었다.

"야, 너는 도대체 뭘 어떻게 했길래 너무 매너가 없어서 못 만나겠다는 말을 듣니? 너 평소에도 격식 안 따지고 지내는 건 알았지만 설마 여자 만날 때도 그러면 어떡하냐?"

"어? 그게 무슨 소리야? 성의껏 한다고 했는데…."

"자세한 말은 안 하더라. 됐고, 다음에 술이나 한잔 하자."

"으응, 그래 고마웠다. 조만간 보자."

전화 끊는 소리가 마치 커다란 풍선이 옆에서 '뻥' 하고 터지는 것처럼 느껴졌다. 충격으로 한동안 거울 앞에서 멍하니 움직일 수가 없었다. 그때였다. 아까 틀어두었던 모니터 속 유튜브에서 들려오는 차분한 목소리가 문득 귀에 들어왔다.

"매너 있는 사람이 되면 좋은 상대를 만날 확률이 높아집니다. 끼리끼리 만난다고 말하잖아요? 내가 매너 있는 사람이 되면 연애 상대도 대부분 그 수준에 맞는 교양 있는 사람을 만나게 됩니다. 여러분은 교양 있고 매너 있는 사람과 만나고 싶으세요? 아니면 교양은커녕 함께 있을 때 남이 볼까 걱정되는 그런 사람을 만나고 싶으세요? 자신은 매너가 형편없으면서 상대는 예절 바르고 교양 있기를 바란다면 상대에게 차일 확률이 높지 않을까요? 여러분이 원하는 상대의 수준만큼 여러분의 모습을 바꾸어 보세요. 그럼 품위 있고 교양 있는 좋은 연애 상대를 만나게 되실 겁니다."

매너 없다고 딱지 맞은 전화 통화를 마치 옆에서 듣기라도 한 듯한 이야기가 흘러나오고 있었다. 이 말을 들은 수범은 갑자기 무언가로 머리를 한 대 맞은 것 같았다. 목소리의 주인공은 매너도서관이라는 처음 보는 유튜버였다. 수범은 화면으로 들어갈 것 같은 기세로 모니터 앞으로 바짝 다가가 앉았다. 그리고는 어느 때보다 진지하게 매너도서관의 영상을 차례대로 클릭하여 시청하기 시작했다.

왜 매너가
필요할까?

　　수범은 소개팅에서 자신이 뭘 잘못했는지 실마리라도 찾고 싶은 마음에 매너도서관의 영상을 이것저것 살펴보기 시작했다. 그런데 영상을 보면 볼수록 자신도 모르게 얼굴이 화끈거렸다.

　　"매너 있는 사람이 되면 품위 있어 보이니까 상대방으로부터 존중받게 됩니다. 무언가 함부로 할 수 없는 아우라가 느껴진다고 해야 할까요. 반대로 매너 없는 사람은 무지해보이는 경우도 있어요. 알게 모르게 무시당하게 되지요. 안타깝게도 본인은 무시당하는지 모르는 경우도 많고요."

　　여기까지 듣다 보니 소개팅 파트너가 자신을 무시했을 수도 있겠다는 생각이 문득 들었다. 보는 사람이 아무도 없는데도 수범의 얼굴은

홍당무처럼 빨갛게 달아올랐다. 잠시 영상을 정지시켰다. 생각을 가다듬기 위해 좁은 자취방을 왔다 갔다 했다.

아직 정확히는 알 수 없지만 소개팅뿐만 아니라 취업 면접에서도 계속 떨어진 이유를 어렴풋이 알 것 같았다. 자신의 태도에 문제가 있었을 수도 있다는 생각이 들었다. 여기까지 생각이 미치자 수범은 사막에서 오아시스를 찾는 심정으로 다시 영상을 재생시켰다. 자신의 문제를 좀 더 확실히 알고 싶어서였다.

"매너 있는 사람이 되면 취업도 더 잘되고 직장 생활도 더 잘할 수 있습니다. 사회생활에서는 실력이 같더라도 매너 있는 사람이 더 유능한 사람으로 인정받게 되니까요. 여러분이 면접관이라면 어떤 사람을 채용하시겠어요? 예절 바른 사람이요? 아니면 예의 없는 사람이요? 저라면 당연히 예절 바른 사람을 채용할 겁니다."

실력만 있으면 뽑는 게 아니라 예절도 바른 사람을 채용한다니, 그동안 필기 시험을 잘 보고도 면접에서 계속 떨어졌던 수수께끼가 풀리는 순간이었다. 지금까지 자신이 매너가 없어 면접에서 계속 떨어졌을 수도 있었겠다는 생각이 들었다.

여자에게 매너 없이 행동해서 딱지를 맞았다는 친구의 말과 함께 수범의 머릿속은 뒤죽박죽이 되었다. 영상에서 들리는 매너도서관의 목소리는 부드러웠다. 하지만 한마디 한마디가 수범에게는 뼈를 때리는 몽둥이 같았다.

"여러분은 누군가를 만날 때 상대의 수준에 맞추어 내 수준의 높낮이를 조절하는 그런 품위 있는 인생을 살고 싶으신가요? 아니면 상대가 나를 위해 수준을 낮추어준 줄도 모르고 우쭐대는 그런 인생을 살고 싶으신가요? 선택은 물론 여러분의 자유입니다."

여기까지 듣고 나자 수범은 다시 영상을 정지시킬 수밖에 없었다. 나처럼 괜찮은 인재를 몰라본다고 매일 불평하던 일이 부끄러워 잠시 마음을 가다듬고 싶어서였다.

한편으로는 '누군가를 만날 때 상대의 수준에 맞추어 내 수준의 높낮이를 조절하는 그런 품위 있는 인생'이라는 말이 머리와 가슴에 팍 꽂혔다. 그동안 얼마나 많은 사람이 버릇없는 자신을 보고 한심하게 여겼을지 생각하니 너무 부끄러워 어디 숨고 싶어졌다. 그래도 무언가 방법을 찾아야 한다는 생각에 수범은 영상을 계속 보기 시작했다.

"우리는 살아가면서 어떤 형태로든 누군가와 늘 어울리게 됩니다. 이때 불협화음 없이 함께 지내려면 서로 지켜야 할 에티켓을 익히고 실천해야 할 필요성이 생기게 되지요. 그런데 하루아침에 매너 있는 사람이 되기는 쉽지 않습니다. 지속적인 노력이 필요하지요. 예절 바른 사람이 되려면 외모, 행동, 사용하는 언어, 태도 등이 품위 있고 자연스럽게 잘 조화를 이루어야 합니다. 어려서부터 몸에 배도록 익히는 게 제일 쉽고 좋은 방법일 겁니다. 하지만 혹시 그런 기회가 없었다면 지금이라도 지속적인 관심을 가지고 노력하면 늦지 않았다고 생각해요."

수범은 화면 속 매너도서관이라는 유튜버의 얼굴을 한참 바라보았다. 마치 이제라도 늦지 않았으니 도와주겠노라며 자신을 보고 환하게 웃고 있는 것처럼 보였다. 순간 왠지 직접 만나서 상담하면 취업도 되고 여자 친구도 생기는 등 인생이 확 바뀔 것 같은 예감이 들었다.

능력 있는
스승을 모셔라

오늘은 드디어 매너도서관을 처음 만나기로 한 날이다. 수범은 아침부터 종일 마음이 둥둥 떠다니는 기분이었다. 인생이 바뀔 만남일지도 모른다는 생각으로 한껏 들떠 있었다.

하지만 막상 약속한 시각이 시간이 다가오자 자신의 모습이 이상해 보이진 않을지, 자신이 과연 잘할 수 있을지, 혹시라도 멘토가 되어달라는 자신의 부탁을 매너도서관이 거절하진 않을지, 너무 부족해서 나아질 가능성이 없다고 하진 않을지 등등 이런저런 생각으로 걱정이 앞섰다.

***

돌이켜 생각하니 어디서 그런 용기가 생겼었는지 모르겠다. 유튜브 채널에 공개된 이메일 주소로 무작정 만나달라고 메일을 보냈으니 말이다. 처음에는 유튜브 구독자인데 만나서 취업 준비에 관해 조언받고 싶다고 간단히 적어 보냈다.

사실 답장이 오리라고는 기대하지 않았다. 그런데 며칠 후 놀랍게도 매너도서관에게 답이 왔다. 필요한 내용을 메모해 보내주면 시간이 될 때 조언을 해주겠다는 답장이었다.

수범은 꼭 만나서 상담받고 싶다고 용기를 내어 다시 메일을 보냈다. 그러자 이번에는 요즘 일정이 꽉 차서 한동안 시간을 낼 여유가 없다는 정중하고 친절한 답장이 왔다.

세 번째로 보낸 메일에는 취직하지 못하고 있는 그간의 사정과 자신에 대한 소개를 정성껏 썼다. 꼭 직접 만나서 문제점이 무엇인지 상담받고 싶다는 간곡한 부탁도 다시 써서 보냈다. 아주 잠깐만이라도 좋으니 한 번만 만나달라는 말도 함께 썼다.

정성이 통했나 보다. 드디어 시간을 내보겠다는 매너도서관의 답신이 왔다. 수범은 약속된 날까지 자신의 절박함을 전하기 위해 매너도서관의 유튜브 영상마다 정성스러운 댓글을 계속 달았다.

***

드디어 약속 날, 혹시나 늦을까 봐 수범은 약속 장소에 한 시간 전에 도착했다. 그동안은 매번 약속 시각보다 늦게 도착했기에 이렇게 누굴 기다려본 적이 없었다. 그런데 기다리는 입장이 되어보니 기다

림의 시간이 그렇게 길게 느껴질 수가 없었다. 자신이 약속에 늦었을 때 친구들의 마음이 그제서야 이해되었다. 미안한 마음에 수범은 앞으로는 시간 약속을 잘 지키겠노라고 다짐했다.

드디어 수범을 향해 걸어오는 매너도서관의 모습이 보였다. 화면에서 보던 것보다 훨씬 더 마음 좋아 보이는 편안한 인상이었다. 수범은 반가운 마음에 인사하려고 급하게 일어섰다. 그런데 그만 테이블에 놓인 물컵을 엎어버리고 말았다.

수범이 너무 놀라 어쩔 줄 몰라 할 때였다. 매너도서관이 조용히 직원을 불러 수습하고는 얼굴이 홍당무가 된 수범에게는 괜찮다고 위로하는 듯한 환한 미소를 지었다. 그 순간 수범의 귓가에는 '할렐루야 할렐루야' 노래가 울려 퍼지면서 매너도서관의 등 뒤로 천사의 하얀 날개가 퍼지는 것처럼 보였다.

"많이 놀라셨지요?"

"아, 죄송합니다."

수범은 첫 대면의 순간을 망친 것 같아 창피한 마음에 당황하며 연신 머리를 만졌다.

"아닙니다. 그럴 수도 있지요. 인사가 늦었네요. 안녕하세요? 매너도서관입니다. 제 일정에 맞춰주셔서 감사합니다."

"아, 아닙니다. 제가 부탁드린 건데 당연하지요. 바쁘신데 일부러 시간을 내주셔서 오히려 제가 감사드려야지요. 저는 한수범이라고 합니다."

막상 인사하고 나니 수범은 어떤 말부터 시작해야 할지 아무 생각도 나지 않았다. 긴장한 탓에 준비했던 많은 질문 대신 그만 엉뚱한 질문이 툭 튀어나와 버렸다.

"저, 제가 취업을 할 수 있을까요?"

그녀는 따뜻한 엄마 같은 미소를 지으며 수범을 바라보았다.

"한수범 씨 지금 많이 긴장되나 봐요? 자신이 취업할 수 있을지가 궁금해서 절 만나자고 하신 건가요?"

그녀의 인자한 목소리에 수범은 순간 마음이 편안해짐을 느꼈다. 그래서인지 그만 앞뒤 자른 본심이 불쑥 튀어나왔다.

"아니요, 그게 아니고요. 매너도서관님 절 좀 도와주시겠습니까? 제 멘토를 해주시면 안 될까요?"

"좀 더 구체적으로 말씀해 주시겠어요?"

그녀는 재미있다는 듯이 빙그레 미소를 지어 보였다.

"제가 매너도서관님 유튜브 영상을 보면서 깨달은 것이 많습니다. 그동안 취직도 안 되고 소개팅에서도 번번이 퇴짜 맞은 게 제가 매너가 없었기 때문이라는 생각을 하게 되었습니다. 그런데 어디부터 어떻게 매너 공부를 시작해야 할지 막막해서요. 제가 공부라면 비교적 열심히 할 자신 있습니다. 사람 하나 구제한다 생각하시고 제가 매너 있는 사람이 되게 가르쳐주시면 정말 감사하겠습니다. 매너도서관님 말씀처럼 저도 상대의 수준에 맞추어 제 수준의 높낮이를 조절하는 그런 품위 있는 인생을 살고 싶습니다."

수범은 정말 비장한 표정으로 한마디 한마디 힘주어 말을 이어나갔다. 특히 '품위 있는 인생을 살고 싶다'라는 말을 할 때는 거의 울먹일 뻔했다.

"그런데 제가 매너도서관님에게 정식으로 교육비를 내고 컨설팅 받을 형편이 못 됩니다. 죄송하지만… 방법만이라도 안내해주신다면 제가 이 은혜 잊지 않겠습니다. 시골에서 평생 아들 하나만 바라보고 뒷바라지하시는 부모님을 생각해서라도 꼭 멋지게 성공하는 모습을 보여드리고 싶습니다."

이야기를 마친 수범은 두 손을 공손히 모으고 그 어느 때보다도 절실한 눈빛으로 매너도서관을 바라보았다. 수범의 이야기를 진지하게 듣고 있던 매너도서관은 잠시 무언가 생각하는 듯하더니 입을 열었다.

"매너 있는 사람이 된다는 건 학교 공부처럼 암기하고 외워서 되는 게 아니에요. 몸과 마음에서 자연스럽게 우러나와야 합니다. 누군가 한수범 씨에게 방법과 내용을 알려줄 수는 있겠지만 완전히 익히는 것, 즉 매너 있는 사람이 되는 건 본인이 실천하셔야 하는 부분이에요."

"네, 알려만 주신다면 열심히 노력하겠습니다."

잠시 침묵이 흘렀다.

"오늘 미팅은 일단 한수범 씨가 성공한 것 같네요. 고향에 계신 부모님을 생각하는 마음이 제 마음을 움직였어요. 그동안 제 영상에 달아주신 정성스러운 댓글들을 읽으면서 감동도 받았고요. 하지만 아직 제가 한수범 씨를 잘 모르는 상황이라 지금 결정하기는 어렵습니다. 컨설팅 비용을 받지 않고 교육해달라는 분이 처음이라서요. 다만 오늘 제가 말씀드리는 대로 하시는 걸 보고 정식으로 도울 것인지는 다음에 이야기하도록 하지요."

"아, 감사합니다! 정말 감사합니다. 뭐든지 말씀해주세요."

"한수범 씨 상황이 컨설팅을 정식으로 의뢰하기는 어렵다고 하셨으니, 저에게 의존하지 마시고 스스로도 많이 노력해야 한다는 건 아시지요?"

"네, 물론입니다. 감사합니다. 정말 감사합니다."

"아직은 결정된 게 아니니까 감사하다는 말은 하지 않으셔도 돼요."

매너도서관은 수범의 첫인상이 순수해 보여 마음으로는 도와주고 싶다는 결정을 이미 한 상태였다. 하지만 수범의 마음가짐이 어느 정도 되어 있는지 확인해보고 싶어 일부러 약간 선을 긋는 대답을 했다. 한두 번 배우다 흐지부지해질 사람을 도와주고 싶지는 않아서였다.

"공부는 열심히 할 수 있다고 하셨지요? 그럼, 우선 매너와 관련된 책을 몇 권 읽어보시고 자신의 현재 수준을 직접 체크해보세요. 제가 책을 추천해드릴 수도 있어요. 하지만 직접 여러 책의 목차를 비교하며 책을 고르고 읽다 보면 자신이 부족한 부분과 어떤 걸 공부해야 할지 방향과 윤곽이 잡힐 겁니다. 나를 아는 것이 시작이에요. 책을 읽어본 후에도 제 도움이 필요하다고 생각되시면 저에게 메일을 보내주세요."

수범은 부드러운 카리스마가 느껴지는 매너도서관의 한마디 한마디를 새겨듣고 있었다. 차분하지만 어딘지 모르게 학교 선생님께서 하시는 말씀처럼 느껴져 "네, 선생님" 하고 대답해야만 할 것 같은 느낌이 들었다. "나를 아는 것부터가 시작이다"라는 매너도서관의 말에 수범은 그동안 자신의 수준을 전혀 모르고 있었음을 깨달았다.

"네, 그렇게 하겠습니다."

"책을 읽고 나서 매너 있는 사람이란 어떤 사람인지, 그리고 매너 있는 사람이 되면 무엇이 좋은지 한수범 씨의 생각을 정리해서 보내주시면 돼요. 제가 메일을 읽은 후 다시 대화하면 어떨까요?"

복권에 당첨된 기분이 이런 걸까? 매너도서관의 첫 번째 과제를 받은 수범은 시작이 반이라는 말처럼 자신도 반은 통과가 되었다는 희망에 날아갈 듯한 기분이 되었다.

변화의 첫걸음, 원 포인트 레슨

수범과 이야기를 마치고 자리에서 일어서려던 매너도서관은 잠시 고민하더니 가방에서 종이 한 장을 꺼냈다.

"오늘 이 자리에 나오시면서 많이 기대하셨을 텐데, 좀 더 도움이 되어드리고 싶네요. 이건 기본적으로 익혀야 할 매너 항목 체크리스트에요. 제가 컨설팅을 위해 처음 상담할 때 확인하는 내용입니다. 먼저 스스로 체크를 해보세요. 그리고 책을 몇 권 읽은 후에 다시 체크를 해보시고요."

자기를 멘토로 삼고 싶다고 찾아온 그 마음이 고마워 혹시 다시 못 만날 경우를 생각해 매너도서관은 체크리스트를 건네주었다. 수범은 종이를 공손히 받아 적힌 내용을 얼른 훑어보았다. 〈매너와 이미지 체크리스트〉라는 제목 아래 몇십 개의 항목이 적혀 있었다. 매너도서관은 수범을 위해 친절하게 부연 설명까지 해주었다.

"책을 읽다 보면 더 넣고 싶은 항목도 생길 거예요. 빈칸에 추가로 적으면 돼요. 자신의 현재 매너 수준을 한눈에 파악할 수 있을 거예요. 체크하실 때는 왜 그렇게 생각하는지 메모로 함께 기록해두시고요. 나중에 어느 정도 좋아졌는지 비교할 수 있는 좋은 자료가 될 겁니다."

"네, 잘 알겠습니다. 감사합니다."

수범은 귀한 보물을 받은 것처럼 체크리스트를 두 손으로 소중히 들고 있었다(pp. 32~33 참조).

"그리고 한 가지 더 말씀드릴게요. 태도나 자세를 고쳐드려야 할 때는 어쩔 수 없이 지적해야 할 때가 있어요. 기분 나빠하시거나 마음에 담아두지 않을 자신 있으세요?"

"그럼요. 당연하지요."

"일부러 시간 내 와주셨으니 원 포인트 레슨을 하나 해드려도 될까요?"

남 돕기를 워낙 좋아하는 그녀는 수범에게 체크리스트를 건네주고도 무언가 더 도와주어야 마음이 편해질 것 같아 이렇게 제안했다.

"물론입니다. 저야 너무 감사하지요."

"아까 물을 엎질렀던 장면으로 돌아가 볼까요? 왜 물을 엎질렀을까요?"

"제가 급히 일어나려고 허둥대다 그만…."

"맞아요. 급히 서두르시다 그렇게 되었죠. 그럼 그 상황에서 어떻게 하면 물을 쏟지 않았을까요?"

매너도서관은 수범이 답을 할 때까지 잠시 기다려주었다. 스스로 생각해보아야 그 기억이 오래 남기 때문이다.

"제가 좀 더 조심해서 행동을 했다면…?"

"네, 그것도 맞아요. 윗사람, 여성, 처음 보는 사람, 고객 등을 만날 때는 대부분 일어나서 인사하게 되지요. 그 부분은 아주 잘하셨어요. 이때 장소가 허락된다면 그 자리에서 바로 일어나 인사하는 것보다 탁자나 책상 옆으로 나와서 인사하는 것이 좀 더 정중한 인사입니다. 아까 그 자리에서 벌떡 일어서지 않고 여유 있게 의자 옆으로 나와 탁자 밖에서 인사를 하셨다면 물을 쏟을 확률이 많이 줄어들었을 거예요."

수범은 매너도서관이 말한 대로 탁자 옆으로 천천히 나온 후 인사하는 장면을 머릿속으로 그려보았다. 그렇게 했더라면 더욱더 정중했을 뿐만 아니라 물을 엎지르고 당황해 말을 더듬는 모습을 보이지 않았을 거라는 생각이 들었다.

"매너 있는 사람들은 동작이 어딘가 모르게 여유 있고 물 흐르듯 부드러워 보입니다. 이런 동작이 습관으로 익숙해지면 몸이 알아서 그렇게 움직여 주기 때문에 실수를 많이 줄일 수 있게 되지요. 인사 자세에 대해서는 스스로도 한 번 공부해보시고요."

수범은 매너도서관의 원 포인트 레슨을 받고 나니 언젠가 자신이 멋진 신사가 되어 빛이 나는 모습이 벌써 보이는 듯했다.

매너와 이미지 체크리스트

	분류	5 매우 좋음	4 좋음	3 보통	2 좋지 않음	1 매우 나쁨	메모
1	매너의 중요성에 대한 이해도						
2	기본 인성						
3	배려심						
4	첫인상						
5	호감 가는 이미지						
6	표정						
7	바른 자세						
8	인사						
9	악수						
10	복장						
11	헤어						
12	외모 청결성						
13	면접 예절						
14	대화 예절						
15	경청						
16	호칭/경어						
17	기본적인 직장 예절						
18	직장 내 인간관계						
19	명함						
20	고객 접대						
21	소개						
22	전화 예절						
23	SNS 매너						

	분류	5 매우 좋음	4 좋음	3 보통	2 좋지 않음	1 매우 나쁨	메모
24	비즈니스 메일						
25	데이트 매너						
26	한식 식사 예절						
27	양식 식사 예절						
28	술자리 매너						
29	경조사 예절						
30	출장 관련 매너						

사회생활의 첫 시작은
제대로 된 인사부터

수범은 매너도서관이 건네준 체크리스트를 한참 들여다보았다. 그런데 몇십 개나 되는 항목 중 '매우 좋다'에 체크할 것이 없었다. 그나마 최근 매너의 중요성에 대해 알기 시작했으니 이 항목은 슬며시 보통에 체크를 해보았다.

이렇게 항목마다 하나씩 확인하다 보니 수범은 자신이 점점 작아지는 듯했다. 물론 어느 정도 예상은 했었다. 하지만 이 정도로 기본적인 예절도 모르고 살아왔을 줄은 몰랐다. 그나마 호칭이나 경어, 대화 예절 정도는 '좋다'에 체크를 해보았다. 인사 항목에도 '좋다'라고 체크하려던 수범은 잠시 머뭇거렸다.

그동안 인사 하나만큼은 잘하는 편이라고 생각했었는데 매너도서관이 인사 자세를 공부해보라고 한 걸 보면 인사 자세에도 무언가 문제가 있다는 생각이 들어서였다. 결국 자신이 매너의 가장 기본인 인사조차 제대로 못 한다는 뜻이었다. 어찌 보면 취업 면접에서 계속 떨어진 게 당연했다.

노력하면 정말 자신도 매너 있는 사람이 될 수는 있는 건지… 수범은 매너도서관을 만났을 때 가졌던 희망이 사라지는 듯한 느낌에 한침을 멍하니 앉아 있었다. 봄까지 물먹은 스펀지처럼 축 처지는 것 같았다. 어서 일어나 집에 가야 할 텐데 자신에 대한 실망감에 쉽게 일어서지지 않았다.

수범은 매너도서관이 떠난 자리를 물끄러미 바라보았다. 그러자 천사의 날개를 단 상냥한 매너도서관의 모습이 다시 보이는 듯했다. 부족해도 도와주겠다 말해주는 음성 역시 들리는 듯했다. 수범은 겁먹지 말고 도전해보겠노라 다시 굳건히 결심하고 나서야 자리에서 일어날 수 있었다.

***

아침 일찍 수범은 도서관으로 향했다. 매너와 예절 관련 책을 잔뜩 골라 널찍한 열람실 책상 위에 쌓아놓고 한 권씩 훑어보기 시작했다. 우선은 인사 매너에 대해 찾아보았다. 인사 자세에 관해 공부해보라던 매너도서관의 말이 궁금해서였다.

책을 펼쳐 읽어보니 인사 매너는 고개만 숙이면 되는 간단한 것이 아니었다. 수범은 준비해온 노트에 인사 매너에 대해 메모해나갔다

(pp. 37~38 참조).

　하나씩 적다 보니 자신의 인사 자세에 어떤 문제점이 있었는지 조금씩 보이기 시작했다. 인사할 때 머리와 목, 등이 일자로 내려가야 한다는 건 생각도 못 했으니 말이다. 인사도 제대로 하려면 쉽지 않다는 것도 비로소 알게 되었다. 매너도서관이 보기에 자신의 인사 자세가 정말 엉망이었겠다는 생각이 들었다.

　변한 모습을 보여주면 도와주겠다고 할 수도 있을 테니 다음에 매너도서관을 만나기 전까지 우선 인사 매너 하나라도 제대로 익혀야겠다고 다짐했다. 수범은 책을 읽으며 자신의 부족한 점을 하나씩 알아갈 때마다 매너도서관을 꼭 스승으로 모셔야겠다는 생각이 더욱 확고해졌다.

＊＊＊

　창밖을 보니 어느덧 해가 뉘엿뉘엿 넘어가고 있었다. 배도 출출했다. 읽던 책들을 정리하고 몇 권은 대출해서 집으로 발길을 옮겼다. 집에 들어서자마자 여느 때처럼 라면을 끓여 뚝딱 먹어치웠다. 그리고는 매너도서관에게 보낼 과제를 작성하기 위해 곧바로 책상에 앉았다. 수범은 꼭 매너 고수가 되겠다는 다짐을 담아 책상 앞에 커다랗게 첫 과제 제목을 적어서 붙였다.

매너 있는 사람이란 어떤 사람인가?
매너 있는 사람이 되면 어떤 점이 좋은가?

기본적인 인사 매너

1. 상체를 굽히는 각도에 따라 가벼운 인사인 목례는 15도, 보통 인사는 30도, 정중한 인사인 정중례는 45도다.

2. 우리나라에서 90도 인사는 일상생활에서는 사용하지 않는다. 90도는 일본의 정중례다.
   헉, 난 많이 숙일수록 정중한 줄 알았더니 일본식이라고?

3. 인사할 때는 머리와 목, 등이 일직선이 되도록 숙인다.

4. 손은 달걀을 쥔 모습으로 바지 옆 재봉선에 살짝 가져다 댄다.

5. 인사말을 먼저 한 후에 상체를 숙인다.

6. 상체를 굽힌 상태에서 잠시 멈춘다.

7. 천천히 몸을 일으켜 상대방과 시선을 맞춘다.

8. 밝은 미소로 인사한다.
   내가 인사하면서 미소를 지어본 적이 있었나…?

9. 인사하는 목소리는 밝게 한다.
   이럴 수가… 진짜 제대로 한 게 하나도 없네. 이래서 인사 자세도 공부해보라고 하셨구나.

제대로 된 인사	안 하는 것만 못한 인사
• 마음이 담긴 인사	• 표정 없는 무성의한 인사
	이게 바로 지금 내 모습 아닐까?
• 목례, 보통 인사, 정중 례를 상황에 맞게 하 는 인사	• 인사를 할까 말까 망설이다 하는 인사
	• 고개만 까딱이는 인사
• 상대방의 얼굴을 보고 하는 인사	• 상체는 숙이지 않고 말로만 하는 인사
• 인사 전후에 상대방의 눈을 맞추고 미소를 보 내는 인사	• 상대를 응시하지 않는 인사
	• 얼굴을 빤히 보면서 하는 인사
	• 뛰어가면서 하는 인사
• 급해도 자리에서 멈춘 후 하는 인사	• 계단 위에서 아래를 보며 하는 인사
• 계단 위라면 아래로 내 려와서 하는 인사	• 상체를 90도 이상 숙여 상대를 부담스럽게 하는 인사
	이건 내가 자주 하던 건데….
• 밝고 정확한 발음으로 하는 인사	• 인사말을 부정확한 발음으로 얼버무리며 하는 인사
	자세만이 아니라 인사말 역시 똑바로 발음하는 연습도 해 야겠구나.

매너 있는 사람에 관한
자신만의 기준 세우기

첫 번째 과제가 자칫 마지막 과제가 될 수도 있다는 생각에 수범은 다소 긴장되었다. '매너 있는 사람'에 관해 정리하려면 우선 '매너'라는 단어의 의미부터 정확히 알아야겠다는 생각이 들었다. 그런데 빌려온 책을 여기저기 찾아보아도 정확히 이해가 되질 않았다.

문득 매너도서관의 유튜브 영상 어딘가에서 매너와 에티켓의 의미에 대해 들었던 것 같은 기억이 떠올랐다. 기억을 더듬어 영상을 찾아내자 수범은 마치 게임 속 히든 아이템을 찾아낸 것처럼 기뻐하며 귀기울여 듣기 시작했다.

매너도서관을 직접 만나고 온 후부터는 영상이 더 흥미롭게 느껴졌다. 마치 자기 앞에 매너도서관이 앉아서 조곤조곤 이야기해주는 기분이 들어서였다.

"우리가 함께 살면서 반드시 지키지 않으면 안 될 사항들은 법으로 정해 놓았습니다. 그런데 법으로 처벌할 정도는 아니지만 서로 지키지 않으면 불편하거나 마음 상하는 일들은 사회 규범으로 정해져 있지요. 이렇게 비교적 가벼운 규칙을 에티켓Etiquette이라고 합니다. 그리고 '에티켓을 지킨다' 혹은 '지키지 않는다'라고 표현합니다."

그러고 보니 '에티켓이 있다' '에티켓이 없다' 이런 말은 들어본 적이 없다는 걸 깨달은 수범은 이제야 이해가 된다는 듯 자기도 모르게 고개를 끄덕거렸다.

"가령 철수가 도서관에서 큰 소리로 떠들지 않고, 책에 낙서도 하지 않고 조용히 책을 본다면 '철수는 도서관 에티켓을 잘 지킨다'라고 표현합니다. 하지만 에티켓을 지키지 않아도 처벌받지 않다 보니 잘 지키지 않는 사람들이 생기곤 합니다. 법을 어기는 사람도 있는데 에티켓을 지키지 않는 사람은 이보다 훨씬 더 많겠지요?"

수범은 그동안 도서관에서 큰 소리로 전화 통화를 하거나 읽던 책들을 정리하지 않고 나오는 등 생각 없이 했던 행동들이 에티켓에 어긋나는 일이었다는 걸 깨닫게 되었다. 취업 준비한다고 매일 가던 도서관에서조차 제대로 행동하지 못했다는 걸 알게 되자 창피해서 얼굴이 달아오르는 것 같았다.

"매너Manners는 에티켓을 행동으로 옮기는 것입니다. 즉 상대를 배려하는 마음을 담아 처신이나 행동을 잘하면 '매너가 좋다'라고 표현하지요. 매너는 그 사람의 됨됨이와 가치를 평가하는 기준이 되기도 합니다. 즉 매너가 곧 인격인 셈입니다. 실생활에서는 매너, 에티켓, 예의, 예절을 사실상 혼용해서 사용하고 있고요."

'이렇게 하자는 규칙이 에티켓, 그걸 행동으로 옮기는 것이 매너'라고 수범은 영상을 듣고 나서 자기 나름대로 정리해보았다. 이제 매너와 에티켓을 이해했으니 매너 있는 사람에 관해서도 쉽게 이해할 수 있을 것 같았다. 이런 수범을 옆에서 지켜보고 있었던 듯 영상 속 매너 도서관 역시 한 번 더 매너와 에티켓에 관해 정리해주었다.

"에티켓을 실천하되 그 행하는 모습이 품위 있고 자연스럽게 몸에 밴 사람을 우리는 '매너 있는 사람'이라고 합니다."

너무나 깔끔한 정리라는 생각에 수범은 감탄사가 저절로 나왔다. 수범은 이제 '매너' '에티켓' '매너 있는 사람' 이런 개념은 어느 정도 머릿속에 정리가 된 것 같았다.

그런데 책으로 에티켓을 공부하는 건 어느 정도 잘할 수 있겠는데, 이를 지키는 모습이 자연스럽고 품위 있으려면 어떻게 해야 할지 막막해졌다. 행동이나 모습을 품위 있게 만드는 건 혼자서는 도저히 할 수 없는 영역이라는 생각이 들어서였다.

하루라도 빨리 품위 있고 매너 있는 사람이 되려면 결국 매너도서
관의 레슨이 꼭 필요하다는 것을 다시금 느끼게 되었다. 생각이 여기
에 이르자 매너도서관을 꼭 멘토로 모셔야 한다는 간절함이 더 커졌
다. 수범은 매너도서관을 멘토로 모시기 위해서는 첫 번째 과제를 꼭
통과해야만 하기에 최선을 다해 정성스럽게 과제를 정리해나가기 시
작했다(pp. 43~44 참조).

혼잣말을 중얼거리며 하나씩 적어가다 보니 매너 있는 사람이 되기
위해 앞으로 갖추어야 할 것이 너무 많아 보였다. 솔직히 정리는 했지
만 무슨 뜻인지 아직은 확실히 이해되지 않는 부분도 있었다. 하지만
천릿길도 한걸음부터이듯 한 가지만이라도 실천해보면 그다음은 점
점 쉬워질 거라 생각하며 수범은 용기를 내어보기로 했다.

매너 있는 사람이란?

1. 에티켓을 머리로만 알고 있는 것이 아니라 행동으로도 실천하는 사람이다. 가령 '음식 먹을 때는 소리 내지 않고 먹는다'라는 에티켓을 행동으로 옮겨 식사할 때 조용히 먹는 것이다. 이때 매너 있는 사람으로 보이려면 식사하는 모습이 전체적으로 자연스럽고 품위 있어 보여야 한다.

   품위 있게 밥 먹는 모습은 도대체 어떤 모습일까? 정말 궁금해지네!

2. 남에게 세심한 배려를 할 줄 아는 사람이다. 가령 빌딩의 문을 먼저 열고 들어갔다면 문을 닫기 전에 뒷사람이 따라 들어오는지 살핀다. 만약 뒤에 누군가가 있다면 그 사람을 위해 문을 잡아주는 행동을 하는 것이다. 혹은 데이트할 때 여성이 위험한 차도 쪽으로 걷지 않고 안쪽으로 걷도록 배려하는 사람이다.

   맞아, 지난번에 앞사람이 문을 휙 닫고 들어가는 바람에 따라 들어가다 유리문에 이마를 쾅 하고 부딪친 적이 있었어. 생각만 해도 다시 아프네.

3. 나를 낮추고 남을 높일 줄 아는 사람이다. 제일 쉬운 실천 방법은 진심을 담아 인사를 잘하는 것이다. 간혹 "내가 누군데" 하면서 자신을 스스로 높이는 경우가 있다. 세상의 지위와 존경은 남이 정해 주는 것이지 내가 정하는 것이 아니다. 오히려 내가 주변 사람을 귀하게 높여줄 때 내 지위는 자연히 함께 올라가게 된다.

   인사를 진심으로 하는 건 노력하면 내가 바로 해볼 수 있겠네.

4. 행동에 여유가 있고 그 모습이 잔잔하며 눈에 거슬림이 없는 사람이다. 즉 행동이 차분해 보인다. 가령 의자에 앉을 때도 조용한 동작으로 자리에 앉고, 앉은 자세도 단정해 보인다. 한마디로 눈에 거슬리는 모습이 보이지 않는다. 반대로 매너 없는 사람은 의자에 앉아서 다리를 떨거나 보기 흉할 정도로 다리를 벌리곤 한다. 앉은 자세도 삐딱한 모습을 하곤 한다.

   이건 정말 뼈 때리는 말이네. 매너도서관님 앞에서 벌떡 일어서다 물을 쏟았으니 말이야. 이건 정말 100% 아니 1,000% 동의하는 항목이네. 어, 나 지금도 다리 떨고 있잖아! 맙소사… 이것부터 꼭 고치자.

5. 때와 장소에 맞는 옷을 입는 사람이다. 가령 귀한 자리에는 그 자리에 어울리는 복장으로 격식을 갖춘다. 자신의 모습이 그 자리나 참석자의 격을 떨어뜨리지 않도록 한다. 반대로 형편이 어려운 사람을 만날 때는 절제된 검소한 복장을 할 줄도 아는 사람이다.

> 내가 옷 센스는 좀 많이 뒤처지는 편이지… 이 항목은 매너도서관님 도움이 절실히 필요하겠다.

6. 상황이나 상대에게 맞는 적절한 처신을 할 줄 아는 사람이다. 가령 영국 여왕이 해외에서 온 귀빈을 접대했을 때 손님이 손 씻는 핑거볼을 마시자 자신도 함께 마셔서 상대가 무안하지 않게 처신했다고 한다. 이렇게 상대가 불편하지 않도록 티 내지 않고 그 수준에 맞추어 줄 수 있는 것이 매너 고수의 언행이다.

> 휴, 내가 거기 있었다면 핑거볼 마시는 사람은 아마 나였을 거야. 나도 언젠가는 매너 고수의 레벨이 될 수 있을까?

7. 품위 있는 언어를 사용하는 사람이다. 거친 표현, 남의 험담, 부적절한 언어 사용 등은 그 사람의 인품을 떨어뜨린다. 아무리 학식이 높아도 사용하는 언어가 부적절하면 결코 품위 있어 보이지 않는다.

> 요즘 애들 입이 내가 들어도 좀 거칠긴 해. 이제부터는 나도 말을 좀 가려서 하자.

8. 경청할 줄 아는 사람이다. 상대방의 말을 듣지 않고 자기 말만 하는 사람은 매너가 없는 사람이다. 가능하면 말하는 시간보다 듣는 시간이 더 많도록 노력한다.

> 아싸, 내가 잘하는 것도 있네. 내가 듣는 건 좀 잘하는 편이거든.

매너 있는 사람이
얻게 되는 이득은?

처음에는 취업도 하고 멋진 사람하고 데이트도 해야겠다는 단순한 생각으로 매너도서관을 만나자고 했었다. 그런데 책을 읽고 자료를 정리하다 보니 매너 있는 사람이 되면 그 이상으로 좋은 점이 더 많이 있을 것 같다는 생각이 들기 시작했다.

'매너도서관님은 내가 자료를 정리하면서 매너 있는 사람이 되면 구체적으로 무엇이 좋은지 궁금해질 거라는 걸 미리 알고 계셨구나.'

수범은 매너도서관의 선견지명이 담긴 과제에 감탄사가 절로 나왔다. 불과 얼마 전까지 수범은 그냥 편하게 살면 된다는 주의였다. 귀찮게 군이 이것저것 지킬 필요가 없다고 생각했다. 그저 남에게 피해만 주지 않으면 된다는 마음이었다.

그런데 요 며칠 동안 어쩌면 자기도 모르게 남을 불편하게 했던 일이 많았을지도 모른다는 생각이 자꾸 들어 마음이 뒤숭숭해지고는 했다. 수범은 이런저런 생각을 떨쳐버리고 정신을 가다듬기 위해 크게 심호흡했다. 그리고는 두 번째 질문인 '매너 있는 사람이 되면 무엇이 좋은가?'에 관한 대답을 정리해나가기 시작했다(pp. 47~48 참조).

정리해나가다 보니 왜 매너 있는 사람이 되어야 하는지 느낌이 팍 팍 와닿았다. 이렇게 좋은 일들이 많이 생기는 걸 왜 진작 몰랐을까 하는 후회가 밀려왔다. 매너에 관해 공부하면 할수록 수범은 매너도 서관이 꼭 멘토가 되어 주길 바라는 마음이 더 간절해졌다.

이런 소망을 담아 정성스럽게 정리한 내용을 매너도서관에게 메일로 발송했다. 매너도서관의 제자가 되기 위한 첫 관문이 통과되길 간절히 기도하는 마음과 함께 열심히 노력한 모습도 보여주기 위해 그동안 읽었던 매너 관련 책 목록도 함께 적어 보냈다.

매너 있는 사람이 되면 좋은 점

1. 기본적인 인간관계가 원만해진다. 상대를 배려해서 기분 좋게 해주기 때문이다.

   배려가 좋은 건 알겠는데, 구체적으로 어떻게 하는 게 상대를 배려하는 건지 이건 좀 헷갈릴 때가 있을 것 같네.

2. 품위 있어 보이니까 상대방으로부터 존중받게 된다. 무언가 함부로 할 수 없는 아우라가 느껴지기 때문이다.

   아, 이건 무슨 말인지 알 것 같다. 매너도서관님에게도 이런 아우라가 있었거든. 막 존경심이 우러나오는 뭐 그런 거.

3. 매너는 우리 삶의 성공과 뗄 수 없는 관계를 가지고 있다. 따라서 매너 있는 사람은 각 분야에서 성공할 확률이 높아진다.

   아직은 어떤 연관이 있는지 잘 모르겠지만, 나는 취직만 해도 성공하는 거라고 봐야겠지?

4. 매너 있는 사람은 타인에게 신뢰감을 주기에 좋은 인간관계를 빨리 맺을 수 있다.

   맞아. 매너 있는 사람들은 속이고 사기 치고 그럴 것 같아 보이지 않지.

5. 취업이 잘되고 직장 생활도 원만하게 잘할 수 있다. 직장 생활은 실력이 같다면 매너 있는 사람이 더 유능한 사람으로 인정받곤 한다.

   이건 요즘 내가 뼈저리게 느끼고 있는 거지. 한수범 이제 좀 잘해보자!

6. 좋은 배우자를 만날 수 있다. 내가 매너 있는 사람이 되면 배우자도 대부분 그 수준에 맞는 교양 있는 사람을 만나게 된다. 즉 좋은 배우자를 만나 행복하게 살 확률이 높아진다.

   휴, 진작 매너 좀 배워둘걸. 그랬으면 저번 소개팅에서 딱지 안 맞았잖아. 진짜 마음에 들었는데.

7. 가정생활이 원만해진다. 가족 간에 서로 배려하고 양보하기 때문에 화목하게 잘 지낼 수 있다. 따라서 이혼할 확률도 줄어든다. 가화만사성(家和萬事成)이라는 말이 있듯 집안이 화목하면 밖에서 하는 일도 잘되기 마련이다.

   이혼할 확률이 줄어든다면 꼭 잘 배워둬야지.

8. 상대를 배려하는 마음으로 배우자 집안 식구들과 원만하게 지낼 수 있어 결혼 생활이 행복해진다. 배우자 가족과 잘 지내지 못하면 결혼 생활이 원만하기 어렵다.

> 이것도 맞는 말이겠다. 아직 연애도 못 해서 결혼까지는 실감이 안 나지만.

9. 가정교육 못 받았다는 말을 듣지 않는다. 예로부터 밥 먹는 모습만 봐도 그 집 가정교육 수준을 안다고 했다.

> 아버지가 음식 깨작거리면 엄청 혼내신 덕분에 내가 밥을 복스럽게 먹는단 말은 자주 듣지.

10. 해외 여행이나 출장 시 망신을 당하지 않는다. 매너를 잘 지키면 수준 높은 사람으로 대우받으며 비즈니스가 성공할 확률도 높아진다.

> 해외를 나가봤어야 말이지. 그래도 언젠가 나갈 테니 잘 배워둬야겠지?

11. '자존감'을 지킬 수 있다. 언제 어디서 어떤 에티켓을 지켜야 할지 몰라 당황하거나 실수를 반복한다면 자존감을 지키기 어렵기 때문이다.

> 맞아, 생각해보니까 이번에 소개팅하면서 양식 먹는 순서랑 칼질하는 방법을 잘 몰라 식은땀이 좀 나긴 했어. 매너도서관님이 테이블 매너 뭐 이런 것도 가르쳐주실까?

12. 경영주나 직원이 매너 있는 사업장은 사업도 더 잘된다. 고객은 예의 바르고 친절한 사장과 점원이 있는 곳을 선호하기 때문이다. 매너가 있으면 돈도 더 잘 벌 수 있다.

> 당연하지. 불친절하면 누가 가겠어. 나 역시 매너 좋은 사람이 되면 나도 더 좋은 회사에 취업해서 돈을 더 벌 수 있게 되는 거네. 오호! 결국 매너 좋은 사람이 되는 게 재테크하는 거나 마찬가지구나.

2

기회를 놓치지 않을
취업 매너 갖추기

도움받을 기회를 잡는 것도 능력

애타게 기다리던 매너도서관의 이메일이 드디어 왔다. 혹시나 멘토가 되기 어렵다는 내용이 왔을까 걱정되어 바로 열어보지 못하고 한참을 망설였다. 수범은 심호흡하며 마음을 진정시킨 후에야 마우스 버튼을 클릭할 수 있었다.

한수범 님,

정리해서 보내주신 내용 잘 읽었습니다. 이제 매너의 중요성에 대해 충분히 잘 이해하신 것 같습니다. 이 정도만 알고 계셔도 앞으로 사회생활 하는 마음가짐에는 문제가 없으리라 생각되네요. 그동안 한수범 님이 보여주신 정성이 제 마음을 움직였네요. 여전히 제가 멘토가 되길 원하신다면 필요한 부분을 도와드리도록 하겠습니다. 혼자 하실 수 있는 부분은 이메일이나 문자로 방향 설정이나 과제를 드릴 예정이에요. 전화 통화, 대면 컨설팅은 필요하면 병행하도록 하겠습니다.

첫 번째로 드릴 과제는 '이미지'에 대한 것입니다. 취업이 시급하신 분이니 가장 빨리 모습을 바꿀 수 있는 이미지 변신부터 시작해보려고 해요.

1. 우선 한수범 님을 남들이 어떤 이미지로 볼지 한번 생각해보세요. 즉 남들이 보는 나의 모습이지요. 그리고 나는 어떤 이미지를 갖고 싶은지도 생각해보시면 좋겠어요.
2. 이미지의 종류와 이미지메이킹, 이미지 관리의 중요성도 스스로 공부해보시고 내용을 정리해보세요.

정리가 되면 지난번처럼 제게 보내주세요. 지금은 언제 이 많은 걸 다 익혀 매너 있는 사람이 될까 걱정되실 수 있어요. 제 유튜브 영상 중에 진정한 매너 고수에 관한 내용을 찾아서 들어보시면 도움이 되실 겁니다. 매너 있는 사람이 되어야 하는 이유에 대한 보충 설명이기도 하고요. 진정한 매너 고수가 되는 날까지 한수범 님을 응원합니다. 파이팅!

수범은 이메일을 받은 것만으로도 이미 취업에 성공한 듯한 기분이 들었다. 갑자기 인생이 무지갯빛 행운으로 가득 찬 것 같았다. 신이 나서 콧노래가 저절로 나왔다. 흥분이 좀 가라앉자 책상 앞에 '이미지 메이킹'이라는 단어를 큼직하게 써 붙였다. 그리곤 매너도서관이 말한 영상을 찾아 보기 시작했다.

"우리가 영어 회화를 배울 때 처음부터 유창하게 말하긴 어렵습니다. 그런데 한 단계씩 올라가다 보면 어느 날부터 자유롭게 의사 표현을 할 수 있는 단계에 도달하지요. 매너 고수의 길도 마찬가지입니다. 기본적인 것부터 하나씩 익혀가다 보면 어느 때가 되면 매너 고수가 되어 있을 겁니다."

영어 회화를 배운다 생각하고 한 단계씩 올라가면 된다는 말에 수범은 어느새 마음이 편안해지면서 자신감도 생기는 듯했다.

"그럼 우리가 왜 매너 고수가 되어야 하는지 잠시 생각해볼까요? 한 분야의 최고가 되어 정상에 오르면 그 아래 수준에 머물고 있는 사람들을 내려다볼 수 있게 됩니다. 그들이 어느 정도 수준인지 보이니 내가 마음만 먹으면 그들의 눈높이에 맞출 수 있는 거고요. 이럴 때 진정한 고수라면 내가 상대의 수준에 맞추고 있다는 걸 알아채지 못하게 배려하겠지요. 하지만 저 발아래나 중턱 높이에 있는 사람들은 상황이 다르지요. 꼭대기 수준을 아직 모르니 그 수준에 맞추고 싶어도 맞출 수가 없는 겁니다. 오히려 중턱에 있으면서 마치 정상에 다 오른 사람처럼 착각하고 행동하는 경우도 있지요. 꼭대기를 본 적이 없으니까요. 매너도 마찬가지입니다."

수범은 고개를 끄덕이며 보고 있었다. 얼마나 집중했는지 입까지 벌리며 침을 흘리고 있었다. 영상을 보고 있자니 단순히 매너 있는 사람이 아니라 매너 고수까지 되려면 목표를 좀 더 높게 잡아야겠다는 생각이 들었다. 수범은 '매너 고수'라는 말을 반복해서 중얼거렸다. 그리곤 아무 대가 없이 돕겠다고 결정한 고마운 귀인을 실망하게 하지 말아야겠다고 다짐했다.

Level 2 기회를 놓치지 않을 취업 매너 갖추기

남들이 보는
내 외모 수준을 파악하자

"이 정도면 생긴 건 꽤 괜찮은 거 아닌가?"

수범은 거울 앞에서 이마의 여드름을 짜면서 얼굴을 이리저리 들여다보았다. 솔직히 지금까지는 남들이 자신을 어떻게 보는지 따위는 진지하게 생각해본 적이 없었다.

그런데 오늘은 찬찬히 살펴보니 표정이 너무 굳어 있어 보였다. 무뚝뚝해 보여 누가 보면 무서워서 말도 걸지 못할 것 같았다. 수범은 여드름 짜는 걸 멈추고 거울 앞에서 히죽히죽 웃으며 표정 변화를 관찰하기 시작했다. 웃었더니 무서워 보이지는 않았지만 그렇다고 자연스러워 보이지도 않았다.

그러고 보니 어깨도 구부정해 자신감도 없어 보였다. 수범은 배에 힘을 주면서 등을 똑바로 세운 후 어깨를 펴보았다. 어깨만 살짝 폈을

뿐인데도 아까보다 훨씬 좋아 보였다. 조금만 신경 써도 이렇게 모습이 변할 수 있다는 생각에 수범은 왠지 신이 났다.

기왕 내친김에 이번에는 면접을 본다 생각하며 양복을 차려 입고 거울 앞에 다시 서보았다. 예전에는 양복을 입고 거울 앞에 설 때마다 멋있다고 자화자찬을 하곤 했었다.

그런데 오늘은 그럴 수가 없었다. 어딘지 모르게 머리부터 발끝까지 어설퍼 보였다. 손등을 덮는 긴 양복 소매는 사람을 어리숙하게 보이게 했다. 번쩍이는 무늬의 넥타이도 마냥 촌스럽게 보였다. 이마를 덮는 앞머리카락과 부스스한 헤어 스타일은 지저분하고 게을러 보이기까지 했다. 어디 한 군데도 업무를 제대로 할 것 같은 스마트한 모습이 보이질 않았다.

이제서야 비로소 취업하는데 외적 이미지가 얼마나 중요한지 깨닫게 되다니… 수범은 길게 한숨을 내쉬었다. 자신이 이런 모습인 걸 진작 깨닫지 못한 후회가 밀려왔다. 그래도 더 늦기 전에 자신의 모습을 제대로 파악할 수 있게 되어 다행이라는 생각이 들었다.

***

수범은 이미지에 관해 정리하며(p. 56 참조) 좋은 내적·외적 이미지를 만들어가는 것이 결국 세련된 매너를 갖추어가는 방법임을 알게 되었다. 옷만 잘 갖춰 입는다고 이미지가 좋아지는 것이 아니었다. 좋은 이미지를 만들 수만 있다면 취업도, 사회생활에도 큰 도움이 될 게

Level 2 기회를 놓치지 않을 취업 매너 갖추기

분명했다.

수범은 매너 공부가 점점 재미있게 느껴졌다. 처음에는 안개가 낀 듯이 막연했던 것들이 점점 선명해짐을 느꼈다. 이번에는 '원하는 이미지를 어떻게 만들어 갈 수 있을까'에 관해서도 자료를 정리해보았다(p. 57 참조).

***

정리를 마친 수범은 파이팅을 외치며 근사한 사무실에서 일하는 자신의 모습을 구체적으로 떠올려보았다. 상상만으로도 입이 귀에 걸릴 정도로 행복해졌다. 기분이 좋아진 덕분에 수범은 잠자리에 들어서도 입가에 미소를 짓고 있었다.

이미지란?

1. 이미지는 누군가를 떠올렸을 때 생각나는 모든 것이다. 가령 옷차림, 헤어 스타일, 표정, 체형, 음성, 말투, 자세, 걸음걸이, 얼굴 생김새, 체취, 웃음소리, 손동작, 몸동작 등이 있다.

   와, 이렇게 많은 것이 어우러져 이미지가 되는 거구나! 가만 있어 보자, 난 얼굴 생김새하고 체형은 그래도 중간은 넘을 것 같은데… 나머지는 좀 자신이 없네.

2. 이미지는 외적 이미지와 내적 이미지로 나누어 볼 수 있다. 외적 이미지는 옷차림, 메이크업, 태도, 표정, 헤어 스타일, 자세, 말투 등으로 표현된다. 즉 타인에게 직접 전달되는 것들이다. 내적 이미지는 성격, 가치관, 인격, 신념, 지적 수준, 신뢰감, 겸손함, 배려심 등으로 은연중에 나타난다.

   휴, 다행이다. 그나마 내적 이미지는 좀 낫겠네. 내가 성격 별로라는 말은 안 들어봤으니까.

3. 내적 이미지가 기본이 되어 외적 이미지까지 두루 잘 갖춘 사람을 일반적으로 매너 있는 사람이라 한다. 따라서 좋은 내적·외적 이미지를 갖춘다는 것은 좋은 매너를 갖는 것과 일맥상통(一脈相通)한다고 볼 수 있다.

   그럼 난 외적 이미지를 업그레이드하는 게 일단 좋겠다.

이미지메이킹이란?

1. 이미지메이킹은 자신이 원하는 이미지를 정하고 그 이미지를 만드는 것이다. 따라서 우선 자신의 모습을 정확하게 파악하는 것이 중요하다. 그 자료를 기초로 성공적인 이미지메이킹을 위한 구체적인 목표를 세운다. 타인에게 호감을 줄 수 있도록 외적 이미지는 물론 내적 이미지까지 바꿔나가도록 한다.

> 음, 내가 원하는 모습은 세련된 정장을 입고 멋지게 인테리어 된 사무실에서 동료들과 근사한 프로젝트를 진행하면서 바쁘게 일하는 모습? 너무 드라마 같은 설정인가? 안 될 게 뭐 있어. 일단 해보자. 할 수 있다!

2. 자신이 정한 이미지를 만들어가는데 모범 답안이 있는 것은 아니다. 자신의 장점과 단점을 파악하고 각자에게 맞는 방법으로 장점을 부각하면 된다. 성공적인 이미지메이킹을 하기 위해서는 가장 먼저 첫인상을 호감 가는 인상으로 바꿀 필요가 있다. 첫인상은 찰나의 순간에 결정된다. 우리가 습득하는 정보나 지식의 90% 이상이 시각적 자료에서 얻어진다고 한다. 이렇게 중요한 시각적 요소 중 가장 빠르게 바꿀 수 있는 것은 호감 가는 표정을 만드는 것이다.

> 헉, 시각적인 게 90%나? 그런데 이런 우중충한 표정으로 매번 면접을 봤으니… 한수범 너 지금까지 무슨 짓을 한 거니!

3. 사회생활에서 이미지는 곧 경쟁력이다. 직장인이 이미지메이킹을 하는 것은 자신이 꿈꾸는 삶을 이루기 위한 성공의 첫 단추를 끼는 것과 같은 일이다.

> 이제 변하겠다고 결심했으니까 그 첫 단추는 낀 거나 마찬가지겠지? 내가 원하는 모습을 이루는 날까지 파이팅!

취업의 문을 열어줄
면접 용모 갖추기

수범은 요즘 '벼는 익을수록 고개를 숙인다'라는 말을 실감하며 하루하루를 보내고 있다. 매너에 대해 공부하면 할수록 자신의 부족한 모습이 보여서였다. 얼마 전 이미지에 관해 정리한 내용을 매너도서관에게 이메일로 보내놓고는 오늘도 목이 빠져라 답장이 오기만을 기다리고 있었다. 드디어 이메일이 도착했다는 알람이 울렸다. 이번에는 번개처럼 재빠르게 메일을 열어보았다.

✉ 한수범 님

보내주신 내용을 보니 한수범 님이 얼마나 진지하게 노력하고 계시는지 느껴졌습니다.

제가 좀 더 적극적으로 도와드리고 싶다는 마음이 저절로 생기는군요. 이미지의 중요성에 대해서는 충분히 학습하셨으리라 믿어요. 그래서 이번에는 구체적으로 복장 이미지에 대해 생각해보려고 합니다. 과제는 면접 복장입니다. 면접을 본다 생각하시고 한수범 님이 생각하는 최선의 면접 복장으로 입고 한 번 뵙도록 하겠습니다.

'매너도서관님이 나를 만나주신다니!' 수범은 이메일을 읽자마자 흥분해 의자에서 벌떡 일어났다. 면접 합격 소식만큼이나 반가운 내용이었기 때문이다. 믿기지 않아 얼굴까지 꼬집어보았다. 수범은 벌게진 볼을 손으로 비비며 바로 유튜브를 검색하기 시작했다. 옷을 준비하기 전에 우선 복장 예절에 관한 매너도서관의 영상부터 보는 게 좋을 것 같아서였다.

"취업하려면 반드시 거쳐야 하는 면접은 짧은 시간 동안 자신의 장점을 최대한 보여주어야 하는 자리입니다. 따라서 첫인상을 좌우하는 시각적 이미지가 중요하다는 점은 아무리 강조해도 부족함이 없지요. 표정이나 태도와 함께 첫인상을 결정짓는데 복장이 상당히 중요한 부분을 차지한다는 건 말할 필요도 없을 겁니다."

수범은 고개를 끄덕이며 영상에서 흘러나오는 말을 귀 기울여 듣고 있었다. 그러다 자신이 너무 한심하다는 듯이 혼잣말을 중얼거리며 땅이 꺼지라 한숨을 길게 내쉬었다.

"생각해보니 예전에는 면접날에도 아무 생각 없이 옷장에 걸려 있는 양복을 대충 꺼내 입고 가곤 했었네. 시각적 이미지가 이렇게 중요한 줄도 모르고."

영상에서는 매너도서관의 이야기가 계속 이어지고 있었다.

"지금 취업 준비 중이신가요? 잘 준비된 면접 용모는 취업의 문을 열어주는 중요한 열쇠가 됩니다. 준비된 면접 복장으로 잘 갖춰 입고 거울 앞으로 가 보세요. 그 모습으로 내일 당장 면접을 보러 간다고 상상해보세요. 면접관이 보기에 충분히 성의 있고 단정한 모습인가요? 아니면 아직 무언가 부족해 보이나요? 기회가 왔을 때 준비하려면 이미 늦을 때가 많습니다. 기회는 준비된 자에게 옵니다!"

수범은 영상 속 매너도서관의 말대로 면접 복상을 갖춰 입고 거울 앞에 서보았다. 충분히 성의 있는 모습인지 혹은 부족한 부분이 있는지 확인하기 위해서였다.

***

드디어 매너도서관을 만나는 날이 되었다. 수범은 나름 만반의 준비를 했다. 양복 소매와 바짓단은 적당한 길이와 폭으로 수선했더니 긴소매와 펄렁한 바짓단을 입었을 때보다 좀 더 스마트해 보였다. 이발도 산뜻하게 했고 앞머리카락도 옆으로 단정하게 넘어가게 손질했다. 확실히 더 성실해 보였다. 면도도 구석구석 깔끔하게 했다. 구두도 반짝반짝 광이 나게 닦아두었다. 수범은 '이 정도면 됐겠지' 하는 마음으로 거울 속 자신의 모습을 바라보았다.

수범은 긴장되면서도 설레는 마음으로 약속 장소로 향했다. 시내 중심의 한 고급 백화점에 있는 커피 전문점에 들어서니 안쪽에 자리 잡고 책을 읽는 매너도서관의 모습이 보였다.

"안녕하셨어요? 일찍 오셨네요. 이렇게 시간 내주셔서 감사합니다."

"어서 오세요 한수범 님. 다시 보니 너무 반갑네요."

차를 주문하고는 그간의 일들에 대해 이런저런 담소를 나누었다. 매너도서관에게는 사람을 편안하게 하는 무언가가 있는 듯했다. 수범의 긴장한 마음이 눈 녹듯이 사라졌으니 말이다.

"한수범 님, 우선 칭찬을 듬뿍 해드리고 싶어요. 처음 만났을 때보다 용모나 자세, 태도가 많이 좋아지셨어요. 노력을 많이 하셨네요."

"정말이요? 감사합니다."

수범은 칭찬 한마디에 행복해서 어쩔 줄 몰랐다. 매너도서관은 그 좋아하는 순수한 표정을 보며 무료 컨설팅을 해주겠다고 하길 잘했다는 생각이 들었다.

"인사에 관해서도 공부하셨나 봐요. 인사 자세가 아주 좋아졌어요. 머리가 앞으로 많이 숙여지는 점만 고치면 될 것 같아요. 인사를 연습하실 때 한 손을 이마에 대고 해보세요. 그러면 머리가 앞으로 너무 떨어지지 않게 신경쓰면서 허리를 숙이게 돼요. 하다 보면 익숙해질 겁니다."

"이렇게요?"

수범은 앉은 자리에서 이마에 손을 대고 허리를 숙여 보았다.

"네, 잘하시네요. 휴대전화 카메라로 본인이 인사하는 모습을 찍어서 관찰도 해보세요. 그럼 제대로 하고 있는지 스스로 확인해볼 수 있을 거예요."

"아, 그런 방법이 있었군요. 오늘 바로 해보겠습니다. 그리고 제 이름 편하게 불러주세요. 말씀도 편하게 놓으시고요."

수범은 이렇게 먼저 제안했다. 워낙 예절 바른 매너도서관인지라 자신이 먼저 제안하기 전에는 호칭이나 말을 편하게 하지 않을 것 같아서였다.

"그럴까요? 그럼 취업해 회사에서 직책이 생길 때까지 앞으로 한수범 씨라고 편하게 부를게요. 말도 조금 편하게 하고요."

"그리고 앞으로 제가 선생님이라고 호칭해도 될까요? 제 멘토시니까요."

"물론이지요. 한수범 씨 편한 대로 하세요."

수범은 매너도서관을 선생님이라고 부를 수 있게 허락받은 것이 무척 기뻤다. 선생님이라고 부르면 이것저것 편하게 물어볼 수 있을 것 같은 기분이 들어서다.

"그럼 취업에 성공하기 위해서는 복장을 어떻게 갖추어야 할지 중요한 점들을 말씀드릴게요. 우선, 면접 복장은 취직하고자 하는 직장과 업무에 어울리는 옷차림을 말해요. 깔끔하고 단정해야 한다는 건 당연하고요. 아무리 옷을 멋지게 잘 입었다 해도 업무나 직책에 맞지 않거나 지나치게 화려하고 고급스러운 복장은 곤란하겠지요? 헤어 스타일도 업무와 맞는 스타

일인지 고려해야 합니다. 수범 씨는 사무직 면접을 볼 계획이니까 정장을 단정하게 입으면 되겠지요. 오늘 한수범 씨 머리는 단정하고 좋네요. 지난번에는 앞머리카락이 앞으로 많이 내려와 있어 조금 답답해 보였거든요. 양복도 잘 맞게 고쳐 입었고요. 처음 만났을 때는 소매가 길어 양복이 좀 커 보였거든요."

"아, 선생님. 다 기억하고 계시는군요. 소맷단을 좀 줄였습니다."

수범은 속으로 깜짝 놀랐다. 두 번 다시 안 볼 사람일 수도 있었을 텐데 매너도서관이 자신의 모습을 다 기억하고 있어서였다. 역시 전문가의 눈은 예리하다고 생각했다.

"그리고 아무리 단정하게 옷을 입었어도 기본적인 색상이 서로 조화가 안 되면 세련되고 프로다운 이미지를 만들기는 어려워요. 가령 검은색 벨트를 하는 경우에는 검은색 구두를 신으면 무난하겠지요? 양말 색상도 양복바지와 구두의 색상과 비슷하게 신으면 무난하고요. 넥타이는 무늬가 너무 화려하거나 크지 않은 것을 택하면 크게 무리는 없어요."

수범은 얼른 자신의 양말을 내려다보았다. 반짝이는 검정 구두와 진한 감색 양복바지 사이에 회색과 자주색의 체크무늬 양말이 보였다. 세심히 신경쓴다고 했는데 양말 색깔까지는 미처 고려하지 못했던 것이다. 양말을 내려다보고 있는 수범을 보며 매너도서관이 빙그레 미소를 지었다.

"괜찮아요. 다 완벽하면 저랑 만날 이유가 없잖아요. 오늘 모습은 지난번

보다 훨씬 좋아졌잖아요? 한수범 씨는 노력을 많이 하는 분이니까 다음에
는 더 좋아질 거예요."

매너도서관은 수범을 따뜻하게 격려해주었다. 그리곤 가방에서 무
언가를 꺼내 수범에게 건네주었다.

"면접 용모와 복장 체크리스트에요. 차분히 체크해보세요. 혹시 부족한 부
분이 있으면 앞으로 보완해나가면 되고요. 여성에 해당하는 부분은 참고로
만 보세요. 면접이 있을 때 이 체크리스트를 보면서 복장을 점검하면 도움
이 될 거예요."

수범은 학창 시절 선생님이 주시는 과제물을 받는 것처럼 두 손으
로 공손히 종이를 건네받았다(pp. 65~67 참조).

항목들을 읽으며 수범은 지난번의 '매너와 이미지 체크리스트'가 떠
올라 갑자기 다시 긴장되었다. 이번에도 제대로 잘한다고 표시할 수
있는 항목이 거의 없을까 봐 염려되어서였다.

하지만 이번에는 달랐다. 그동안 매너도서관의 코칭에 따라 공부하
고 마음가짐을 바꾼 것이 효과가 있었나 보다. 몇 가지 항목을 제외하
고는 모두 제대로 했다고 표시할 수 있었으니 말이다.

면접 용모와 복장 체크리스트

항목	체크 사항
전체 복장	면접 볼 회사의 직종과 문화에 맞는 복장이다.
머리	머리는 청결하며 단정하고 앞머리카락이 눈을 가리지 않는다. 복장과 잘 어울리는 스타일이다. 염색 색상이 자연스럽고 파마가 지나치게 곱슬거리지 않는다. 화려한 헤어 액세서리를 하지 않는다. 헤어 스프레이나 젤을 지나치게 많이 사용하지 않는다.
얼굴	안경이 깨끗하게 닦여 있다. 피부는 청결하고 건강한 느낌을 준다. 화장은 자연스럽다. 입술과 눈 화장은 화려하지 않고 적당하다. 속눈썹을 사용하지 않았다. 화장이 뭉치거나 번지지 않았다. 치아는 깨끗하고 구취가 나지 않는다. 코털이 밖으로 보이지 않는다. 눈썹이 가지런히 잘 정리되어 있다. 면도가 말끔히 되어 있다.
손	손톱의 길이가 적당하다. 손톱 밑에 때가 끼어 있지 않다. 매니큐어가 벗겨지지 않았다. 네일 아트 색상과 디자인이 적당하다.
옷	옷이 구겨지지 않았고 옷에 얼룩진 곳이 없다. 스커트나 바지의 단 등 옷에 터진 부분이 없다. 단추가 떨어진 곳이 없다. 재킷이나 양복 단추가 채워져 있다. 옷의 색상이 지나치게 화려하지 않다. 양복과 셔츠 색상이 잘 어울린다. 속옷이 밖으로 비치지 않는다. 소매와 목 부위가 깨끗하다. 바지가 지나치게 꽉 끼지 않는다.

옷	지퍼가 잘 채워져 있다. 스커트나 바지 길이가 적당하다. 바지 뒤 엉덩이 부분에 오래 입어 생긴 광택이 나지 않는다.
넥타이	넥타이가 양복과 잘 어울린다. 넥타이가 비뚤어져 있지 않고 단정하게 매어 있다. 넥타이에 얼룩이 묻어 있지 않다. 넥타이는 벨트 장식의 윗부분에 닿는 정도의 길이로 매어져 있다.
벨트	벨트 색상이 양복과 잘 어울린다. 벨트 버클이 화려하지 않다. 구두와 조화가 되는 벨트를 한다. 버클이 채워지는 부분의 가죽이 낡아 있지 않다.
구두	구두는 깨끗하게 닦여져 있다. 구두 굽이 닳지 않았다. 구두 색상과 스타일이 복장과 어울린다. 구두 모양이 찌그러지지 않았다. 구두 굽이 너무 높지 않다. 발목에 끈이 있는 신발이나 샌들을 신지 않았다.
양말	양말 색상이 복장과 어울린다. 양복 정장에 흰 양말을 신지 않았다. 양말은 다리를 꼬고 앉았을 때 다리의 맨살이 보이지 않는 길이를 착용했다. 스타킹 색상이 적당하다. 스타킹에 구멍이 나거나 올이 풀려 있지 않다.
액세 서리	액세서리가 화려하지 않다. 귀걸이는 귓볼에 붙는 스타일로 동전 크기보다 작다. 시계는 스포츠 스타일이 아니라 비즈니스에 어울리는 스타일을 착용했다. 시곗줄은 플라스틱이 아닌 가죽이나 금속 소재를 선택했다. 액세서리를 3개 이상 착용하지 않았다. 필기구는 고급스러운 것으로 휴대했다.
가방	서류 가방은 진하거나 중립적인 색상으로 준비했다. 가방이 너무 낡지 않았다. 가방 표면에 먼지가 끼어 있거나 얼룩이 묻어 있지 않다. 핸드백은 색상이나 디자인이 지나치게 화려하지 않다.
향수	타인에게 불쾌감을 주지 않을 만큼만 은은한 향이 난다. 몸이나 복장에서 불쾌한 냄새가 나지 않는다.

여성의 면접 복장은?

1. 면접 보는 회사의 문화와 업무를 고려해 복장을 선택한다. 지나치게 화려한 복장보다는 단정하고 깔끔한 복장이 좋다. 치마는 너무 짧지 않게 입도록 한다. 민소매나 앞이 너무 많이 파인 의상은 피한다.

2. 머리 상태는 기본적으로 말끔하고 깨끗해야 한다. 지나치게 곱슬거리는 파마, 색상이 과한 두발 염색, 눈을 가리는 긴 앞머리카락, 요란한 헤어 액세서리 등은 피한다. 지나친 화장, 긴 속눈썹, 화려한 네일 아트도 보기에 좋지 않다. 화장품이나 향수의 향이 너무 강하게 나지 않는지도 확인한다.

3. 구두는 지나치게 높거나 화려한 것은 피한다. 단정한 모양새에 업무에 지장이 없을 정도의 높이가 좋다. 킬 힐 같은 높은 구두는 '과연 저 신을 신고 일을 제대로 할 수 있을까?' 하는 생각이 들게 한다.

4. 액세서리는 기본적이고 단정해 보이는 것이 좋다. 귀걸이는 귓볼에 붙는 작은 것으로 하되 지름이 동전보다는 작은 편이 무난하다. 팔찌, 반지, 목걸이, 브로치 등도 최소화하는 것이 좋다. 액세서리는 최대 3개 정도 이상 넘지 않도록 한다.

자신감을 높여주는 스타일링

수범은 면접 복장에 관한 자료를 이책 저책 뒤적이며 열심히 찾아보았다. 그런데 혼자 책으로 공부하는 데는 한계가 있다는 걸 느꼈다. 단정하고 깨끗한 이미지가 중요하다는 것은 이제 잘 알게 되었다.

하지만 넥타이, 양복, 셔츠를 어떻게 잘 어울리게 입어 세련된 이미지를 만들 수 있을지는 아직 막막하기만 했다. 오늘 착용한 벨트의 커다란 장식도 매너도서관과 대화하면서야 면접 복장에는 어울리지 않는다는 것을 알게 되었으니 말이다. 이런 수범의 마음을 이미 짐작하고 있었다는 듯 매너도서관이 말을 꺼냈다.

"오늘 일부러 백화점에서 만나자고 했어요. 면접 복장에 관해 대화를 나눈 후 함께 남성복 코너에 가볼 예정이에요. 말로 하는 설명보다 실제로 보는 것이 훨씬 머리에 남거든요. 어울릴 만한 옷은 직접 입어보기도 할 거예요. 백문불여일견百聞不如一見이라고 하잖아요?"

"와, 선생님 정말인가요? 그렇지 않아도 어떤 색상이 제게 어울리는지, 넥타이는 어떤 걸 골라야 하는지 이런 것들이 정말 고민이었거든요."

수범은 너무 기쁜 나머지 커피숍이라는 것도 잊고 그만 환호하듯 큰 목소리로 말해버렸다. 오늘도 자신에게 꼭 필요한 부분을 미리 알고 있는 매너도서관에게 감탄하지 않을 수 없어서였다.

사실, 시골에서 올라온 후로 고급 백화점에서 물건을 사본 경험이 없었다. 만약 혼자였다면 이런 백화점 남성복 매장에 와볼 생각도 못했을 게다. 컨설팅 비용도 내지 못하는 자신을 이렇게까지 진심으로 도와주는 매너도서관의 배려에 수범의 가슴이 뭉클해졌다.

"자, 우선 남성복 층에 가서 한 바퀴 돌면서 찬찬히 구경할 거예요. 정장 브랜드마다 전문가들이 잘 어울리게 코디해서 마네킹에 입혀 진열해두었어요. 이렇게 전체적으로 잘 조화된 모습을 자꾸 보다 보면 수범 씨도 잘 할 수 있게 될 거예요. 저도 해외에서 처음 파티에 가게 되었을 때 백화점 파티복 코너로 달려가서 이렇게 구경부터 했거든요."

수범은 코디해놓은 정장들을 집중해서 구경하기 시작했다. 매너도서관은 옆에서 작은 목소리로 어떤 부분을 알고 봐야 하는지 설명해주었다. 남성복 매장을 한 바퀴 돌아보며 매너도서관의 설명까지 듣고 나니 수범은 이제 면접 복장을 어떻게 입어야 세련되게 보일지 머리로는 어느 정도 알 수 있을 것 같았다. 내심 자신의 수준이 한 단계 더 올라간 기분이 들었다.

"한수범 씨, 마음에 드는 옷이 있으면 한번 입어보면 어떨까요? 보는 것과 입어보는 것은 또 다르거든요."

입어보라는 말에 수범은 순간 심장이 덜컹 내려앉았다. 마음에 드는 옷들에 붙어 있는 가격표를 볼 때마다 손이 떨릴 지경이었기 때문이다. 동그라미 숫자를 세어보며 주머니 속 텅 빈 지갑이 오늘따라 원망스러웠다.

"하지만 사지도 않을 건데 입어보면 미안해서요."

"미안하긴 하지만 입어본다고 다 살 필요는 없어요. 입어보고 마음에 들지 않아서 안 사는 사람이 더 많아요. 오늘 잘 봐두었다가 취업해서 돈 벌면 와서 사면 되잖아요. 희망을 가져요. 내 지갑에 이런 옷을 척척 살 돈이 두둑이 있는 그날을요."

'선생님 말씀이 맞아. 나도 취업해서 돈 벌면 이런 옷 사 입으면 되지.' 마음을 고쳐먹은 수범은 용기 내어 매너도서관이 추천한 옷을 입어보기로 했다. 짙은 네이비블루색 양복, 흰색 셔츠, 줄무늬 넥타이에 검은색 벨트까지 잘 코디해 진열되어 있었다. 탈의실에서 나와 거울 앞에선 수범은 자신의 모습이 믿기지 않았다. 너무 멋진 신사가 거울 속에 보였기 때문이다.

옷이 날개라더니, 옷 하나 바꿔 입었다고 사람이 이렇게 달라 보일 일이란 말인가. 이번에는 수범이 마음에 드는 옷을 입어보았다. 그런데 막상 입어보니 어딘지 모르게 색상이 잘 어울리지 않는 것 같았다. 게다가 남의 옷을 빌려 입은 듯 어색해 보이기도 했다. '아, 이래서 선생님이 보는 것과 입어보는 것이 다르다고 하셨구나.'

수범은 내색하지 않으려 애를 썼는데도 어쩔 수 없이 의기소침해진 마음이 표정으로 드러나고 말았다. 가격 때문에 처음부터 주눅이 든 데다가 옷 하나 제대로 고르는 안목도 없는 자신이 한심하다는 생각이 들어서였다. 그런 마음을 알았는지 매너도서관은 수범의 마음을 다독여주는 말을 해주었다.

"한수범 씨, 좀 힘들더라도 이렇게 옷을 직접 입어보면 어떤 것이 본인에게 잘 어울리는지 빨리 알게 돼요. 오늘 입어본 옷 중에 마음에 든 옷을 잘 기억해두세요. 옷을 제대로 갖춰 입으려면 비용이 만만치 않거든요. 하지만 감각을 길러 디자인과 색상을 잘 맞추어 입으면 굳이 비싼 옷이 아니어도 되니까요."

"선생님, 그런데 왜 어떤 옷은 제 얼굴이 환해 보이고 어떤 옷은 얼굴이 칙칙해 보일까요?"

"좋은 질문이에요. 사람마다 자기에게 잘 어울리는 색이 있어요. 각각의 색상을 얼굴에 대어보면 어렵지 않게 찾아낼 수 있어요. 가령 저 같은 경우에는 오렌지색을 입으면 피부가 칙칙하고 누렇게 보여요. 그래서 저는 오렌지색 의상이 한 벌도 없어요. 자기에게 어울리지 않는 색상은 가능하면 피해야 하니까요. 조금 전에 보니까 회색은 한수범 씨에게 잘 어울리지 않아 보였어요. 나이 들어 보였거든요. 아버지 옷을 빌려 입은 것도 같았고요. 나중에 좀 더 나이가 들었을 때는 괜찮을 수도 있지만요."

수범은 그제야 아무리 멋있는 옷이라도 자신에게 맞는 색상을 골라 입어야 한다는 것도 알게 되었다. 고리타분할 줄 알았던 매너 공부를 하며 수범은 마치 컴퓨터 게임에서 한 단계씩 레벨이 올라갈 때와 같은 신나는 기분을 경험하고 있는 자신이 신기하게 느껴졌다.

"주변에 혹시 정장을 세련되게 잘 입는 분이 계신가요? 그런 분을 가끔 만나 어떻게 옷을 입는지 유심히 관찰해보세요. 그리고 옷을 사러 갈 때 함께 가서 골라 달라고 해보세요. 몇 번 그렇게 하다 보면 혼자서도 어울리는 옷을 잘 고를 수 있게 될 거예요. 이번 미션은 옷 잘 입는 롤 모델을 찾아 따라 하기예요. 수업을 더 해드리고 싶지만 오늘은 여기서 마쳐야 할 것 같아요. 다음 약속이 있어서요."

옷 구경하는 재미에 푹 빠졌던 수범은 그제서야 벌써 몇 시간이나 훌쩍 흘러버린 걸 알아차렸다. 매너도서관과 헤어진 수범은 백화점을 나와 횡단보도를 건너려고 신호를 기다리고 있었다. 그런데 신호등이 몇 번이나 녹색불로 바뀐 것도 모르고 그 자리에 그대로 서 있었다. '롤 모델을 어디서 찾아야 하지?' 수범은 벌써 다음 과제에 관한 생각을 골똘히 하고 있었다.

인생 첫 면접을 준비하는 사람들을 위한 면접 복장 꿀팁!

1. 잘 코디된 옷 가게의 진열품을 머리부터 발끝까지 한 세트로 산다. 몇 번 이렇게 하다 보면 안목이 생기게 된다. 괜히 돈 아끼려고 액세서리나 소품을 자기가 가진 것으로 사용하려고 하면 자칫 치아에 고춧가루 낀 이미지가 될 수 있다. 센스가 생길 때까지 큰맘 먹고 통째로 투자한다.

2. 함께 옷을 골라줄 옷 잘 입는 사람을 찾아둔다. 옷을 사러 갈 때 몇 번 같이 가서 골라 달라고 한다. 이렇게 함께 다니다 보면 안목이 생긴다. 고마움의 표시로 맛있는 식사도 대접하고 작은 선물도 한다. 잘 어울리지도 않는 옷을 사서 돈 낭비하는 것보다 밥 몇 번 사는 것이 훨씬 경제 적이다.

3. 주머니 사정이 여의치 않아 옷을 사기 어렵다면 전문 대여점을 이용해보는 것도 방법이다. 대여점의 전문가에게 면접 업종에 어울리는 복장에 대한 조언도 받을 수 있다.

인생 레벨을 바꿔줄
롤 모델 찾기

수범은 매너도서관과의 수업 후 며칠을 곰곰이 생각해도 옷 잘 입는 롤 모델로 마땅한 주변 사람을 떠올릴 수 없었다. 그러다 문득 대학 선배인 한별이 떠올랐다.

"아, 그래. 한별이 형이 있었지! 왜 내가 진작 형 생각을 못했을까!"

김한별은 수범이 꼭 가고 싶은 회사에 취업한 선배다. 부유한 학자 집안 출신에다 지적이고 호감 가는 이미지에 옷도 멋지게 잘 입고 다녀서 학교에서도 학우들에게 언제나 인기가 있었다. 게다가 늘 겸손하고 예의 바르게 행동해 교수님들과도 잘 지냈었다.

수범과는 대학 시절 동아리 활동을 함께하며 가깝게 지내던 선배였다. 하지만 졸업 후 자신이 취업도 못하고 있다 보니 얄팍한 자존심에 오랫동안 연락하지 않고 지냈었다. 수범은 휴대전화를 만지작거리며 한참 동안 망설였다.

'형한테 너무 오랫동안 연락 못 했는데… 갑자기 만나서 도와달라고 해도 괜찮을까? 그래도 어쩔 수 없잖아. 연락해보자. 내 주변에 옷 잘 입는 사람은 아무리 생각해도 한별이 형밖에 없으니까. 게다가 대기업에 다니고 있으니 이런저런 취업 정보 등도 도움받을 수 있을 거야. 진작 연락도 좀 하고 지낼걸. 그놈의 자존심이 뭔지!'

수범은 한별이 바쁘다고 안 만나줘도 어쩔 수 없다 각오하고 애써 용기를 내어 전화를 걸었다.

"여보세요? 한별이 형, 나 수범이야."

"어, 수범아? 와, 너무 반갑다. 잘 지내지?"

"응, 형. 보고 싶은데 시간 돼?"

"그럼, 당연히 시간 내야지."

오랜만에 전화했는데도 학창 시절처럼 격 없이 따뜻하게 대하는 한별이 더없이 고마웠다. 반갑게 "수범아" 하는 한별의 첫마디에 그만 마음이 뭉클해졌다. 그동안 괜한 자격지심에 연락을 끊고 살았던 소심한 자신이 부끄러워졌다.

***

수범은 모처럼 만나는 한별에게 좋은 모습을 보여주고 싶었다. 그래서 면접 복장 연습한다 생각하고 양복으로 정성스럽게 차려입고 약속 장소로 나갔다.

"이게 누구야! 몰라보겠다. 언제 이렇게 멋있어졌냐? 양복이 제법 잘 어울리네."

한별은 반가운 미소를 지으며 손을 내밀었다. 힘차게 악수하고는 학창 시절처럼 수범의 어깨와 등을 한쪽 팔로 다정하게 감싸안았다.

"형, 잘 지냈어? 정말 근사해 보인다. 대기업 다니는 엘리트는 역시 다르긴 다르네."

수범은 한별이 입은 양복과 넥타이, 벨트, 구두 등을 스캔하듯이 얼른 보았다. 어딘지 모르게 머리부터 발끝까지 귀티가 흐른다는 느낌이 들었다. 아무튼 수범의 눈에 정말 근사해 보였다.

"아, 그래? 고맙다. 그나저나 왜 이렇게 소식이 뜸했냐?"

"자주 연락 못 해서 미안해. 좋은 직장에 취업하면 연락하려고 했는데, 취직도 안 되니까 괜히 연락하기가 좀 그렇더라고."

"그랬구나. 나도 왠지 그런 것 같아서 연락이 오기만 기다렸지. 그럼 이제 취직이 된 거야?"

수범은 그간의 일을 한별에게 이야기해주었다. 그리고 오늘 왜 한별을 만나자고 했는지도 솔직하게 털어놓았다.

"당연히 도와줘야지. 내가 필요하면 언제든지 말해. 옷 사러 갈 때 미리 연락하고."

한별은 흔쾌히 돕겠다고 해주었다.

"고마워 형. 이렇게 만나서 대화 나누고 형을 보는 것만으로도 내가 많이 배우게 될 것 같아. 기왕이면 취업에 도움이 될 만한 이야기도 좀 해주고.

Level 2 기회를 놓치지 않을 취업 매너 갖추기

그런데 형, 좀 전에 악수할 때 정말 느낌이 좋던데 비법이 뭐야?"

"아, 그랬냐? 사실 내가 해외 바이어들을 만날 일이 많아서 악수할 일이 많거든. 그래서 좀 신경 써서 책도 보고 선배들에게 배웠어. 악수가 손만 내밀어서 잡으면 되는 줄 알았는데 알아둘 게 꽤 많더라. 비즈니스 할 때 악수가 첫인상도 많이 좌우하고. 힘없이 악수하면 에너지가 없어서 일을 제대로 못 할 것 같은 인상을 주기도 하거든."

예전 같으면 무슨 악수 하나가 그렇게 중요하겠냐고 생각했을 터였다. 하지만 오늘은 한별의 말이 전부 머리에 새겨졌다. 악수 하나에도 다 숨은 노력이 있었다는 사실이 놀라울 뿐이었다. 수범은 한별을 만나고 보니 한별에게 복장뿐만 아니라 다른 것도 배울 점이 많다는 생각이 들었다.

수범은 식사하면서도 한별을 유심히 관찰했다. 이전에는 잘 보이지 않던 예의 바른 말투, 부드러운 표정과 단정한 자세 등이 이제는 눈에 모두 보였다. 한별이 앉아 있는 모습은 같은 남자가 보기에도 반듯하고 멋있어 보였다. 자세가 멋있으면 입은 양복도 더 멋있어 보인다는 점도 깨닫게 되었다.

'아니 지척에 이렇게 최고의 롤 모델이 있었는데도 몰랐단 말이야? 사람이 아는 만큼 보인다더니…'

수범은 맥주까지 곁들여 기분 좋게 식사를 마치고 가까운 시일 내에 한별과 다시 만나기로 하고 헤어졌다. 버스에 올라 자리에 앉은 후 한별과의 만남을 다시 한번 머리에 떠올려보았다. 한별의 힘찬 악수가 특히 선명하게 기억에 남았다. 악수할 때 잡았던 손의 그 느낌이 아직도 남아 있는 듯했다.

수범은 한별의 외적 스타일뿐만 아니라 반듯한 자세와 악수법도 닮을 수 있게 노력해야겠다고 생각했다. 한편으론 매너도서관이 왜 롤 모델을 찾으라고 했는지도 알 것 같았다. 롤 모델을 잘 정하면 그만큼 빨리 원하는 목표에 도달할 수 있을 테니까.

"오늘은 집에 가서 악수 매너에 관해 공부하고 정리해봐야겠다."

악수 매너

1. 상대방을 처음 만났을 때 처음의 몇십 초 혹은 몇 분 사이가 중요하다. 그 사이에 집중적으로 본인의 이미지가 상대방에게 형성되기 때문이다. 그러므로 이때 자신감 있는 미소를 띠고 힘 있는 악수를 교환하면서 만나서 정말 반갑다는 표정을 짓는다면 틀림없이 좋은 첫인상을 심어줄 수 있을 것이다.

   😊 악수가 첫인상을 좌우한다는 말이 이런 거였구나. 그런데 자신감 있는 미소는 어떻게 짓지?

2. 악수는 고개를 숙이거나 허리를 숙일 필요 없이 똑바로 선 자세에서 하는 인사법이지만 허리를 숙여 인사하는 문화권인 우리나라에서는 상사나 연장자와 악수할 때는 고개를 살짝 숙이는 것이 좀 더 공손해 보인다. 하지만 동료나 외국인과 악수할 때는 고개를 숙이지 않아도 된다.

3. 악수는 오른손에 무기를 쥐고 싸우던 중세 시대에 지금은 공격하지 않겠다는 뜻으로 시작되었기에 오른손으로 한다. 다만 우리나라에서 윗사람과 악수할 때는 왼손을 오른쪽으로 함께 내밀어서 두 손을 사용하는 듯한 공손한 자세로 악수하는 것이 더 예의 바르게 보인다. 동료나 외국인과 악수할 때는 오른손만 내밀고 악수하면 된다.

   😊 아, 문화나 상황에 따라 악수법도 다르구나.

4. 악수할 때는 상대의 눈을 보아야 한다. 상대의 눈을 보지 않는다는 것은 뭔가 숨기고 있거나 떳떳하지 못한 일을 하고 있는 것으로 여겨지기 때문이다.

5. 악수는 앉아서 받지 않는다. 동급의 남성이 여성에게 악수를 청할 경우라면 여성은 앉아서 받아도 괜찮지만 연배가 높은 경우에는 반드시 일어서서 악수한다.

   😊 악수할 때는 웬만하면 일어나서 하는 걸로 연습하면 되겠네.

6. 악수할 때 친밀한 경우는 문제되지 않지만 일반적인 경우 두 손을 잡거나 어깨를 두드리는 등 과장된 행동은 하지 않는 것이 좋다. 즉 다른 한 손이 상대방의 손 위에 올라가지 않도록 한다.

7. 악수는 상급자가 하급자에게, 연장자가 연소자에게, 기혼자가 미혼자에게 먼저 청한다. 여성이 남성에게 먼저 악수를 청하는 것이 일반적인 매너지만, 비즈니스 자리에서는 여성, 남성 굳이 가리지 않고 먼저 청해도 무방하다.

   😊 이런… 나 소개팅 때 내가 먼저 악수 청했는데 그럼 이건 내가 실수한 거였네.

8. 부부 동반 모임일 경우에는 남자가 먼저 악수를 청해도 괜찮다.

9. 사교 모임에서 남성이 여성과 악수할 때는 손끝을 가볍게 살짝 쥐는 것이 매너지만, 비즈니스에서는 남녀 구별 없이 동등하게 힘 있게 악수하면 된다.

   헉, 헤어질 때 악수하면서 소개팅 파트너 손을 꽉 잡았었는데… 이래서 매너가 없다고 그랬구나.

10. 악수할 때 방한용 장갑은 벗어야 한다.

11. 악수할 때 손에 힘을 주지 않으면 서양 사람들은 '죽은 물고기(Dead Fish) 악수'라는 표현을 사용한다. 죽은 물고기처럼 일할 기운도 없는 사람으로 여겨질 수 있거나 상대의 손을 잡기 싫어한다고 오해받을 수도 있다.

12. 상대가 악수를 청하는데 받아주지 않는 것은 상대를 무시하는 매너 없는 행동이다.

13. 상대가 악수를 청하는데 자신의 손에 땀이 많이 났을 때는 상대방에게 양해를 구하며 얼른 손을 닦거나 닦는 시늉이라도 한 후에 악수해야 상대에게 불쾌감을 주지 않는다.

   오, 이건 꿀팁이네. 난 손에 땀이 많이 나니까 이건 잘 알아둬야겠다.

14. 악수할 때 손을 위아래로 흔드는 이유는 소매에 단검을 몰래 숨기고 있지 않음을 증명하기 위해 유래되었다고 한다.

15. 악수할 때 손을 쥐는 힘의 세기, 악수하는 시간, 손을 몇 번 흔들어야 하는가 등의 세부적인 내용은 정해져 있기보다 상황에 따라 다르고 국가에 따라 차이가 있다.

16. 악수를 제대로 하려면 이론 공부만으로는 부족하다. 실제로도 많은 연습을 해야 한다.

   좋았어. 나도 연습해봐야겠다. 음… 어떻게 연습하지… 아, 이 플라스틱 옷걸이를 쥐었다 폈다 하면 되겠다.

자세만 바뀌어도
충분히 달라 보인다

수범은 이메일을 써 내려가며 콧노래가 절로 나왔다. 근사한 롤 모델을 찾아냈다는 소식을 매너도서관에게 전할 수 있어서였다. 악수에 대해 정리한 내용도 함께 첨부했다. 선배의 멋진 동작이나 자세도 따라 해볼 생각이라는 내용도 적었다.

메일을 발송하면서 수범은 앞으로 모든 일이 잘 풀릴 것 같은 예감이 들었다. 포기하다시피 했던 취업도 곧 될 것 같은 희망도 다시 생겼다. '그래, 앞으로는 좋은 일만 생길거야. 취업 활동도 더 적극적으로 해야겠어. 취업 공부도 좀 더 철저히 하고.' 며칠 뒤 매너도서관에게서 반가운 메일이 도착했다.

✉ 한수범 씨에게

멋진 롤 모델을 찾았다니 정말 기쁘네요. 더군다나 취업하고 싶은 곳에 다니고 있는 선배라니 더욱 배울 점이 많을 것 같고요. 악수에 관한 메모도 아주 잘 정리했네요. 내용대로 옷걸이로 연습해보도록 하세요. 그럼 다음 수업에는 우리 악수로 인사하도록 할까요? '선배의 바른 자세도 따라 해보려 한다'라는 마음가짐에 박수를 보내요. 그런 뜻에서 도움이 될 만한 동작과 자세에 관한 자료를 첨부해서 보낼게요(p. 83 참조). 참고해서 잘 연습해두면 면접할 때 도움이 될 거예요. 선배의 동작을 벤치마킹할 때도 도움이 되길 바랄게요.

많이 응원하고 있어요. 파이팅!

자료를 보던 수범은 '방향을 가리키는 자세'를 읽는 순간 움찔했다. 지금까지 늘 손가락으로 방향을 가리켰었지 손을 모아 가리킨 적이 없었기 때문이다. 수범은 부끄러운 마음에 자기도 모르게 얼른 손가락을 감싸 쥐었다.

'지금까지 얼마나 많은 사람이 나를 예의 없다고 생각했을까? 가만 있어 보자. 혹시 선생님을 뵈었을 때도 백화점에서 여기저기 손가락질 했을까? 생각만 해도 아찔하네.'

수범은 이제 두 번 다시 손가락으로 방향이나 누군가를 가리키지 않으리라 결심했다. 그리곤 저녁 내내 두 손으로 방향 가리키는 연습을 했다.

"네, 저쪽입니다. 이쪽입니다. 뒤쪽입니다. 앞쪽입니다…."

올바른 자세

1. 바르게 선 자세

남성은 뒤꿈치는 붙이고 앞꿈치는 15도 정도로 벌린다. 손은 가볍게 주먹을 쥐어 바지선에 붙여 자연스럽게 늘어뜨린다. 허리와 등은 바르게 편다. 가슴은 당당하게 쭉 편다. 시선은 정면을 향하고 표정은 밝게 한다. 턱이 올라가지 않도록 한다. 공수(拱手, 두 손을 앞으로 모아 포개어 잡는 것) 할 때는 남성은 왼손이 위로, 오른손이 아래로 내려가게 하고 두 손을 모아 잡는다.

여성은 앞꿈치와 뒤꿈치를 모두 붙인다. 공수할 때는 남성과는 반대로 오른손이 위로, 왼손이 아래로 오게 두 손을 모아 잡는다.

 바르게 선다는 게 은근히 어렵네. 내가 턱을 올리는 습관이 있어서 좀 건방져 보였겠어.

2. 앉는 자세

남자는 손을 가볍게 주먹 쥐어 허벅지 위에 올려놓는다. 다리는 어깨너비로 벌린다. 시선은 정면을 향하고 미소 띤 표정을 한다. 허리와 등은 반듯하게 펴고 의자에 깊숙이 앉는다.

여성은 오른손이 위로 가는 공수 자세로 손을 허벅지 위에 올려 놓는다. 다리는 가지런히 모으고 앉는다.

 내가 다리를 너무 벌리고 앉았었구나. 어깨너비로… 이렇게… 와, 다리 벌리는 넓이 하나 바꿨는데 훨씬 단정해 보이네.

3. 걷는 자세

어깨와 가슴을 쫙 편다. 턱이 위로 올라가지 않도록 당긴다. 팔은 앞뒤로 가볍고 자연스럽게 움직인다. 배에 힘을 주고 등과 허리를 펴고 일자걸음으로 걷는다. 상체나 엉덩이를 심하게 흔들지 않는다.

 이런, 내가 살짝 팔자걸음으로 걷는구나. 왜 아무도 안 알려줬지? 일자로 걷는 연습을 해야겠다.

4. 방향을 가리키는 자세

손가락으로 가리키지 않는다. 손가락을 모은 후 손바닥이 위로 향하게 가리킨다. 특히 윗사람에게는 두 손을 사용한다. 시선은 상대의 눈을 우선 본 후 가리키는 방향을 보고 다시 상대의 눈을 본다. 뒤쪽을 가리킬 때는 몸의 방향도 뒤로 돌린다.

 이런, 손가락으로 가리키면 안 되는 거였구나.

표정이 바뀌면 없던
기회도 생긴다

불금이지만 오늘도 수범은 도서관에서 취업 준비와 씨름하고 있었다. 예전 같으면 별 희망 없이 자리에 앉아 습관적으로 책을 보고 있었을 터였다.

그런데 요즘은 내일 바로 취업 시험이 있다는 생각으로 공부하고 있다. 그래서인지 책 내용이 머리에 새겨지듯 쏙쏙 들어왔다. 잠시 쉬자는 생각이 들 때쯤이었다. 주머니에 넣어둔 휴대전화에 진동이 느껴졌다. 한별이었다.

"수범아, 불금인데 뭐하냐? 저녁 같이 할래?"

"어, 정말? 당연히 먹어야지."

수범은 예전과 달리 작은 목소리로 통화했다. 모처럼 약속이 생기자 신이 나고 반가운 마음에 급히 가방을 싸서 약속 장소로 향했다.

깡통 테이블에서 지글지글 삼겹살을 구워 먹으며 소주도 한잔하고 있자니 대학 시절로 돌아간 듯했다. 취기가 어느 정도 올라왔을 때였다. 한별이 갑자기 진지한 표정으로 수범에게 물었다.

"수범아, 너 우리 회사에서 일해 볼 생각 있니?"

"당연하지. 그런데 어떻게?"

수범은 갑작스러운 질문에 술이 확 깨는 듯했다. 놀라서 눈이 둥그레진 수범은 이게 무슨 말인가 싶어 숨이 멎을 것 같았다.

"지난번 널 만난 후 너에 대한 생각이 많이 바뀌었어. 네가 실력이나 인간미야 나무랄 데가 없지. 그런데 솔직히 네가 대학 때는 외모에 워낙 신경을 안 썼잖아. 태도나 자세도 자유분방했고. 사실 원하는 직장에는 취업이 쉽지 않겠다고 생각하고 있었어. 그렇다고 너 자존심도 있는데 그런 이야기를 직접 해주기도 그랬고. 그런데 이제 복장이나 매너에도 관심이 생겼다고 하니 내심 정말 흐뭇했다. 그날 보니까 양복도 격식에 맞게 잘 갖춰 입었고 태도나 마음가짐도 완전히 달라졌다는 걸 느꼈어."

한별은 수범을 느낀 대로 덤덤하게 이야기해주었다. 대학 시절의 모습에 대해서는 모두 사실이라 할 말이 없었다. 그래도 이제는 나아졌다는 대목에서는 안도의 숨을 조용히 내쉬었다.

"정말? 형이 그렇게 말해주니까 그동안 노력한 보람이 있네."

"그래서 말인데, 우리 마케팅 부서에 급하게 인력 충원이 필요해. 정직원은 아니고 6개월 계약직이지만 열심히 해서 인정받으면 나중에 정직원 발령도 가능한 자리야. 예전 같으면 솔직히 내가 너를 추천하긴 어려웠을 거야. 그치만 너 정도의 실력에 요즘 같은 마음가짐이면 충분히 정직원이 될 수 있겠다는 생각이 들었어. 내가 뒤에서 도울 수 있는 일이 있으면 도와줄게. 물론 면접 과정이 있으니까 꼭 된다는 보장은 없어. 계약직이라 혹시 자존심 상한 건 아니지?"

한별은 조심스럽게 수범의 표정을 살폈다.

"와, 형 고마워. 자존심이 왜 상해? 내가 그 회사 가고 싶어 했던 거 잘 알잖아. 형이 추천해주면 잘 준비해서 꼭 합격하도록 노력할게."

수범은 비장하고 진지한 표정으로 힘주어 대답했다. 매너도서관이라는 든든한 멘토가 뒤에 있어 더 자신 있게 대답할 수 있었다.

"그래, 꼭 합격하길 바란다. 자 우리 건배하자. 한수범의 입사를 미리 축하하며!"

"건배!"

***

며칠 뒤, 수범은 한별의 반가운 전화를 받았다.

"수범아, 내일 면접 보러 와라. 윗분들께 잘 이야기해두었으니까 긴장하지 말고 실력 발휘해봐."

수범은 전화를 끊자마자 매너도서관에게 급히 SOS 문자를 보냈다. 면접 전에 다시 한번 원 포인트 레슨을 부탁해볼 생각이었다. 이번에는 문자를 보내자마자 바로 전화벨이 울렸다.

"너무 반가운 소식이에요."

진심으로 기뻐하는 매너도서관의 모습이 휴대전화 너머로 보이는 듯했다. 매너도서관은 수범이 자신감을 가질 수 있도록 목소리에 에너지를 한껏 넣어 말을 이어갔다.

"면접에 필요한 예절이나 복장은 많이 좋아졌다고 생각돼요. 이젠 자신감이 무엇보다 중요해요. 한수범 씨는 특히 마음이 얼굴에 다 드러나니까요. 긴장하지 말고 편안한 마음으로 면접에 임하세요. 계약직이지만 한수범 씨처럼 열심히 노력하면 반드시 정직원이 될 수 있을 거예요."

"감사합니다 선생님. 그런데 내일 면접에 제가 특히 신경 써서 준비해야 할 점이 뭐가 있을까요?"

수범은 조심스럽게 질문했다. 갑작스러운 연락으로 매너도서관의 바쁜 일정에 방해가 되는 건 아닌가 싶은 생각이 들어서였다. 하지만 수범의 생각과 달리 매너도서관은 아주 밝은 목소리로 기분 좋게 계속 말을 이어갔다.

"표정을 더 신경 써보세요. 지금은 많이 좋아졌겠지만 지난번에 만났을 때만 해도 표정이 많이 굳어 있었어요. 좀 더 밝은 표정을 만들어보세요. 자 그럼 전화로 잠시 표정 원 포인트 레슨을 진행해볼까요?"

"아, 선생님 너무 감사합니다."

수범은 가슴이 뭉클해졌다. 취업을 진심으로 응원해주는 마음이 느껴져서였다.

"우선 밝은 표정과 미소가 얼마나 중요한지 잠깐 제 경험을 이야기해볼게요. 제가 직원 채용 면접을 진행했을 때 일이에요. 한 면접자가 환하게 웃으며 들어오는 모습이 마음에 들더군요. 그런데 이력서의 경력란에 아무것도 적혀 있지 않았어요. 집에서 운영하는 가게에서 1년 남짓 일을 도운 것이 전부라더군요. 여러 해 동안 편찮으신 어머니 병간호를 했다면서요. 그 정도 이력이면 당연히 몇 마디 형식적으로 물어보고 불합격 처리했을 거예요. 그런데 본인의 상황을 아는지 모르는지 면접 내내 천진난만하게 계속 방긋방긋 웃더라고요. 그런데 그 밝은 미소가 부족한 경력을 다 덮을 만큼 예뻐 보였어요. 부모 병 수발을 몇 년씩 한 딸이면 심성도 착할 것 같았고요. 업무는 가르치면 되겠지 하는 마음이 슬쩍 들더군요. 결국 3개월 수습 기간을 전제로 채용을 결정했어요. 덕분에 업무와 직장 예절을 가르치느라 한동안 제가 고생을 좀 했지요."

매너도서관은 여기까지 이야기하고는 어처구니없던 그 결정이 생각난다는 듯이 소리 내어 웃었다.

"그 직원은 운이 정말 좋았네요. 선생님처럼 인정 많은 분이 면접관이었으니까요."

"그럴까요? 단지 운이 좋아서였을까요? 제가 말씀드리고 싶은 건 그만큼 표정이나 첫인상이 중요하다는 점이에요. 그 직원은 호감 가는 밝은 표정 덕분에 부족한 조건임에도 취업의 기회를 얻을 수 있었던 거예요. 게다가 저에게 업무와 직장 예절까지 잘 배워서 나중에는 다른 곳에서 스카우트 제안까지 들어왔고요. 결국 회사에서 연봉을 더 올려주고 붙잡았어요."

수범은 여기까지 듣고 나자 매너도서관이 표정에 관해 경험담까지 이야기하며 왜 이렇게 강조하는지 깨닫게 되었다. 수범의 무뚝뚝한 표정은 면접을 보려면 꼭 고쳐야 하는 부분이었기 때문이다.

"수범 씨도 아직 특별한 경력은 없지만 밝은 표정으로 좋은 첫인상을 남긴
다면 면접에서 원하는 결과를 얻을 수 있을 거예요."

그렇지 않아도 수범은 자신의 표정이 어둡다는 걸 비로소 깨닫고
있었다. 하지만 이토록 중요할 수 있다는 생각은 미처 하지 못했었다.
수범이 표정의 중요성에 대해 이해했다는 생각이 들자 매너도서관은
이제 구체적인 내용을 이야기해주기 시작했다.

"자 그럼 인상을 결정짓는 가장 큰 요소는 무엇일까요? 시각적 요소, 청각
적 요소, 언어적 요소 중에서요."

"아무래도 시각적 요소겠지요?"

"맞아요. 시각적 요소가 55% 정도, 청각적 요소가 38% 정도, 언어적 요소
가 7% 정도라고 해요. 그중에서 시각적 요소를 가장 빠르게 바꿀 방법은
표정이에요."

표정의 중요성을 구체적인 숫자로 듣고 나니 수범은 다시 한번 놀
랐다. 문득 친구들이 화났냐고 자기에게 자주 물어왔던 일이 생각났
다. '아, 내 표정 상태가 심각했었구나. 결국 화난 표정으로 면접을 봤
을 테니 합격할 리가 없었겠네.'

매너도서관은 내일이 면접인 수범에게 표정에 문제가 많다는 말을
직설적으로 하고 싶지는 않았다. 수범이 불안해할 수 있기 때문이다.
대신 자신의 경험담을 이야기해주어 스스로 깨닫기를 바랐던 것이다.
수범도 그런 매너도서관의 마음을 느낄 수 있었다.

"표정의 중요성에 대해서는 충분히 이해했을 테니까, 그럼 이제 호감 가는 표정 만드는 방법을 알아볼까요? 거울 앞에서 미소 짓는 연습부터 시작해보세요. 우선 자신에게 가장 잘 어울리는 미소를 찾는 것이 중요해요. 살짝 입꼬리만 올리고 웃기, 치아가 약간 나오게 웃기, 치아가 여러 개 나오게 활짝 웃기 등 다양하게 시도해보세요. 무조건 활짝 웃는다고 좋은 게 아니거든요. 잘못 웃으면 좀 모자라 보이는 사람도 있으니까요. 나에게 어울리는 미소를 만드는 게 중요해요."

수범은 무조건 활짝 웃는다고 좋은 게 아니라 어울리는 미소를 찾으라는 말이 마음에 와닿았다. 일전에 거울 앞에서 웃는 표정을 지으며 '씩' 하고 이를 드러내고 웃었더니 좀 가식적으로 보인다는 생각이 들었기 때문이다.

"연습이 끝나면 휴대전화 카메라로 표정을 찍어보세요. 표정이 하루아침에 좋아지기는 어려워요. 게다가 내일 당장 면접이니까 무리해서 억지로 웃는 표정을 만들면 어색할 수 있어요. 앞으로 반년에서 1년 정도 노력한다는 마음을 가지시고요."

표정의 중요성을 깨달은 수범은 시간이 걸려도 꼭 고쳐보겠다는 결심을 했다. '휴, 그렇게 오래 걸리는구나. 하기야 몇십 년 된 습관을 하루아침에 고치기가 쉽지 않겠지. 한번 해보지 뭐.'

"내일 면접장에서는 표정에 너무 부담 갖지 마세요. 약간 부드러운 표정을 만든다는 정도로 만족하면 될 것 같아요. 면접실에 들어가기 전에 심호흡

해서 마음을 가라앉히고 즐거운 일을 떠올려보면 도움이 될 거예요."

수범은 어떤 즐거운 일을 떠올릴까 잠시 생각해보고는 매너도서관의 이야기에 다시 집중했다.

"아직 시간이 있으니까 그래도 거울 앞에서 최대한 연습해보세요. 마음에 드는 표정을 찾으면 사진이나 동영상으로 촬영해 저한테 보내주시고요. 제가 바로바로 피드백해드릴게요. 한수범 씨에게 제일 어울리는 표정을 함께 찾아보도록 해요. 그리고 앞으로…."

수범은 계속해서 이어진 웃는 표정 만드는 방법에 대한 레슨 내용도 메모장에 잘 받아적었다. 급한 도움 요청에도 적극적으로 도움을 주는 매너도서관이 오늘은 가족처럼 느껴졌다.

생활 속에서 웃는 표정 만들어보기

1. 미소 짓는 연습을 할 때 입꼬리가 올라가게 웃는 표정을 만들어주는 '개구리 뒷다리' '김치' '치즈' '음흠' 등의 단어들을 사용해본다.

    개구리 뒷다리! 이거 재미있네.

2. 양쪽 볼에 손을 살짝 대고 웃을 때 볼 근육이 위로 움직이며 입꼬리가 올라가는지 확인하며 연습한다.

3. 집안에서 시선이 자주 가는 곳에 '스마일 마크'나 '웃는 얼굴'을 붙여둔다. 컴퓨터를 볼 때, 거울을 볼 때, 냉장고에서 음식을 꺼낼 때 웃는 표정을 보며 한 번씩 미소 연습을 한다.

    오늘 당장 다 붙여둬야겠다.

4. 사무실 책상 위나 전화기 옆 등 얼굴이 보이는 위치에 작은 거울을 둔다. 거울 속의 얼굴을 보고 미소 짓는 연습을 하며 전화를 받는다.

    취직되면 나도 꼭 이렇게 해봐야겠다.

5. 웃을 수 있는 에피소드나 나를 웃게 만드는 것들을 생각해본다. 혹은 그런 사진을 붙여둔다. 즐거운 생각을 자주 하다 보면 미소가 저절로 나오게 된다.

6. 어느 정도 표정 연습이 되면 솔직하게 말해 줄 수 있는 사람에게 "내 표정이 어때요?"라고 물어본다.

    나는 선생님께 여쭈어 봐야지.

면접 당일 체크리스트

- 만약을 대비해 이력서를 1부 더 출력해 준비한다.

- 수첩과 펜을 준비한다.

- 여성의 경우 립스틱 등 메이크업 수정에 필요한 화장품과 여분의 스타킹을 준비한다.

- 비나 눈이 올 수 있는지 미리 날씨를 확인하고 대비한다.

- 면접장의 위치, 회사 대표 전화번호를 재확인한다.

- 면접장에 가는 방법과 이동 시간을 재확인한다.

- 일찍 도착해서 복장을 가다듬을 시간을 갖는다.

- 여성의 경우 치아에 립스틱이 묻지 않았는지 확인한다.

- 입에서 마늘이나 담배 냄새 등의 구취가 나는지 확인한다.

- 기다리는 동안 만나는 모든 사람에게 예의 바르게 대한다.

- 면접 대기 중에 전화나 잡담을 하지 않는다.

- 면접 대기 중에 다리를 떨거나 흐트러진 자세를 취하지 않는다.

- 면접관이 앉으라고 하기 전에 앉지 않는다.

'법 vs 에티켓 vs 매너' 한눈에 비교하기

▶ **법(Law, 法)**
사회에서 반드시 지켜야 하는 사항들을 국가권력에 의해 강제되도록 정해놓은 사회규범.

▶ **에티켓(Etiquette)**
법으로 정해져 어긴다면 처벌받을 정도는 아니지만, 사회에서 서로 지키지 않으면 불편하거나 마음이 상하는, 사교 상의 마음가짐이나 몸가짐.

▶ **매너(Manners)**
사교상의 마음가짐이나 몸가짐인 에티켓을 직접 행동으로 옮기는 방식이나 자세 혹은 일상생활에서 지켜야 할 예의와 절차.

"지키지 않으면 벌을 받는 게 '법',
이렇게 하자는 규칙이 '에티켓',
이를 행동으로 옮기는 것이 '매너'입니다.
이제 헷갈리지 않겠지요?

LEVEL

3

사회생활
필살기 업무 매너 갖추기

업무의 시작부터 끝까지 돋보이는
매너 갖추기

　　면접 날이 되자 긴장했는지 수범은 새벽부터 눈이 저절로 떠졌다. 일찌감치 면접장에 도착하니 한별이 기다리고 있었다.

　　"계약직인데도 면접자가 생각보다 많네. 긴장하지 말고 편하게 해. 그나저나 오늘 표정이 밝다. 좋은 꿈 꿨냐?"

　　한별이 주머니에서 따뜻한 음료를 꺼내 건네며 말했다. 수범은 표정이 밝다는 말에 왠지 모르게 오늘 면접은 잘 될 것 같은 예감이 들었다. 그래서인지 그 어느 때보다 편안한 마음으로 면접에 임했다. 질문에도 여유 있게 답을 제법 잘 한 것 같았다.

＊＊＊

　　면접 본 날부터 수범은 화장실에 갈 때도 휴대전화를 들고 갔다. 언제 면접 결과 통보가 올지 알 수 없어서였다. 이른 저녁으로 라면을 끓여 막 한 젓가락을 입에 넣으려는 순간이었다. 전화벨이 울렸다. 한별이었다. 수범은 급히 젓가락을 내려놓고 전화를 받았다.

"수범이냐? 축하한다. 월요일부터 출근해라. 아마 합격 안내 문자가 곧
갈 거다."

한별의 목소리가 하나님의 메시지를 전하는 천사의 소리처럼 들렸다. 옆에서 빰빠라빰 천국의 나팔 소리도 들리는 것 같았다. 사실 이번에는 취업이 되리라 은근히 기대는 했었다. 그런데도 막상 합격 소식을 들으니 잠시 멍해져서 아무 말도 할 수가 없었다. 감격에 가슴이 메어왔다.

"면접관들이 네가 겸손하고 차분해 보인다고 하시더라. 팀원들과 잘 어울
릴 것 같다고도 하시고. 암튼 네가 요즘 노력한 보람이 있었나 보다. 회사
에서 보자."

"어어, 형 고마워….."

전화를 끊고 한동안 자리에 멍하니 앉아 있었다. 그리도 오랜 시간 준비하고 노력해온 취업이 드디어 된 것이다. 물론 6개월 계약직이긴 하다. 하지만 가고 싶었던 회사에서 일할 수 있게 된 것이다. 게다가 이번에는 기필코 정규직이 되겠다고 노력할 결심까지 섰다.

정신을 차리고 보니 라면이 어느새 불어 있었다. 하지만 한 젓가락 입어 넣는 순간 그토록 먹기 지겨웠던 라면, 더군다나 퉁퉁 불어난 라면이 세상에 없는 별미처럼 느껴졌다. 수범은 매너도서관에게 이 기

뻔 소식을 제일 먼저 전하고 싶었다. 이번에는 이메일이나 문자 대신 바로 전화를 걸었다.

"선생님, 저 취업 되었습니다. 월요일부터 출근해요. 제일 먼저 소식을 알려드리고 싶어서 전화 드렸습니다. 그동안 정말 감사했습니다."

"와, 진심으로 축하해요. 정말 기쁜 소식이네요. 이렇게 바로 전화 줘서 고마워요. 저도 소식 무척 기다리고 있었어요."

매너도서관은 마치 자신이 취업된 것처럼 진심으로 기뻐했다.

"선생님, 그런데 이제부터가 중요할 것 같아요. 전에 수습 기간이 끝나고 정규직 전환이 안 되었던 경우가 있었거든요. 염치없지만 제가 정규직이 될 때까지 앞으로도 더 도와주실 거지요?"

수범은 혹시 거절당할까 걱정되어 점점 목소리가 작아졌다.

"물론이에요. 우리 처음부터 그렇게 하기로 했던 거 아닌가요?"

예상과 달리 매너도서관은 아주 경쾌한 목소리로 흔쾌히 수락을 해 주었다.

"전 한수범 씨가 6개월 뒤에 정규직이 꼭 되리라 확신해요. 우리 함께 파이팅 해요. 이제 면접 준비가 아니라 출근 준비를 해야겠네요."

매너도서관은 이어서 출근 준비하는 데 도움이 될 만한 사항들을 알려주었다. 그리고 출근하기 전에 알아두어야 할 내용이 적힌 자료도 보내주었다.

수범은 그 자료와 그동안 책을 읽으며 메모해두었던 내용을 모아 복습하는 마음으로 노트에 다시 한번 정리를 해보았다(pp. 100~101

LEVEL 3 사회생활 필살기 업무 매너 갖추기

참조). 이번에는 꼭 정규직이 되어야 한다는 각오를 다지며 한 글자씩 정성껏 써내려갔다.

근무 매너를 정리해서 복습까지 하고 나니 수범은 그제야 출근하게 된 일이 실감 났다. 흰 셔츠에 넥타이를 매고 사무실에서 신나게 일하는 자신의 모습이 벌써 보이는 듯 했다. 생각만으로도 입가에 미소가 절로 지어졌다. 수범은 자축하고 싶은 마음에 정말 오랜만에 맥주를 하나 사 왔다. '축하한다 한수범. 잘해보자!' 스스로에게 다짐하는 건배를 하곤 벌컥벌컥 맥주를 들이켰다.

근무 매너 ABC

1. 출근 복장

기본적이고 무난한 복장을 한다. 옷의 종류는 업무 직종에 맞게 선택한다. 정장의 경우는 남색 정장, 흰색이나 엷은 하늘색 셔츠, 작은 무늬의 넥타이 정도면 무난하다. 사선 줄무늬 넥타이는 신뢰감을 준다. 양복 상의는 단추가 2개라면 위쪽 단추를 잠근다. 양복 상의 단추가 3개라면 가운데 단추를 잠근다. 양말은 양복 색에 맞추어 신는다. 발목 양말이나 흰색 양말은 신지 않는다. 구두는 끈이 있는 검은색이 기본이다.

 출근 복장은 문제 없겠네. 양말도 진감색으로 마련해두었으니까, 통과!

2. 출근할 때

정해진 출근 시간은 모든 준비를 끝내고 업무를 시작해야 하는 시간이다. 따라서 적어도 출근 시간 20분 전에는 도착한다. 아무리 일을 잘해도 지각하면 좋지 않은 인상을 준다. 선배들보다 일찍 도착해서 간단한 청소나 정리정돈을 해두도록 한다. 일과나 업무 계획도 미리 점검해둔다. 상사나 동료들에게 활기찬 목소리와 밝은 표정으로 먼저 인사한다. 윗사람이 출근할 때는 자리에서 일어나 인사한다.

 아, 일찍 출근하기는 좀 자신이 없는데. 그래도 해내야지. 자명종 시계를 하나 더 사다 놔야겠다. 지각하면 안 되니까.

3. 근무 중

근무 시간에는 개인적인 일은 하지 않는다. 특히 개인적인 전화, SNS 활동, 인터넷 쇼핑 등은 삼간다. 회사 비품은 개인적으로 사용하지 않는다. 책상이나 주변은 항상 잘 정리·정돈한다. 사무실 내에서는 가능하면 소리가 나지 않도록 걷는다. 업무 전화라도 옆자리에 방해가 될 정도로 큰 소리로 통화하지 않는다. 업무 시간에 의자에 반 누운 상태의 자세를 취하지 않는다. 업무 중 졸지 않는다. 자리를 비우거나 외출할 때는 상사나 동료에게 알린다. 외출이 예상보다 길어지면 전화로 연락한다. 외부에서 업무를 마치고 바로 퇴근할 경우에도 회사에 연락하도록 한다.

 이건 내가 조심하면 되는 매너들이네. 전화 통화 목소리만 좀 줄이도록 노력하면 되겠어.

4. 점심시간

점심시간 전에 점심을 먹으러 가는 것은 삼간다. 선배들이 식사하러 가기 전에 먼저 일어나지 않는 것이 좋다. 다른 동료들이 급한 일을 처리하고 있는 경우에는 상황을 보면서 행동한다. 신입 사원의 경우 선배들에게 냅킨, 수저, 물, 커피 등을 챙기면 관계가 부드러워진다. 선배가 식사를 사는 경우에는 커피나 디저트를 산다. 점심시간이 끝나기 전에 미리 자리에 앉아서 오후 업무 준비를 한다.

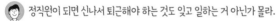 흠, 첫 월급 탈 때까지는 커피를 쏘기에는 주머니 사정이 좀 어려울 텐데… 대신 식사 심부름을 더 열심히 해야겠다. 월급 타면 사겠다고 미리 말해두지 뭐.

5. 퇴근할 때

퇴근 준비는 근무 시간이 끝난 후 시작한다. 퇴근 시간 전에 미리 퇴근 준비를 하는 것은 바람직하지 않다. 퇴근 전에 오늘 한 일을 점검해보고, 내일 할 일을 미리 메모해둔다. 상사에게 보고할 내용이 있으면 보고를 마친 후 퇴근한다. 퇴근 전에 책상은 깨끗하게 정돈한다. 상사나 동료가 바쁜 경우에는 도울 일이 없는지 물어본다. 먼저 퇴근해야 하는 경우에는 "먼저 들어가 보겠습니다" 등의 인사를 한다.

정직원이 되면 신나서 퇴근해야 하는 것도 잊고 일하는 거 아닌가 몰라.

지시로 시작해 보고로 끝나는 근무 매너 갖추기

"한수범 씨! 이것 좀 부탁해요."

"한수범 씨! 자료 준비 되었나요?"

여기저기서 부르는 소리에 수범은 오늘도 정신이 없었다. 벌써 금요일인데 첫 출근 후 한주가 어떻게 지나갔는지 기억조차 없었다. 수범에게 제일 먼저 주어진 업무는 신상품 준비를 위해 고객 데이터를 수집하고 정리하는 일이었다. 부서 선배들이 마케팅 전략을 수립하는 데 도움이 되는 자료라고 귀띔해 주었다.

수범은 출근 첫날부터 제일 늦게 사무실을 나서는 사람이 되었다. 예전 수습 기간에는 퇴근 시간이 되면 눈치 보지 않고 칼같이 퇴근하곤 했었다. 하지만 이번에는 달랐다. 꼭 정직원이 되겠다는 각오를 했기 때문이다.

일을 할 수 있다는 사실만으로도 이렇게 신날 줄이야. 늦게까지 일하는데도 별로 피곤하지 않았다. 점심과 저녁을 라면 대신 회사 구내식당에서 제대로 된 든든한 식사를 하게 된 덕분이기도 했다. 요즘은 하루하루가 그저 감사할 따름이다. 퇴근 시간이 되어가자 한별이 수범의 등을 툭툭 치며 저녁 제안을 해왔다.

"수범아, 오늘 저녁 약속 있냐? 저녁 같이 할까? 축하주 한 잔 해야지."

"좋지. 내가 한턱낼게."

얼떨결에 말했지만 내심 걱정이 되었다. 고마운 마음에 식사 한 번 사고 싶은 마음은 굴뚝같은데 텅 빈 지갑이 떠올라서였다.

"인마, 네가 무슨 돈이 있다고 그래. 월급 타면 그때 사. 네가 생각보다 잘 적응하고 있어서 추천한 내가 칭찬받고 있잖아. 오히려 내가 너한테 한턱 내야지. 아, 그리고 다른 부서에 있는 내 입사 동기도 한 명 초대했어. 이따 퇴근 같이 하자."

수범은 안도의 숨을 조용히 내쉬었다. 주머니 사정을 알아주는 한별의 자상한 배려가 오늘따라 너무 고맙게 느껴졌다.

***

퇴근 후 수범은 한별과 함께 회사 근처 식당에 들어섰다. 구석 안쪽 자리에서 한별과 비슷한 또래의 여성이 반갑게 손을 흔들었다.

"안녕하세요, 오다해 씨. 일찍 오셨네요. 여긴 제가 이야기했던 대학 후배 한수범입니다. 수범아 인사드려. 우리 회사 교육팀에서 일하시는 오다해 씨야. 나하고는 입사 동기. 특히 신입 사원 예절 교육을 많이 하시는데 아주 인기가 많은 강사 분이셔. 네가 정직원이 되면 오다해 씨에게 교육 받게 될 거야. 미리 개인 지도 좀 해주시라고 특별히 부탁드렸어. 오늘 인사드렸으니까 앞으로 회사 생활에 궁금한 점이 있으면 도움 청하고."

자그마한 키에 다부지고 건강한 체구를 가진 오다해는 동글동글한 얼굴에 활짝 함박 미소를 짓고 있었다. 수범은 순간 아이들이 좋아한다는 '뽀로로' 같은 만화 캐릭터가 앞에 서 있는 듯한 착각이 들었다. 동그란 안경까지 쓰고 있어 더욱 그렇게 보였다. 그래서인지 첫인상부터 친근하고 가깝게 느껴졌다. 수범은 오다해를 소개받고 나니 이렇게까지 마음 써주는 한별의 배려가 너무 고마웠다.

인사를 마치고 자리에 앉자 수범은 한별과 오다해의 수저를 얼른 놓아 주었다. 물과 냅킨도 함께 잽싸게 챙겼다. 식사 중에는 술잔이 비기가 무섭게 채웠다. 부족한 반찬도 눈치껏 챙겼다. 이런 수범의 모습을 한별이 흐뭇하게 바라보고 있었다. 오다해 역시 교육자의 눈으로 무심한 척하면서 눈여겨보고 있었다. 식사가 거의 끝나갈 때쯤이었다.

"한수범 씨, 출근하신지 일주일 정도 되셨다는데 뭐 궁금한 거 있으세요? 오늘 제가 식사 값은 해야 하지 않겠어요?"

오다해가 웃으며 수범에게 말을 건넸다. 귀여운 외모와는 달리 목소리는 은쟁반에 옥구슬이 굴러가는 듯했다. 이런 목소리로 강의를 들으면 절대 졸지 않을 것 같았다.

"그렇지 않아도 여쭤보고 싶은 게 있었는데, 초면이라 망설이고 있었습니다. 제가 요즘은 온종일 팀에서 지시받은 업무를 하고 있습니다. 지시받을 때와 보고할 때 신입 사원이 알아둬야 할 것이 뭐가 있을까요? 제가 제대로 하고 있는지 걱정돼서요."

"좋은 질문이네요. 그럼 잠시 말씀드릴게요."

오다해의 목소리가 순간 진지하게 바뀌었다. 수범은 수첩을 꺼내 얼른 메모할 준비를 했다. 인기 강사라더니 정말 술술 막힘없이 대답을 해주었다.

"회사의 일은 지시로 시작해서 보고로 끝난다고 해도 과언이 아니에요. 상급자가 부르면 '네' 하고 또렷한 목소리로 대답하세요. 지금처럼 메모 준비를 하고 가서 지시를 경청하세요. 이미 정말 잘하고 계시네요. 지시 내용이 끝날 때까지는 말을 끊지 마시고 끝까지 잘 경청하는 게 중요해요. 이때는 지시받은 일의 목적이나 지시자의 생각을 확실히 파악해야 해요. 만약 지시의 내용을 정확히 모를 때는 반드시 질문해서 확인해야 합니다. 궁금한 점도 반드시 확인해야 하고요. 기록할 때는 육하원칙에 의해 기록하면 도움이 될 거예요."

"그런데 지시받을 때 시선은 어디에 두어야 할까요?"

"보통은 눈을 본다고 알고 있는데요. 눈을 계속 보면 공격적으로 느껴질 수 있어요. 눈은 60% 정도만 보고, 나머지 40%는 상대방의 미간이나 목 부분의 브이(V)존을 보면 좋아요."

오다해의 설명은 귀에 쏙쏙 들어왔다. 처음 소개받았을 때의 귀여운 느낌은 온데간데 없이 사라지고 이제는 멋진 카리스마가 풍기는 강사님으로 보였다. 한별이 왜 일부러 소개했는지 알 것 같았다. 수범은 회사에 이런 든든한 지원군을 한 명 더 두게 되었으니 정직원이 되는 목표에 한발 더 가까워진 느낌이 들었다.

"그럼 보고할 때의 주의 사항에는 어떤 것들이 있을까요?"

계속 질문하기에는 벌써 꽤 늦은 시간이었다. 하지만 언제 또 기회가 올지 알 수 없었기에 염치 불고하고 다시 한번 질문했다.

"지시한 사람을 기다리게 하지 않는 것이 중요해요. 일이 끝나는 대로 즉시 보고해야 해요. 예상보다 시간이 걸린다면 진행 상황을 중간에 보고하고요. 보고 내용은 객관적 내용으로 보고해야 하는 건 당연히 알지요? 만약 자신의 의견이 따로 있을 때는 보고와 의견을 확실히 구분해야 해요. 보고 내용은 육하원칙으로 정리하되 결론을 먼저 말하는 것이 좋고요."

"감사합니다. 이제 제대로 잘할 수 있을 것 같습니다. 앞으로도 잘 부탁드립니다."

"네, 언제든지요. 한수범 씨가 오늘 김한별 씨와 저를 대하는 자세나 매너가 좋아 보였어요. 김한별 씨가 왜 아끼는 후배라고 하는지 알겠네요. 꼭 정직원이 되어서 우리 회사에서 계속 함께 일했으면 좋겠네요. 궁금한 점이 있으면 언제든지 물어보셔도 돼요."

수범은 앉은 자리에서 허리를 숙여 꾸벅 인사했다.

***

맛있는 걸 먹으며 오다해의 덕담까지 들은 수범은 집으로 향하는 발걸음이 날아갈 것처럼 가벼웠다. 콧노래도 절로 나왔다. 얼마 전까지만 해도 인생이 불행하게만 느껴져 세상을 원망했었다. 그런데 매너 있는 사람이 되고 싶다고 마음 하나 바꾼 것뿐인데 이제는 전혀 다른 세상이 펼쳐지고 있었다.

"수범아, 오늘 나 좀 놀랐다. 센스 있게 오다해 씨 수저며 냅킨도 챙기고. 오다해 씨가 매너 없는 사람 아주 싫어하거든. 그런데 궁금한 것은 언제든지 물어보라고 하는 걸 보니 넌 마음에 들어 하는 것 같더라. 덕분에 부탁한 나도 어깨가 으쓱했다."

헤어지기 전에 한별이 수범과 어깨동무를 하고 해준 말이었다. 이번 주말은 정말 행복하게 푹 쉴 수 있을 것 같았다.

회사 이미지는
업무 전화 한 통으로도 결정된다

아침부터 사무실 전화가 불이 났다. 윗선에서 신제품 출시를 갑자기 당기겠다고 결정했기 때문이다. 관련 부서와 업체에 연락하고 업무 일정을 조율하는 일들이 쉽지 않아 보였다.

"뭣들 하는 거야? 빨리빨리 움직이지 않고."

엄병태 팀장의 목소리가 오늘따라 더 날카로웠다. 팀원들 표정이 '이제 죽었구나' 하고 말하는 듯했다. 수범은 직접 지시받을 일이 없는 직급이었기 때문에 아직까지는 엄 팀장과 부딪칠 일이 없었다. 하지만 늘 긴장하고 조심하고는 있었다. 업무가 잘못되면 개박살 난다고 팀원들에게 들었기 때문이다. 팀원들은 그런 엄 팀장을 뒤에서 '꼰(대 중의 꼰)대'라고 불렀다.

수범이 출근한 지도 벌써 보름 정도가 지났다. 이제 어느 정도 업무는 파악했다. 하지만 이런 비상 상황에서는 딱히 할 일이 많지 않았다. 아직까지는 시키는 업무를 하고 있는 수준이니 말이다. 여기저기 전화 벨이 울렸다. 수범은 전화라도 대신 잘 받아야겠다고 생각했다.

"마케팅팀 한수범입니다."
"담당자가 지금 부재중입니다. 메모 남기시겠습니까?"
"실례지만 누구신지 여쭈어봐도 되겠습니까?"
"죄송합니다만, 다시 한번 말씀해 주시겠습니까?"
"담당자에게 연결해 드리겠습니다."
"잠시만 기다려주시겠습니까?"
"늦게 전화 받아 죄송합니다."
"제가 확인 후에 말씀드려도 괜찮으시겠습니까?"

수범은 수신 시각, 발신자, 회신 번호, 전달할 메시지 내용, 수신자를 꼼꼼히 적어 해당 팀원들에게 전달해주었다. 퇴근 시간이 되어서야 겨우 전쟁 같았던 업무 상황이 어느 정도 정리되었다.

"한수범 씨, 오늘 전화 받느라 고생 많았어요. 메모를 꼼꼼하게 잘해줘서 업무가 한결 수월했어요. 고마워요."

옆자리 선배가 고마움의 인사를 건넸다. 취업해서 처음으로 칭찬과 고맙다는 말을 들은 것이다. 감격과 함께 지난주의 일이 떠올랐다. 매너도서관에게 출근한 이후 회사 생활의 이런저런 내용을 적어 메일을 보냈었다. 이제 어떤 내용을 더 익혀두면 좋을지 질문했었다. 그러자 전화 응대 연습을 해두라는 답장이 왔었다.

한수범 씨에게

직장 생활에 잘 적응하고 있다는 소식 반갑네요. 선배가 오다해 님 같은 분도 소개해주셨다니 더욱 마음이 놓여요. 이번에는 전화 응대에 대해 생각해보도록 하지요.

전화 응대는 목소리만으로 전달되는 얼굴 없는 만남이에요. 즉 시각적 요소 없이 100% 청각적 요소만으로 대화해야 하지요. 따라서 대면해서 대화할 때보다 목소리나 톤, 그리고 언어 표현 등 매너에 더욱 신경 써야 해요. 더군다나 전화는 예고 없이 언제든지 걸려올 수 있어요. 따라서 언제 어느 때 전화를 받더라도 매너 있게 통화하려면 평소에 전화 응대법을 잘 익혀두어야 하지요.

전화 매너를 개선하는 방법이 그다지 어려운 일은 아니에요. 우선 한수범 씨가 경험했던 기분 나빴던 전화 매너를 떠올려 적어보는 거예요. 내가 불쾌했다면 다른 사람도 마찬가지일 테니까요. 이런 불쾌했던 경험들을 반면교사 삼아 오늘부터 하지 않으면 되는 거예요. 어때요, 쉽지요?

그런데 한수범 씨에게도 고칠 점이 몇 가지 있을 거예요. 스스로 한 번 찾아보고 다음에 이야기해보도록 해요. 기본적인 내용은 첨부 파일로 보내둘게요. 그 밖의 내용은 스스로 공부해보고요. 정리한 내용은 지난번처럼 보내주면 돼요. 어느 정도 실천해보고 준비되면 전화주세요. 저랑 전화로 직접 연습을 좀 해보도록 하지요.

힘내세요! 아주 잘하고 있으니까요.

수범은 매너도서관이 보내온 전화 응대 자료를 열어보았다(pp. 112~113 참조). 보낸 첨부 파일을 꼼꼼히 읽어내려갔다.

그런데 부적절한 태도 중에 '필요할 때만 전화해서 부탁하기'라는 항목에서는 가슴이 뜨끔해졌다. 한별에게 평소 안부 전화 한 통 없이 몇 년 만에 필요할 때 전화했던 일이 떠올라서였다.

사실 취직이 되면 좋은 소식 전하면서 전화하려고 했었다. 하지만 결국 도움이 필요해서 전화를 한 모양새가 되었다. 그런데도 한별은 마음 불편해하지 않고 취직자리까지 소개해주었다. 수범은 반성하는 마음으로 앞으로 한별에게 정말 잘해야겠다고 생각했다.

그 후 며칠간 수범은 업무 전화를 하면서 나름대로 전화 응대 예절을 적용해보았다. 그런데 마침 오늘 그동안 연습했던 전화 응대 예절을 제대로 사용할 기회가 왔다. 전화기 앞에 스마일 사진을 붙여두고 웃으면서 전화 받는 연습을 한 것도 특히 도움이 많이 되었다.

매너도서관에게 미리 원 포인트 레슨을 받았더라면 더 좋았을 걸 하는 아쉬움이 있긴 했지만, 그래도 칭찬까지 받았으니 오늘은 이 정도로도 대만족이었다. 수범은 퇴근 전에 그동안 정리해둔 전화 응대 메모를 다시 한번 읽어 보았다.

업무 전화 기본 응대법

1. 전화 응대의 3요소는 신속, 정확, 친절이다.

2. 전화벨이 3번 울리기 전에 받는다. 부득이하게 여러 번 울린 후 받았다면 '기다려주셔서 감사합니다' 혹은 '늦게 받아 죄송합니다'라고 공손히 인사한다.

   헉, 겨우 3번이 넘으면 늦게 받는 거라고? 난 5~6번은 울려야 받곤 하는데….

3. 전화 받은 사람이 '○○회사 ○○○입니다'처럼 먼저 소속이나 이름을 밝힌다. 이때 평소보다 한 톤 높여서 밝은 목소리와 정확한 발음으로 말한다.

4. 용건을 확인한다. 용건의 메모는 육하원칙으로 작성한다. 숫자나 날짜 등은 상대방에게 다시 한번 확인한다. 메모에는 수신 시각, 발신자 정보, 회신 번호, 전달 메시지, 수신자 및 기타 상황을 적는다.

   메모 하나 하는데 이렇게까지 신경 써서 적어야 한다고? 미리 공부 안 했으면 큰일 날 뻔했네.

5. 통화는 3분 안에 간단하게 한다.

6. 상대를 기다리게 할 때는 기다리는 시간이 길게 느껴지지 않도록 한다. 예상되는 시간을 미리 알려주거나 기다릴 지 여부를 확인한다. 기다리게 했을 경우에는 '기다려주셔서 감사합니다'라고 인사한다. 수화기를 들고 기다리는 10초는 엄청 길게 느껴진다는 점을 잊지 말자.

   와, 10초가 이렇게 긴 시간이었어? 시간 재보지 않았으면….

7. 전화는 건 쪽에서 먼저 끊는 것이 원칙이다. 하지만 상대가 연장자나 지위가 높은 사람일 때는 반드시 상대가 전화기를 놓는 소리를 확인한 후에 끊도록 한다. 항상 마음속으로 '하나, 둘, 셋' 이렇게 센 후에 전화를 끊는 습관을 들인다.

   어, 이거 나 꼭 고쳐야해. 무조건 하나, 둘, 셋 하는 걸로….

8. 전화 통화 중 호칭이나 경어 사용에 특별히 주의한다. 가령 나이가 지긋한 고객과 통화한다면 부재 중인 자기 측 직원에 대해 극존칭을 사용하지 않는다. "담당자 분께서 지금 자리에 안 계십니다. 들어오시면 전화 드리시도록 하겠습니다" 이런 표현 대신에 "담당자가 지금 자리에 없습니다. 들어오면 전화 드리도록 전달하겠습니다"라고 한다. 혹은 그 담당자가 전화 받는 사람의 상사인 경우에는 "담당자가 지금 자리에 안 계십니다" 정도로 하면 된다.

맞아! 자기 회사 사람에게 극존칭 쓰면서 전화 받는 사람 진짜 많아. 이거 정말 주의해야 돼.

9. 전화 건 상대방이 전화 받는 사람의 이름을 물어보았을 때 "홍자 길자 동자입니다"라고 하지 않는다. "저는 홍길동이라고 합니다"라고 한다. 자기의 이름은 남이 높여 주는 것이지 내가 높이는 것이 아니다.

참나, 누가 자기 이름에 '자'자를 붙이지. 하기야 요즘 그런 사람들이 있긴 하더라.

10. 업무상 전화는 오전 9시 이전과 오후 6시 이후 등 업무 시간 외에는 하지 않는다.

나의 전화 매너는?

나는 몇 개 항목이나 해당될까? 해당되는 부분이 있는지 스스로 체크해보자.

- ☐ 전화를 잘못 걸고 사과 없이 끊기
- ☐ 통화 중 언성 높이기
- ☐ 자기 말만 하고 끊기
- ☐ 거친 말로 통화하기
- ☐ 너무 이른 시간이나 늦은 시간에 전화 걸기
- ☐ 스토커처럼 계속 전화하기
- ☐ 쓸데없이 장시간 통화하기
- ☐ 필요할 때만 전화해서 부탁하기
- ☐ 통화가 끝나자마자 바로 전화 끊어 버리기
- ☐ 허락 없이 타인의 연락처 알려주기
- ☐ 주말이나 휴일에 업무상 전화나 문자 보내기
- ☐ 퇴근 후에 업무 문자나 통화하기
- ☐ 일방적으로 SNS 문자나 영상 보내기
- ☐ 갑자기 허락 없이 누군가를 단체 채팅방에 초대하기
- ☐ 철자법이 엉망인 문자 보내기
- ☐ 허락 없이 타인의 사진이나 문자를 남에게 공유하기

혹시 해당되는 항목이 있었다면 다음과 같이 바꿔서 실천하면 어떨까?

- 전화를 잘못 걸었을 때는 사과하고 끊기
- 통화 중에는 언성 높이지 않기
- 상대방의 말도 경청하기
- 거칠지 않은 언어 사용하기
- 너무 이른 시간이나 늦은 시간에 전화 걸지 않기
- 스토커처럼 계속 전화 걸지 않기
- 통화는 간단하게 하기
- 평소에도 지인들에게 안부 전화 하기
- 통화가 끝나면 3초 정도 센 후 끊기

- 남의 연락처를 허락 없이 타인에게 알려주지 않기
- 주말이나 휴일에 업무 문자 하지 않기
- 퇴근 후에 업무 문자나 통화 하지 않기
- 일방적인 SNS 문자나 영상 보내지 않기
- 양해를 구하지 않고 단체 채팅방에 함부로 초대하지 않기
- 철자법 확인 후 문자 발송하기
- 허락 없이 사진이나 문자 함부로 공유하지 않기

회사 생활을 결정짓는 건 인간관계이다

급여 입금 문자가 왔다. 드디어 첫 월급을 탄 것이다. 수범은 한별에게 바로 문자를 보냈다. 취직하고 나서도 고맙다는 술 한잔 못 산 것이 한 달 내내 마음 불편했기 때문이다.

"형, 오늘 저녁에 한잔 할까?"

"좋지! 이따 보자."

퇴근길에 한별과 수범은 회사 근처에서 저녁 겸 한잔하며 이런저런 이야기를 나누었다.

"우리 이것도 하나 더 시키자. 술도 더 시키고. 오늘은 내가 쏘는 거니까 좋은 걸로 먹어. 그동안 마음만 있었지 형한테 고맙다고 밥 한 번 제대로 못 사서 늘 미안했어."

수범의 마음을 잘 아는 한별은 싱긋 웃었다.

"네 마음만 받을게. 그동안 돈이 없어 못 한 게 많을 거 아니냐. 술은 정직원 되면 사. 네가 알아서 하겠지만 돈 관리 잘하고. 오늘 밥값 대신 내일 팀원들에게 커피나 한 번 쏴라. 직장 생활 잘하려면 팀원들하고 잘 지내는 게 정말 중요해. 양복도 한 벌 사 입고. 사회생활 하려면 외모가 생각보다 중요하거든."

그렇지 않아도 팀원들에게도 시원하게 커피 한 빈 사지 못해 마음이 찜찜하던 참이었다. 수범은 이런 세심한 것까지 챙겨주고 배려해주는 한별이 친형처럼 느껴져 코끝이 찡해졌다. 팀원들 말이 나온 김에 수범은 직장 동료와의 관계에 대해 그동안 궁금했던 점들을 한별에게 질문하기 시작했다.

"회사 사람들하고 잘 지내려면 어떤 점에 주의하면 될까? 형은 주변 사람들하고 정말 잘 지내는 것 같던데. 노하우 좀 전수해줘."

수범은 그동안 한별이 동료나 선배들과 돈독하게 잘 지내는 걸 눈여겨 보아온 터라 무언가 비법이 있으리라 생각했다.

"흠, 글쎄. 굳이 꼭 집어서 이야기하라면 '겸손' 아닐까?"

그러고 보니 대학 시절부터 어디 하나 빠질 것 없는 한별이 잘난척한다고 느낀 적이 한 번도 없었다.

"좀 더 구체적으로 말해줄 수 있어?"

"가능하면 겸손하게 대화하려고 노력하고 있어. 업무에 익숙해지고 좀 인정받는다 싶어지면 말이 많아지거나 모든 것을 아는 체하는 함정에 빠질 수 있다고 생각해. 그래서 다른 사람의 생각과 의견을 열린 마음으로 들으려고 노력하는 편이야. 가령 대화할 때 최소한 50% 이상 상대의 말을 들어주려고 해. 상대방이 황당한 말을 하거나 그 말에 내가 동의하지 않더라도 존중해주고."

"황당한 말을 하는데 어떻게 존중해줄 수가 있어?"

수범은 이해가 안 간다는 듯이 의아해하며 물었다. 자신은 평소 상대가 틀린 말을 하거나 자기 생각과 다른 이야기를 하면 참지 못하고 즉각적으로 반론을 제기하곤 했었으니 말이다.

"어렵지 않아. 상대방의 말이 끝나면 '좋은 생각이시네요' '그렇게 생각하실 수도 있겠네요' '미처 그런 생각은 못 했습니다' 이렇게 상대의 말을 일단 인정한 후에 '저도 한 말씀 드리면' '저는 이렇게도 생각해보았습니다' 이런 식으로 내 생각을 말하는 거야. 이렇게 상대의 의견을 존중하는 자세를 가지면 대부분 대화는 잘 풀리기 마련이야. 논쟁이 될 만한 대화는 요령껏 다른 이야기로 돌리거나 다른 이야기를 하자고 공손히 제안해 피하는 편이 좋고. TV에서 듣기 싫은 뉴스가 나오면 채널을 돌리는 것처럼."

수범은 이제야 좀 알아들었다는 듯이 고개를 끄덕였다.

"그런데 문제는 내 이야기나 태도가 겸손한지 어떻게 알 수 있지? 겸손하게 한다고 하더라도 상대방은 그렇게 생각하지 않을 수도 있잖아."

"내 경험으로는 상대방이 침묵이 길어지거나, 집중을 못 하고 시선을 다른데 두거나, 무언가 공격적인 표정이나 태도를 보이면 자기의 태도에 문제가 있는지 점검이 필요할 것 같아. 그런데 한 가지 주의할 점은 겸손하게하려고 자신을 너무 낮추면 안 돼. 그렇게 되면 상대방이 너를 무시하려들수 있거든. 자신을 존중하는 마음과 자신감이 늘 바탕이 되어야 한다는 점꼭 기억해 두고."

수범은 한별의 말 한마디 한마디를 경청하고 있었다. 아니 마음에새기고 있었다. 이때 추가로 주문한 안주와 생맥주가 나왔다. 한별과수범은 앞으로도 잘하자며 건배를 외치고는 기분 좋게 쭉 들이켰다.

"역시 형한테는 배울 게 너무 많은 것 같아. 그밖에 앞으로 내가 회사 생활하면서 주의해야 될 점이나 알아둘 점이 또 어떤 게 있을까? 형이 소개해서 들어왔는데 내가 형 망신시키면 안 되잖아. 형 체면 상하지 않게더 잘하고 싶어."

한별은 자기를 배려하는 수범의 모습을 대견한 듯 바라보았다. 자기는 '남에게 피해 주지 않는 선에서 편하게 살자'라는 주의라며 입버릇처럼 말하던 수범이 이렇게 변했다는 게 놀라울 따름이다.

"음, 어떤 말부터 해줘야 할까? 아, 우선 '동료는 친구가 아니다'라는 말을해주고 싶어. 물론 동료들과 잘 지내야 하지. 하지만 속마음을 다 얘기하거나 사생활을 공유하지는 말았으면 해. 뒷담화도 하지 말고."

정직원이 되면 직장 동료들과 정말 잘 지내야겠다고 생각하고 있던 수범은 의외의 충고에 고개가 갸우뚱해졌다. 이런 수범의 표정을 읽은 한별은 보충 설명을 해주었다.

"직장이라는 곳은 기본적으로 승진을 하기 위해 서로 경쟁하는 곳이야. 친하다고 생각해서 아무 생각 없이 내뱉은 말이 언젠가는 네 발등을 찍을 수가 있거든. 가끔 드라마 같은 데서 보면 회사 동료들과 가족처럼 지내는 걸 보는데 그건 드라마일 뿐이야. 물론 그렇게 지내는 곳도 있겠지만."

그제야 이해가 간다는 듯 수범이 고개를 끄덕였다.

"아, 갑자기 좀 살벌한 느낌이 든다. 그럼 내가 형하고 이렇게 지내는 건 아주 특별한 경우네."

"그렇지, 너랑 나랑은 회사 동료이기 전에 친한 선후배 관계였으니까 예외적인 상황이지. 승진을 놓고 서로 겨룰 일도 없을 테고."

수범은 이렇게 마음 터놓고 의논할 수 있고 도움도 받을 수 있는 한별과 함께 근무하는 것은 정말 행운이라는 생각이 들었다.

"형, 그나저나 대학 때 여자들에게 인기 엄청 많았잖아. 지금 회사에서도 여직원들한테 인기 많지 않아? 혹시 회사에서 따로 만나는 사람 있는 거 아니야?"

수범은 싱글싱글 웃으며 농담 반 진담 반으로 물었다. 그러자 한별은 농담인 줄 알면서도 정색하고 대답했다.

"수범아, 너 말 잘 꺼냈다. 여직원들과의 관계는 아주 신중해야 해. 괜히 오해할 만한 행동은 하지 말고. 아무 사심이 없더라도 과하게 친절하게 행동하면 문제가 될 수 있어. 혹시 사내에서 마음에 드는 사람이 생기거나 사귀게 되더라도 다른 직원들이 눈치 못 채게 조용히 처신해야 하고. 사내 연애하는 게 알려지면 일을 열심히 하더라도 연애하느라 업무에 소홀하다는 오해를 받기도 해. 또 헤어지면 한 직장에서 근무하는 게 아무래도 불편할 테고. 암튼 사내 연애는 정말 신중해야 한다."

한별은 마치 동생에게 형이 주의를 주는 심정으로 차분히 당부했다. 약간 취기도 오르고 이런저런 이야기로 분위기가 한참 무르익어가자 수범은 한별에게 고민을 털어놓았다.

"남 이야기 뒤에서 하면 안 되는 거 잘 아는데, 고민이 하나 생겼어. 요즘 우리 부서 김 대리님 업무를 보조하는 경우가 많거든. 그런데 솔직히 좀 너무하다는 생각이 들 때가 많아. 정신없이 다른 업무 중인 거 뻔히 알면서 자기 일부터 먼저 하라고 강요하고는 하시거든. 그렇다고 내가 못 하겠다고 할 처지도 아니고. 김 대리님이 시킨 일 하다 보면 다른 팀원들이나 과장님이 먼저 지시하신 업무를 미처 못 해서 싫은 소리를 듣기도 해. 그런데 더 짜증 나는 건 나한테 본인 일은 다 시켜놓고 정작 자기는 온라인 쇼핑하고 있거나 일찍 퇴근해버리는 거야. 게다가 내가 일한 걸 항상 본인이 다 한 것처럼 보고하기도 하고. 이럴 때는 어떻게 하면 좋을까?"

수범은 정말 진지하고 심각한 표정을 지었다. 한별은 사정을 잘 알고 있다는 듯이 수범의 말을 듣고 있었다.

"무슨 말인지 이해된다. 김 대리님이 좀 그래서 일거리 떠안을까 봐 다들 웬만하면 가까이 하지 않으려고 해. 나도 예전에 너처럼 다 겪었어."

한별의 말을 듣고 나자 수범은 긴 한숨을 내쉬었다.

"그럼 형은 어떻게 했어? 그냥 시키는 일 다 해드렸어?"

"아니, 그럴 리가. 일단 어떤 업무인지 들어보고 내가 할만한 일이면 하고 굳이 내가 하지 않아도 될 일은 예의 바르게 거절했지."

인간 관계 좋기로 소문난 한별이 거절했다는 말에 수범은 놀랍기도 하고 그 방법이 궁금해서 한별을 향해 몸을 앞으로 바짝 숙였다.

"어떻게 거절했는데?"

"김 대리님 입장에서 급해 보이는 업무는 '내가 이러이러한 과장님 업무를 진행 중인데 이 업무를 먼저 하고 해드려도 되겠냐'고 물어보는 거야. 그러면 자기가 그냥 하겠다고 하더라고. 혹은 '지금 과장님께서 지시하신 업무를 진행하고 있는데 급하시면 과장님에게 대리님 업무 먼저 해도 되는지 여쭤보고 해드리면 어떻겠냐'라고 하면 대부분 황급히 괜찮다고 하고 가버리곤 했어. 김 대리님이 윗사람 눈치는 엄청 보는 편이거든. 나는 못하겠다고 말한 적 없이 거절한 셈이지. 그렇게 몇 번 거절했더니 그다음부터는 나한테 일을 떠넘기는 일이 거의 없게 되었어."

수범은 한별의 지혜에 감탄하지 않을 수 없었다. 상대방이 기분 나쁘지 않게, 그러면서도 나를 함부로 할 수 없게 의사 표현을 정확히 하면서도 좋은 관계를 유지하는 한별이 존경스럽기까지 했다.

"하지만 한 가지 분명히 명심해야 될 게 있어. 김 대리님은 네 직장 상사야. 항상 예의 바르게 처신해야 한다는 점 명심하고. 꼭 해드려야 하는 일이나 정말 급한 업무는 최선을 다해서 도와드리고. 그리고 퇴근 무렵 업무를 받았다고 해서 빨리 퇴근하고 싶다거나 약속이 있다는 표정을 드러내서는 안 돼. 그러면 개인 사정 때문에 업무를 대충 빨리 끝냈다고 생각할 수도 있거든. 그리고 업무 절차상 김 대리님을 건너뛰어서 과장님이나 팀장님에게 직접 가는 일은 없도록 해야 해. 이건 조직 생활에서 아주 중요한 기본 예절이자 규칙이야."

수범은 명심하겠다는 듯이 고개를 끄덕였다. 한별이 아니고서야 이런 진심 어린 귀중한 조언을 듣기 어렵나는 걸 잘 알기 때문이다.

"형, 그나저나 할 일도 많은데 다음 주 직장 내 성폭력 예방 교육을 받으라고 하네. 그런 걸 교육까지 받아야 하나?"

"너 큰일 날 소리 하는구나. 직장 생활하면서 얼마나 중요한 일인데. 잘 알아두고 조심하지 않으면 하루아침에 일자리가 날아갈 수 있어."

"형, 오해야. 그런 뜻이 아니야. 난 여자를 너무 좋아하고 존중해. 성희롱이라니. 꿈에도 생각해 본 적 없어. 그래서 나 같은 사람도 굳이 받아야 하나 싶어서 해본 말이야."

갑자기 한별이 목소리를 한 톤 높이자 당황한 수범은 그게 아니라며 황급히 손사래를 쳤다. 한별은 얼굴이 벌게지며 어쩔 줄 모르는 수범을 바라보며 재미있다는 듯이 씩 웃었다.

"내가 너를 모르겠냐. 하지만 절대 나는 아니라는 생각으로 가볍게 생각하면 안 될 것 같아서 내가 일부러 오버 좀 한 거야. 얼마 전에도 타부서 부장님 한 분이 직장 내 성희롱 가해자로 해고당하셨거든. 여직원들에게 너그럽다고 소문난 분이셨는데 말이야."

"그런데 왜?"

수범은 이해할 수 없다는 듯이 눈을 동그랗게 뜨고 물었다.

"성희롱이 꼭 나쁜 의도를 가지고 있는 사람들에게만 해당하는 건 아니야. 때로는 여성에게 잘해주는 사람이 오히려 성희롱할 가능성이 높다고도 하거든. 전문가들 말로는 성희롱 자체에 대한 개념이 명확하지 않기 때문이라고 해. 한마디로 뭘 몰라서 그럴 수도 있다는 말이야. 그러니 너도 이번 교육 정신 차리고 잘 들어둬라."

수범은 문득 며칠 전 옆자리 선배에게 했던 말이 생각나 당황스러웠다. 이런 수범의 표정을 읽었는지 한별이 물었다.

"너 표정이 왜 그러냐? 무슨 문제 있었어?"

"며칠 전에 옆자리 고수정 선배가 자기 커피를 타면서 내 것까지 타왔더라고. 그래서 내 딴에는 고마워서 '오랜만에 여자 분이 타준 커피를 마시니 정말 맛있네요'라고 했거든. 혹시 이런 것도 성희롱일까?"

수범의 말을 들은 한별은 표정이 진지해졌다.

"성희롱이라는 게 기본적으로 당사자가 불쾌했는지, 수치심을 느꼈는지에 기준을 두는 걸로 알고 있거든. 그래서 직장 내 대부분 성희롱이 여자들은 민감하게 받아들이는 성적 언행을 남자들은 그다지 심각하게 생각하지 않기 때문에 일어나는 경우가 많아. 네가 한 말도 여성 입장에서는 마음이 불편했을 수도 있을 것 같아."

수범의 얼굴이 점점 더 어두워졌다.

"그럼 형이라면 뭐라고 했을지 알려줄 수 있어?"

"나라면 '여자'라는 단어를 빼고 '선배'라는 표현을 사용했겠지. '선배님이 타주신 커피 정말 맛있네요'라고."

이제 다음 주 직장 내 성폭력 예방 교육을 왜 받아야 하는지, 아니 꼭 받아야 하는 이유가 수범에게 명확해졌다. 마음은 그렇지 않은데 잘 알지 못해 큰 실수를 할 수도 있다는 걸 알았기 때문이다.

"교육 시간에 다 배우겠지만 내 생각에는 상대를 배려하는 마음이 중요한 것 같아. 너 요즘 관심 많은 매너도 상대를 배려하는 마음이 바탕인 거잖아. 배려심 있는 사람은 상대방이 싫어하는 행동을 하지 않으려고 하거든. 가령 음담패설을 하거나, 회식 때 술 시중을 들게 한다거나, 몸에 손을 대는 행동 등은 상대방 입장에서 조금만 생각해보면 싫어할 거라는 걸 알 수 있는 행동이잖아. 여자가 어쩌고저쩌고, 남자가 되가지고 어쩌고저쩌고 하는 말들도 마찬가지로 상대가 어떤 기분일지 배려하는 마음이 있다면 하지 않을 표현일 테고."

한별의 말을 귀담아듣고 있던 수범은 어느 정도 이해가 되는 것 같아 마음이 조금 편안해졌다.

"다음 주 교육 잘 들어둬야겠어. 형 고마워. 오늘도 많이 배우네."

한별은 힘내라며 수범의 어깨를 토닥여주었다.

직장 내 성폭력 예방

- 음담패설 같은 음탕하고 상스러운 이야기를 하지 않는다.
- 노출이 심한 사진이나 출판물을 보여주는 행위를 하지 않는다.
- 음란한 손짓이나 몸짓을 하지 않는다.
- 불필요한 신체 접촉을 하지 않는다.
- 사적인 만남을 강요하지 않는다.
- 상대방의 거부 의사가 있을 시에는 즉시 중단한다.
- 외모나 사생활에 도를 넘는 간섭을 하지 않는다.
- 외모에 대한 성적인 비유나 평가를 하지 않는다.
- 회식 자리 등에서 무리하게 술을 따르도록 하거나 옆자리에 앉도록 강요하지 않는다.
- 성폭력 예방 교육에 참여한다.

직장 내 성폭력 대처 방법

- 성희롱을 당하는 상황이 생기면 거부 의사 표현을 분명히 한다.
- 증거 자료를 확보한다.
- 주변에 도움을 요청한다.
- 직장 내 성폭력에 관한 사규를 확인한다.
- 회사에 예방 대책 마련을 촉구한다.
- 사내 고충처리 부서에 문제를 제기한다.
- 성폭력 전문상담기관에 상담한다.
- 법적 구제절차를 활용한다.
- 〈직장내성희롱근절종합지원센터〉〈국가인권위원회〉〈한국성폭력상담소〉
  〈대한법률구조공단〉〈한국여성의전화〉에서 상담 및 지원이 가능하다.

자기 계발까지
덤으로 되는 업무의 기술

근무를 시작한 지도 어느덧 두 달 남짓 되었다. 이제는 팀원들과도 그럭저럭 가깝게 지내게 되었다. 특히 1년 먼저 입사한 옆자리 선배 고수정과는 가깝게 지내려고 노력했다. 급할 때는 아무래도 옆자리에 있는 사람에게 도움을 요청하거나 물어볼 수밖에 없기 때문이다.

수범보다 나이는 어리지만 직장에서는 엄연히 선배니까 깍듯하게 대했다. 게다가 업무를 깔끔하게 처리하고 일을 열심히 한다고 윗분들에게 칭찬을 많이 듣고 있어 배울 점도 많았다. 오늘도 구내식당에서 고수정과 점심을 함께하고 막 사무실로 들어서고 있을 때였다.

"한수범 씨, 나 커피 한잔 부탁해."

과장은 오후가 되면 수범에게 매번 커피 심부름을 시키곤 했다. 커피 정도는 스스로 타서 마셔도 될 법한데 꼭 수범에게 시키는 터라 내심 짜증이 났다. 아무리 계약직이지만 커피 심부름이나 하려고 어렵게 대학까지 공부하고 회사에 입사했나 싶은 생각도 들었다. 하루는 점심을 함께하다 고수정에게 슬쩍 물어보았다.

"선배님도 예전에 커피 심부름 하셨나요? 과장님께서 매일 커피 심부름을 시키셔서요."

"생각하기 나름인 것 같아요. 내가 커피 심부름이나 하려고 회사에 들어왔나 하는 생각이 들 때도 있을 거예요. 하지만 저는 그런 시간을 기회로 삼으려고 했어요. 커피 심부름이나 복사하는 일처럼 작은 일도 제대로 못하면 그보다 더 어려운 일을 어떻게 하겠어요. 그래서 작은 일일수록 웃으면서 더 잘하려고 노력했어요. 커피도 더 맛있게 타려고 노력했고 복사도 빠진 건 없는지 일일이 확인해서 가져다 드렸고요. 그리고 이런 심부름 할 때는 업무상 모르는 걸 슬쩍 물어서 그분들의 노하우를 배우는 기회로 삼았어요. 그랬더니 어느 날부터는 커피 심부름이나 복사 대신 제대로 된 업무를 주시더라고요. 상황을 어떻게 나한테 유리하게 만드는가 하는 건 자기하기에 달린 것 같아요."

고수정의 말을 듣고 있자니 수범은 커피 심부름이나 시킨다고 투덜댄 자신이 너무 형편없게 느껴졌다. 한편으론 이런 선배 옆자리에 앉게 돼 실무 꿀팁을 들을 수 있어 정말 행운이라는 생각이 들었다.

늦은 오후, 벌써 30분 넘게 휴게실에서 과장에게 붙들려 "나 때는 말이야"로 시작하는 장황한 이야기를 듣고 있을 때였다. 정말이지 말 많은 꼰대라는 생각을 하지 않을 수 없었는데 감사하게도 고수정이 휴게실로 들어서며 수범을 찾았다.

"과장님, 말씀 중에 죄송한데요. 한수범 씨와 지금 외근을 나가야 하는데 괜찮을까요?"

수범은 고수정이 구세주 같이 느껴졌다. 요즘 수범의 고민 중 하나는 '피곤할 정도로 말 많은 과장님을 어떻게 대해야 좋을까'이다. 한 번 수범을 붙들고 떠들기 시작하면 끝이 없었다. 할 일이 태산인데 말이다. 계약직 처지에 말을 끊을 수도 없고 난감할 때가 한두 번이 아니었다.

부지런히 가방을 챙겨 거래처로 향하는 고수정을 따라나섰다. 차 안에 둘만 있는 시간이 되자 수범은 운전하는 고수정의 눈치를 보며 조심스럽게 입을 열었다.

"저… 선배님, 직장에서 말 많은 상사 분은 어떻게 대하면 좋을까요? 할 일이 많을 때는 시간적으로 좀 힘들어서요. 선배님은 윗분들과 잘 지내시는 것 같아 여쭙습니다."

무슨 말인지 이미 알겠다는 듯 고수정은 잠시 소리 내어 웃었다.

"말 많은 상사 대처법이라… 저도 처음에는 쉽지 않았어요. 그런데 차츰 요령이 생기더라고요. 가령 한 말 또 하고 또 하는 경우에는 '지난번에 말씀하신 내용 명심하고 있습니다' 뭐 이런 식으로 슬쩍 잘라 말하면 상대를 존중하면서도 했던 말 또 하지 않게 말을 끊을 수 있어요. 말이 길어질 것 같은 분에게 보고하러 갈 때는 친한 동료에게 몇 분 후에 전화해달라고 미리 부탁하고 들어가기도 해요. 전화가 오면 '죄송하지만 급한 업무 처리 전화인데 나가봐도 되겠습니까?'라고 물어보는 거예요. 특별히 중요한 내용이 없으면 가보라고 하기 마련이지요. 물론 시간이 될 때는 열심히 듣고 리액션도 엄청 해드려요. 일종의 직장 생활 처신술이라고 해야겠지요? 게다가 잔소리든 자랑이든 듣다보면 배울 점이 있기 마련이에요. 분위기 좋을 때 슬쩍 업무 고충 같은 걸 의논해서 조언을 구할 수도 있고요. 돈으로 살 수 없는 노하우를 얻기도 하거든요. 매사 마음먹기 나름이에요."

"유독 저한테 오셔서 자꾸 말을 거실 때는 어떻게 해야 할까요?"

수범은 내친김에 자신의 곤란한 상황에 대한 답도 있을까 해서 물어보았다.

"제 생각에는 윗분들은 일하느라 바쁜 직원에게는 말을 잘 걸지 않으세요. 누군가 와서 자꾸 말을 건다는 건 자신이 한가해 보인 게 아닌가 생각해볼 필요가 있어요. 그래서 저는 말 많은 사람이 다가 온다 싶으면 가끔 일부러 바쁜 척 하기도 해요."

바쁜 척을 한다는 말에 수범은 마음속으로 무릎을 쳤다. 열심히 일하는 것뿐만 아니라 때로는 열심히 일하는 척하는 것도 하나의 직장 생활 요령이라는 걸 알게 되었기 때문이다.

수범은 똑 부러지는 고수정의 해법을 듣고 있자니 고수정이 그렇게 멋있게 보일 수가 없었다. 자신도 정직원이 된 후 언젠가 후배가 들어오면 이렇게 멋진 대답을 해주는 선배가 되면 좋겠다는 생각이 들었다. 그때였다. 고수정이 한마디 덧붙였다.

"한수범 씨는 아직 그러면 안 되고요. 일단 정직원이 되야 하니까 지금은 열심히 일하고 윗분들 말씀 잘 듣고 점수 따두세요. 제가 한 말들은 나중에 활용하시고요. 열심히 해서 한수범 씨가 꼭 정직원이 되길 바라니까요."

수범이 벌써부터 요령을 적용할까 걱정이 된 선배의 진심이 담긴 조언이었다.

"아, 그리고 참고로 말해두자면 과장님 아주 좋은 분이세요. 인정도 많으시고요. 그런데 기러기 아빠라 그러신지 대화 나눌 사람이 그리우신 것 같아요. 외로워서 그러시는 거니까 잘 대해 드리세요."

"네, 잘 알겠습니다."

매사 불필요하면 칼같이 자르는 성격인 줄만 알았던 고수정 선배가 의외로 상당히 인간미도 있다는 걸 알게 되었다. 과장님 이야기가 나온 김에 그동안 고수정을 지켜보며 궁금했던 점이 생각났다. 팀장님에게 보고하러 가면 바로 돌아오곤 하는데 과장님에게 보고하러 가면 항상 시간이 꽤 걸려서야 자리로 돌아오곤 해서였다. 이것도 과장님이 말이 많은 것과 연관이 있나 싶어 물어보았다. 그런데 이번에도 의외의 답변이 놀라웠다.

"팀장님은 완벽한 보고서를 좋아하세요. 그래서 서류를 올리기 전에 여러 번 검토해서 빠진 내용이 없는지 확인을 해요. 보고가 금방 끝나야 잘했다는 뜻이에요. 그런데 과장님은 부하 직원에게 이런저런 걸 가르쳐주시는 걸 좋아하세요. 그래서 과장님께 서류를 올릴 때는 일부러 내용을 좀 빼서 가져가요. 일부러 과장님께서 지적하실 내용을 남겨두는 거지요. 말하자면 80% 정도 내용만 채워가서 이런 부분은 잘 모르겠다고 도움을 요청하기도 하고요. 그래야 과장님께서 무언가 도와주셨다는 생각이 드실 테니까요. 말씀이 끝나면 '조언해주신 덕분에 많은 도움이 되었습니다' 혹은 '이런 점은 미처 생각 못 했는데 역시 과장님께서 봐주시니까 다르네요'라든가 이런 말을 꼭 해드려요. 윗분들도 칭찬 듣는 걸 좋아하시거든요. 그렇다고 마음에 없는 말은 절대 하지 않아요. 빈말은 상대방도 느끼니까요. 윗분들과의 인간 관계에 정답은 없는 것 같아요. 상대방이 어떤 업무 스타일인지 파악해서 거기에 맞춰나가는 게 나름의 제 방식이에요. 이런 말하고 있는 저도 매일 배우고 있는 중이고요."

수범은 고수정의 현명함에 감탄이 나왔다. 그동안 열심히만 하면 되는 줄 알았던 직장 생활에 대한 생각이 오늘 고수정과의 대화로 한 단계 더 업그레이드될 것 같은 예감이 들었다. 수범은 한별과는 또 다른 면에서 섬세한 지혜를 가진 고수정에게 배울 점이 많다는 생각에 그동안 궁금했던 내용을 하나 더 물어보았다.

"조금 전에 상사의 유형에 따라 보고하는 방법이 다르다고 하셨는데요,

메일을 보내는 시간에 대해서도 그런 방법을 적용하시나요? 가령 퇴근 시간 이후에는 업무 메일을 보내지 않는 것이 예의라고 책에서는 배웠는데요. 퇴근 시간 이후에 보내야 할 경우가 있잖아요. 이럴 땐 어떻게 해야할까요? 지난번에 대리님께 퇴근 시간 이후에 메일 보냈다가 한소리 들었거든요."

고수정은 이런저런 질문을 계속하는 수범을 귀찮아하는 내색 없이 대해주었다. 몇 달 지켜보면서 수범의 인간성이 괜찮다고 여겼기 때문이다. 정직원이 된다면 직장 후배로 잘 지낼 수 있을 것 같아서 조금이라도 도움이 되어 주고 싶었다.

"물론 근무 시간 외에 메일을 보내는 건 직장 매너에 어긋날 수 있어요. 하지만 이것 또한 제 경우에는 상사의 성향을 보면서 처리하고 있어요. 팀장님은 열심히 일하는 사람을 좋아하세요. 그래서 메일을 일부러 늦은 밤에 보내두곤 해요. 말하자면 늦은 시각까지 일했다는 메시지가 담겨 있는 거지요. 금요일 밤늦게 보낼 때는 '주말을 앞둔 늦은 시간에 보고드리게 되어 죄송합니다. 편안한 주말 되시기 바랍니다' 이런 인사를 함께 적어 보내요. 주말에 굳이 업무 서류 확인하시지 말라는 의미지요. 저도 주말에 답신받고 일하고 싶지 않으니까요."

일부러 늦게 보낸다는 말에 수범은 머리를 한 대 맞은 듯했다. 기본적인 매너를 상황에 맞게 응용하는 매너 고수를 보는 기분이었다.

"하지만 대리님은 다르세요. 업무 시간 외에 이메일이나 문자 받는 걸 정말 싫어하세요. 그래서 대리님께는 어떻게 해서라도 업무 시간 안에 모든 이메일을 보내려고 노력하고 있어요. 어쩔 수 없이 보내야 하는 경우에는 이러한 이유로 늦은 시간에 메일을 보내서 죄송하다고 사과하는 문장을 꼭 넣어서 보내고요."

수범은 자기한테만 유독 그런 것이 아니라는 사실을 알게 되자 마음이 조금은 편안해졌다.

"선배님, 내일 점심은 제가 쏘겠습니다. 너무 많은 꿀팁을 주셔서 무언가 보답해야 될 것 같아서요. 마치 선배님의 지난 1년간의 회사 생활 경험을 다 전수 받은 느낌입니다. 오늘 말씀 앞으로 직장 생활하는데 정말 큰 도움이 되었습니다."

말을 마친 수범은 고수정에게 꾸벅 머리를 숙여 진심으로 감사 인사를 했다.

부하 직원이 상사를 칭찬할 때의 요령

1. 마음에 없는 말로 칭찬하면 아부로 들릴 수 있으니 생각한 부분을 진실하게 표현한다.

ex) "저는 하루 종일 고민해도 해결하지 못했는데, 선배님은 단 몇 분 만에 해결하시다니 정말 존경스럽습니다."

2. 상사의 존경할 만한 점이 있을 때는 순수한 마음으로 칭찬한다.

ex) "대리님께서는 어쩜 이렇게 정확하게 요점을 짚으시는지 보고할 때마다 감탄하곤 합니다."

3. 구체적인 내용으로 칭찬한다.

ex) "과장님 역시 대단하시네요!" 하기보다는 "과장님께서 ~라고 해주신 말씀, 감동적이었습니다!" 혹은 "회의에서 ~라고 하신 말씀은 ~면에서 획기적인 제안이라고 생각합니다."

비즈니스 이메일 하나에도
내 업력이 보인다

"한수범 씨 자료 정리 끝나면 내 메일로 보내줘요. 난 외부 일정 갔다가 바로 퇴근할 테니까. 그럼 수고."

"네 팀장님."

수범이 엄병태 팀장에게 메일로 직접 보고하는 것은 이번이 처음이다. 실수가 용납되지 않는 엄 팀장에게 이메일을 보내야 한다니 갑자기 입이 바짝 말랐다. 얼마 전 인터넷에서 참조 명단을 직책 순서대로 하지 않아 혼났다는 글을 읽은 적도 있어 더욱 긴장되었다. 메일 하나 보내는 일에 그렇게까지 지켜야 할 것이 많은가 싶어 내심 놀랐었기 때문이다.

수범은 자신도 모르게 실수하면 어떡하나 걱정되어 머리가 복잡해졌다. 누구에게 물어보면 좋겠는데, 매너도서관은 이 시간에는 바쁠 것 같아 오다해에게 물어보기로 했다. 하지만 공교롭게도 강의 중이라 연락이 안 되었다. 불안했지만 어쩔 수 없이 나름대로 최선을 다해 보고서를 작성해서 이메일로 보냈다.

***

아침에 눈을 뜬 수범은 온몸이 뻐근하고 머리가 지근거렸다. 밤새 잠을 제대로 자지 못했기 때문이다. 보고서 종이가 산더미처럼 수범에게 날아와 종이 뭉치에 깔리는 악몽에 시달렸다. 왠지 불길한 마음에 아침도 넘어가지 않았다. 출근해서 몸이 물에 젖은 솜처럼 자꾸 가라앉는 걸 겨우 버티고 있었다. 그때였다.

"한수범 너 뭐하는 놈이야. 대학은 나왔어? 보고서 하나 쓸 줄도 몰라!"

사무실에 엄병태 팀장의 목소리가 울려 퍼졌다. 수범은 갑자기 지옥에서 염라대왕이 자기를 잡으러 내려온 것 같은 느낌이 들었다. 심장은 어떻게 주체할 수 없을 정도로 벌렁거리기 시작했다.

엄 팀장이 '씨'자 빼고 이름만 부르는 날이면 각오해야 한다는 걸 벌써 다른 사람들이 겪는 걸 몇 번 봤기에 알고 있기 때문이다. 수범은 일단 총알 같이 엄 팀장 자리로 뛰어가 두 손을 얌전히 모으고 섰다. 야단을 맞더라도 이유는 알아야 고칠 테니까.

"죄송합니다, 팀장님. 어떻게 다시 쓰면 되겠습니까?"

엄 팀장은 수범을 당장 잡아먹기라도 할 듯이 이글거리는 눈빛으로 쳐다보았다.

"철자법, 띄어쓰기가 이렇게 많이 틀리면 이걸 어디다 써먹어. 내가 일일이 철자법 고치고 앉아 있으랴? 그리고 윗사람한테 이메일을 이따위로 밖에 못 써? 내가 네 부하냐? 건방지게 '검토 바랍니다'가 뭐야? 이런 거 하나 똑바로 못해? 제대로 고쳐서 다시 보내."

수범은 엄 팀장이 책상에 휙 던진 보고서를 조심스럽게 집어 들었다. 첫 페이지부터 틀린 부분들이 빨간펜으로 신경질적으로 좍좍 표시되어 있었다.

"참나, 보고서를 잘못 쓴 것도 아니고 철자법 조금 틀린 걸 가지고 이렇게 난리를 쳐야 하나? 그리고 '검토 바랍니다'가 아니면 도대체 뭐라고 하란 말이야?"

직접 한바탕 난리를 겪고 나니 수범은 팀원들이 왜 엄병태 팀장을 꼰대라고 하는지 제대로 이해할 것 같았다. 자리에 돌아와 앉고서도 한동안 머리가 띵해서 정신을 차릴 수가 없었다. 손도 계속 달달 떨리고 있었다. 정직원의 꿈은 이렇게 산산이 부서져 날아가 버리는 건가 싶은 생각도 들었다.

참담한 심정이 된 수범이 머리를 떨구고 있을 때였다. 한별이 화장실에 다녀오는 척하며 슬쩍 다가와 등을 몇 번 토닥인 후 책상 위에 시원한 캔 음료 하나를 슬쩍 놓아주고 갔다.

벌컥벌컥 음료수를 들이켜고 나서야 간신히 정신을 차린 수범은 오늘은 만날 수 있기를 희망하며 오다해에게 급히 SOS를 청했다. 다행히 잠시 후 시간을 내겠다는 답이 왔다. 휴게 라운지 문이 열리며 들어서는 오다해가 마치 천사처럼 보였다. 등 뒤에서 환한 후광도 반짝이는 듯했다. 수범은 잔뜩 기가 죽은 채로 상황을 설명했다.

"선배님, 바쁘신데 이렇게 시간 내주셔서 정말 감사합니다. 엄 팀장님께 이메일을 직접 보내본 게 처음이었어요. 보고서와 비즈니스 이메일을 보내본 것도 이번이 처음이고요. 윗분에게 보내는 이메일은 어떻게 작성하면 될까요?"

애써 씩씩한 척하려 해도 목소리가 자꾸 속으로 기어들어 갔다. 그런 수범의 마음을 알았는지 오다해가 따뜻한 표정을 지으며 수범을 위로해주었다.

"너무 걱정하지 마세요. 혼 한 번 안 나는 직원이 어디 있나요? 앞으로 잘하면 돼요. 힘내요."

"감사합니다. 선배님."

오다해의 따뜻한 말 한마디에 내 편을 들어주는 사람이 있다는 안도감이 들면서 그만 코끝이 시큰거렸다.

"자, 시간이 얼마 없을 테니까 꼭 지켜야 할 중요한 사항들을 우선 알려드릴게요. 이메일 작성 시 가장 중요하게 생각해야 할 점은 간결하게 요점을 잘 알아볼 수 있게 작성하는 거예요. 제목은 이메일 내용을 한눈에 알수 있게 작성해야 하고요. 소속과 이름도 적는 게 좋아요. 첨부 파일이 있는 경우에는 본문 내용에 첨부 사실을 적어 주고요. 본문 글은 보기 좋게 가능하면 짧은 문장으로 작성하세요. 핵심을 간단명료하게 적으면 돼요. 읽기 편하도록 내용에 따라 여백을 넣으면 좋아요. 업무적인 이메일에는 이모티콘 사용은 자제하고요. 발송 전에 오탈자와 오류가 없는지 확인하시는 거 잊지 마시고요. 아무리 글을 잘 써도 오타가 많으면 부주의하고 업무 처리를 제대로 못 할 것 같은 인상을 주거든요. 신뢰감도 떨어지고요."

'아, 회사에서는 오탈자가 이렇게 중요한 의미가 있었구나. 결국 엄팀장님에게는 내가 일을 제대로 못할 직원으로 보였겠구나.'

그제야 엄 팀장이 별거 아닌 걸 가지고 억지를 부렸다는 자신의 생각이 잘못 되었음을 깨달았다. 물론 야단치는 방법이 과하다는 생각에는 변함이 없었지만.

오다해는 계속해서 이메일 작성법에 관해 설명해주었다. 수범이 잠시 시간을 내서 나온 걸 알기에 말이 점점 빨라졌다. 수범도 정신 똑바로 차리고 오다해의 말을 열심히 메모(pp. 143~144 참조)했다. 오랜만에 학창 시절 시험 전날 벼락치기 공부하는 기분이 들었다.

설명을 다 들은 후 수범은 오다해에게 감사 인사를 하고 급히 자리로 돌아왔다. 그리곤 물 한 모금 마실 틈도 없이 보고서를 몇 번이고 다시 읽으며 오탈자를 검토했다. 어찌나 눈을 크게 뜨고 집중하며 보았는지 나중에는 눈이 밖으로 튀어 나올 지경이었다.

이메일 역시 발송하기 전에 실수한 부분이 없는지 오다해가 말해준 작성법과 하나하나 대조하면서 확인해보았다. 오탈자를 검토하고 있자니 예전에 인턴으로 잠시 근무했던 때가 생각났다. 그때도 오타 때문에 여러 번 문책을 받았었다.

"한수범 씨, 같은 말을 몇 번을 하게 해요? 자료 제출 전에 오탈자 있는지 검토하라고 했잖아요. 다시 해오세요."

"아, 네. 죄송합니다."

말로는 죄송하다고 했지만 속으로는 '내용만 좋으면 됐지 별 대수롭지도 않은 철자법 가지고 왜 트집일까? 하여튼 성격하고는'이라고 투덜대곤 했었다.

지금 돌이켜보니 그때 정직원이 되지 못한 것이 오히려 당연했다는 생각이 들었다. 그때는 왜 그랬을까 후회한들 이미 지난 일들이었다. 그나마 이제라도 정신 차린 게 다행이었다.

✉

보내는사람: [회사에서 발급받은 이메일 주소] 마케팅 1팀 인턴사원 한수범

받는사람: 마케팅 1팀 엄병태 팀장님

참조: [직책 서열 순으로] 000 과장님, 000 대리님

제목: 신제품 00에 대한 고객 인터뷰 내용 정리 자료- 수정[1]

첨부: 인터뷰 내용 정리 자료[20XX-07-16, 신제품 ○○]

고객 인터뷰 영상[20XX-07-16, 신제품 ○○]

안녕하십니까 엄병태 팀장님.

20XX년 7월 16일 마케팅 1팀에서 진행한 신제품 ○○에 대한

고객 인터뷰 내용 정리한 자료 수정해서 첨부했습니다.

인터뷰한 고객은 총 50명이며,

인터뷰 시간은 1인당 대략 1분 내지 2분 정도입니다.

인터뷰 내용은 전부 글로 옮겼습니다.

참고하실 수 있도록 인터뷰 영상도 첨부했습니다.

이상입니다.

검토 부탁드립니다.

감사합니다.

20XX년 7월 20일

한수범 올림

첨부 파일: 1) 인터뷰 내용 정리 자료(20XX-07-16, 신제품 ○○)

2) 고객 인터뷰 영상(20XX-07-16, 신제품 ○○)

마케팅 1팀 인턴사원 한수범

직　　통: 02-0000-0000

휴대전화: 010-0000-0000

　　제발 이번에는 별 탈 없기를 간절히 바라며 수범은 엄 팀장에게 보내는 이메일 발송 버튼을 눌렀다. 순간 긴장이 풀리면서 온몸이 나른해졌다. 아직 퇴근 시간도 많이 남았는데 갑자기 시원한 맥주 한잔이 생각났다.

이메일 작성법

1. 도입부에 상대의 이름과 직급을 적는다. 직급을 모르는 경우에는 '○○ 님' 혹은 '○○ 선생님' 등의 표현을 사용한다.

2. 간단한 인사말을 쓰고 본문을 시작한다.

3. 본문은 짧게 요점을 정리해서 쓴다.

4. 상사나 윗사람에게는 '검토 바랍니다' 대신 '검토 부탁드립니다'를 추천한다. '검토 바랍니다' 는 지시를 받는 듯한 느낌이 들기 때문이다.

   아하, '검토 바랍니다'가 아니라 검토 부탁드립니다'라고 했어야 하는구나.

5. 적절한 마무리 인사말을 적는다. 마음에 드는 인사말을 저장해두고 사용하는 것도 하나의 방법이다.

6. 발신자명, 회사와 부서명, 연락처, 주소 등의 정보가 있는지 확인한다.

7. '배상' '드림' '올림' 중 선택해서 적는다. 나이나 직급 차가 많은 경우에는 '드림'보다는 '올림'을 사용하는 것이 좋다.

   '드림'이라고 한 것도 잘못 되었구나. '올림' 혹은 '배상'이라고 했어야 하는 건데.

8. 오탈자와 오류 여부를 꼼꼼히 확인한다.

   이건 내가 죽을 때까지 기억할 거야.

9. 참조는 직급 순서대로 하는 것이 좋다.

10. 용량이 큰 메일은 가능하면 꼭 필요한 내용만 정리해서 보낸다.

11. 첨부 파일은 상대가 내용을 알 수 있게 파일명을 작성한다.

12. 파일이 첨부되었는지 확인 후 메일을 발송한다.

13. 이메일을 확인하면 바로 답장을 보내는 것이 예의다. 특히 상사의 지시 메일은 확인했다는 답장을 바로 보낸다.

14. 메일도 알람을 받게 되므로 늦은 밤이나 새벽, 주말 아침에는 보내지 않는 것이 좋다.

알아두면 요긴한 상황별 이메일 업무 예절 문장

1. 보낸 메일의 답신이 생각보다 빨리 왔을 때
ex) 바로 확인해주셔서 감사합니다.
    답신을 빨리 주셔서 감사합니다.
    빠른 회신 감사합니다.

2. 바쁜 상대가 답신을 보내주었을 때
ex) 바쁘실 텐데 답변 주셔서 감사합니다.
    많이 바쁘실 텐데 회신 주셔서 감사합니다.

3. 메일 내용을 바로 확인할 수 없을 때
ex) 죄송하지만, 제가 외근 중이라 회사에 들어가서 바로 확인하겠습니다.
    죄송하지만 급한 업무가 있어서 오후에 확인하겠습니다.

4. 아랫사람이나 동료가 밤늦게 이메일을 보낸 경우
ex) 늦은 시간까지 작업해줘서 고마워요.
    늦은 시간까지 수고가 많았네요.

5. 지시 업무를 받은 경우
ex) 지시하신 대로 하겠습니다.

늘 귀빈처럼 느끼도록 대접하는
안내와 접대의 정석

입사 후 긴장하며 하루하루를 보낸 지 벌써 석 달이 되어간다. 엄 팀장에게 혼쭐이 난 이후에도 가끔 업무 실수를 할 뻔한 위기가 몇 번 있었다. 하지만 그럴 때마다 드러나지 않게 한별이 도와주어 무사히 넘기고는 했다. 하지만 아직도 엄 팀장과 눈만 마주쳐도 혹시 또 불호령이 날까 싶어 심장이 얼어붙는 것 같았다.

오늘도 수범은 제일 먼저 출근해 자리에 앉았다. 입사한 이후 한두 번 외에는 계속 제일 먼저 출근하고 있었다. 아무리 일을 잘해도 지각하면 좋지 않은 인상을 준다는 매너도서관의 조언을 실천하고 있었기 때문이다. 업무 시작 준비를 하고 있자니 매일 아슬아슬하게 출근해서 눈총 받았던 예전 인턴 시절이 떠올라 웃음이 나왔다.

'내가 얼마나 한심해 보였을까? 정직원도 아니고 인턴 주제에 항상 제일 늦게 출근했으니. 무식하면 용감하다더니 남 말이 아니야. 그러고도 실력 있는 날 왜 안 뽑느냐고 세상에 대고 화를 내고 불평하며 살았으니….'

수범은 컴퓨터를 켜고 습관적으로 이메일을 먼저 확인했다. 반가운 메일이 눈에 들어왔다.

한수범 씨에게

잘 지내고 있지요? 회사 생활은 잘 적응하고 있나요? 제가 일부러 한동안 과제 메일을 보내지 않았어요. 실제로 회사 생활을 하는 과정에서 스스로 터득하고 배우는 것도 중요하다고 믿기 때문이에요. 이제 두 번째 만남을 가져야 할 때가 된 것 같네요. 얼마나 변했는지 무척 궁금하기도 하고요. 이번에는 고객 응대에 대해 한 번 살펴본 후에 만나도록 하지요. 그동안 궁금했던 질문들도 가져오고요. 그럼….

***

수범은 매너도서관과 만나기로 한 건물 로비에 미리 도착해 있었다. 작은 감사의 선물도 정성껏 준비했다. 입구 쪽에 우아한 샤넬풍의 검은색 정장에 여러 겹의 진주 목걸이와 귀걸이를 한 여성이 보였다. 매너도서관이었다. 반갑게 서로 인사를 나누고 나자 매너도서관은 수범에게 즉석 롤 플레이 과제를 냈다.

"3층 커피숍이 우리가 갈 장소예요. 제가 회사 방문객이다 생각하고 안내해볼까요? 그동안 얼마나 변했는지 궁금하기도 하고 기대도 되네요."

갑작스러운 제안에 수범은 약간 당황했다. 하지만 침착하게 마음을 가다듬고 미리 공부해두었던 내용들을 머리에 떠올려보았다.

"안녕하십니까 매너도서관님. 저는 마케팅팀 한수범 사원입니다. 3층 회의실로 모시도록 하겠습니다. 이쪽 방향입니다."

수범은 침착하게 방향을 가리키며 매너도서관을 안내하기 시작했다. 3층에 도착해서는 커피숍 문을 열이 매너도서관을 먼저 안으로 안내했다. 그러면서 눈으로는 상석을 부지런히 찾았다. '음, 출입문에서 먼 쪽, 전망이 좋은 곳, 화장실이나 출입구에서 떨어진 쪽이지.' 수범은 좋은 자리를 나름대로 재빨리 판단하고는 매너도서관을 전망이 보이는 창가 자리로 안내했다.

"한수범 씨 안내를 아주 잘 해주었어요. 손가락으로 여기저기 가리키던 습관도 다 고쳤네요. 걷는 모습이나 전반적인 자세도 훨씬 반듯해졌고요. 무엇보다 표정이 많이 부드러워졌어요."

자리에 앉은 매너도서관이 흐뭇한 표정으로 한껏 칭찬을 해주었다. 그러자 수범은 기쁨을 감추지 못하고 마치 어린아이처럼 싱글벙글 웃으며 좋아서 어쩔 줄 몰라 했다.

"상석 자리 배치에 대해서도 벌써 공부한 것 같네요. 처음 만났을 때와는 완전히 다른 모습이에요. 특히 안내하는 동안 전체적으로 여유와 자신감이 느껴져서 무척 좋았어요."

"좋게 봐주셔서 감사합니다. 모두 선생님 덕분입니다."

수범은 신이 나서 씩씩한 목소리로 고개 숙여 인사했다. 커피를 마시며 한동안 수범의 근황에 관해 이런저런 대화가 이어졌다. 특히 엄 팀장에게 혼쭐이 났던 보고서 사건을 이야기할 때 수범은 끔찍하다는 표정을 지어보였다.

"그래서 요즘은 오탈자로 혼나는 일은 없어졌습니다. 그런데도 아직 엄 팀장님만 보면 심장이 두근거립니다."

"그래서 앞으로 엄 팀장님을 계속 무서워만 하면서 지낼 건가요?"

매너도서관이 수범의 이야기를 듣다가 물었다.

"아니, 그게… 뾰족한 방법이…."

수범이 말을 잇지 못하자 매너도서관은 수범에게 생각할 시간을 주려는 듯 말없이 창밖을 내다보았다. 대답할 말을 찾지 못한 수범이 도움을 청하는 애처로운 표정으로 물어왔다.

"선생님, 그럼 제가 어떻게 하면 될까요?"

"한수범 씨, 오늘 우리가 공부할 주제가 뭔가요?"

"고객 응대…."

수범은 말끝을 흐렸다. 여전히 매너도서관의 의도를 파악하지 못해서였다.

"맞아요. 고객은 '내부 고객'과 '외부 고객'으로 나뉘어서 생각해볼 수 있어요. 그러니까 엄 팀장님은 한수범 씨의 내부 고객인 셈이에요. 그럼 고객은 어떻게 응대해야 할까요?"

수범은 그제야 매너도서관의 의도를 이해하기 시작했다.

"친절하고 진심으로… 그러면 될까요?

"네 바로 그거예요. 오늘 한수범 씨 말을 들어보니까 엄 팀장님이라는 분은 제가 뵌 적은 없지만 기본적으로는 좋은 분 같아요."

수범은 매너도서관이 엄 팀장이 좋은 분 같다고 말하자 믿기지 않는다는 표정을 지었다. 하지만 이유가 상상이 가질 않아 아무 반박도 질문도 하지 못하고 계속 듣고만 있었다.

"다만 그분은 업무에 관해서 엄격한 분이라는 생각이 들어요. 그 이유는 첫째, 잘못된 부분을 빨간색으로 표시해주셨어요. 만약 표시를 해주지 않고 무조건 잘못되었다고 했다면 어떠했을 것 같아요?"

"아마 어디가 잘못되었는지 몰라서 엄청 고생하고 또 혼나고 했겠네요."

"맞았어요. 그러니까 그분은 기본적으로 아래 직원들을 무조건 혼만 내는 게 아니에요. 일을 더 잘할 수 있도록 일부러 체크해주는 시간도 내고 마음도 써주신 거예요. 덕분에 한수범 씨가 오랫동안 고칠 생각도 하지 않았던 오탈자를 단숨에 고칠 수 있었잖아요. 그리고 표시까지 하면서 고치라고 했다는 건 한수범 씨의 업무 능력을 다듬어서 계속 함께 일하고 싶다는 의미일 수도 있어요."

수범은 고개를 크게 끄덕였다. 매너도서관의 말에 진심으로 수긍이 갔기 때문이다.

"그리고 한수범 씨 이야기를 들어보니 야단을 칠 때 업무에 관해서만 화를 냈어요. 그것도 정말 잘못한 부분을요. 인격적 모독은 하지 않았다는 말이지요. 이런 분은 업무만 잘하면 오히려 인정받고 가깝게 지내기가 더 쉬워져요. 오늘 저랑 고객 응대에 관해 공부하고 나면 나름대로 생각이 바꿰게 될 거예요. 그럼 내부 고객인 엄 팀장님을 어떻게 잘 응대할지 스스로 방법도 찾아보시고요."

매너도서관의 말을 듣고 있자니 수범은 엄병태 팀장에 대한 막연한 공포나 두려움이 사라지는 걸 느꼈다. 어쩌면 매너도서관의 말처럼 자기를 가르쳐서 정직원으로 채용할 생각을 하고 있을지도 모른다는 희망도 생겼다. 게다가 사람을 어떤 관점에서 보느냐에 따라 달라 보인다는 말이 바로 이런 거였구나 싶은 깨달음도 얻었다.

"한수범 씨, 엄병태 팀장님을 '내가 직장 생활에서 성공하기 위해 넘어야 할 산이다' 이렇게 생각해보세요. 그 산을 넘고 나면 앞으로 왠만한 힘든 업무나 사람도 감당할 수 있게 되니까요. 어차피 넘어야 할 산이라면 기꺼이 즐거운 마음으로 넘어보면 좋지 않을까요?"

'넘어야 할 산! 즐겁게!' 수범은 매너도서관의 말을 교훈처럼 가슴에 새겨 넣었다. 말을 마치고 온화한 표정을 짓고 있는 매너도서관이 마치 마음이 아주 넓은 보살님처럼 보였다.

매너도서관은 목을 축이려는 듯 커피를 몇 모금 천천히 마셨다. 그리고는 오늘의 교육 주제인 안내와 접대에 관한 이야기를 시작했다.

"한수범 씨, 어디를 방문했는데 아무도 아는 척하지 않고 유령 취급해서 어색하게 서 있었던 경험 해보셨나요?"

"네, 가끔요. 당황스럽더라고요."

"그렇지요? 한수범 씨는 방문객이 그런 당황스러운 상황에 놓이지 않도록 하길 바랄게요."

"네, 명심하겠습니다."

수범은 자세를 더 반듯하게 고쳐 앉으며 대답했다.

"고객 응대의 기본은 정중하고 친절하게 고객을 진심으로 환영하는 거예요. 그런데 이런 기본적인 것만 해서는 요즘 같은 경쟁 시대에 수범 씨가 남들과 차별되지 않겠지요? 기본을 넘어서 정말 감동적인 고객 접대를 한다면 어떻게 될까요?"

"상대방의 기억에 남겠지요. 업무 협력도 더 잘될 것 같고요."

수범은 친절한 정도에서 그치는 것이 아니라 감동적인 수준까지 접대해야 한다는 말이 마음에 와닿았다.

"그래요. 때로는 그 이상의 결과를 낳기도 해요. 상대가 정말 귀하게 대접받았다고 느끼게 하면 감동이 오겠지요? 제가 받았던 감동적인 고객 접대 이야기를 하나 해드릴게요. 오래전에 미국에서 공부를 마치고 도쿄 근처의 한 대학에 영어를 가르치러 갔을 때의 일이에요. 이사장님에게 출근 첫인사를 하러 도쿄의 재단사무실을 방문하게 되었어요. 마침 다른 손님이 계셔서 10여 분 정도 대기실에서 기다리게 되었어요. 그러자 비서가 기다리게 해서 죄송하다며 중간에 두세 번 와서 사과의 말을 하고 가더군요."

잠시 말을 멈춘 매너도서관은 수범에게 질문했다.

"여기까지 이야기한 중에 접대 예절이 잘 된 부분을 발견했나요?"

"혹시 비서가 와서 사과한 부분인가요?"

"맞았어요. 비서가 중간에 와서 사과한 행동이 방문객의 시간을 아주 소중히 여기고 있다는 걸 충분히 전달했던 거예요. 기다리면서도 마음이 불편하지 않도록 말이지요."

"방문객이 귀한 사람으로 여겨지도록."

수범은 고개를 끄덕이며 중얼거렸다. 매너도서관의 이야기는 계속 이어졌다.

"잠시 후 커다란 방으로 안내되었어요. 타개한 재무부 장관의 부인이라는 80세가 넘어 보이는 이사장의 태도는 더없이 정중했어요. 겨우 30대 초반이었던 저에게 말이에요. 언어도 가장 정중한 경어법을 사용했고요. 뿐만 아니라 저를 만나고 있는 것이 아주 즐거운 듯한 표정이었어요. '아, 이분은 나를 무척 중요한 사람으로 여기는구나!' 하는 생각이 들게 했지요. 대략 1시간 정도의 면담 시간이 흘렀어요. 그러자 이사장은 감동적인 말로 면담을 마무리했어요."

매너도서관은 그때의 일을 생생히 기억하는 듯이 이사장의 말을 그대로 전해 주었다.

"선생님과 대화하는 것이 너무 즐거워서 시간 가는 줄 몰랐습니다. 마음 같아서는 오늘 하루 종일 선생님과 대화를 나누고 싶은데, 옆방에 손님이 계셔서 아쉽게도 우리 만남을 마무리해야 할 것 같습니다. 그럼 앞으로 아무쪼록 학생들을 잘 부탁드리겠습니다."

"이 말을 듣는 순간 '아, 이분이 나랑 보낸 시간을 정말 귀하게 생각해주셨구나' 하는 생각이 들었어요. 그리곤 '학생들을 더 열심히 가르쳐야겠다' 싶은 마음이 저절로 들더군요."

매너도서관은 방문객을 진심으로 귀하게 여기는 마음이 얼마나 중요한지를 계속 이야기해나갔다.

"저는 이사장님이 바쁜 분이니까 사무실 출입구에서 인사를 끝내겠거니 생각했어요. 그런데 예상과는 달리 비서와 함께 엘리베이터까지 따라나오셨어요. 엘리베이터가 도착하자 이사장님은 자기를 찾아와주어 고마웠다며 허리를 90도나 굽혀서 저에게 인사를 했어요. 몸 둘 바를 모르게 된 저도 덩달아 허리를 숙여 인사하면서 엘리베이터에 탔지요. 다음 손님이 기다리고 있어 멀리 못 나간다며 미안하다고 하더군요. 그리곤 비서에게 대신 저를 현관까지 배웅하라고 했어요. 이사장님은 엘리베이터 문이 닫히는 순간까지 그대로 서 있었어요. 그리곤 문이 닫히는 순간에 다시 한번 허리를 90도로 굽혀 저에게 정중히 인사를 했어요."

매너도서관은 그때의 분위기를 회상하듯이 잠시 말을 멈추었다. 입가에는 기분 좋은 옛 추억을 떠올리는 듯한 미소가 지어졌다.

"비서의 손에는 제가 미팅 중에 맛있게 먹었던 일본 과자가 한 상자 포장되어 들려 있었어요. 저에게 줄 선물로요. 이사장의 비서는 제가 탄 승용차가 보이지 않을 때까지 현관 입구에 서 있다가 다시 한번 허리를 숙여 인사를 하더군요. 지금까지도 기억에 남아 있는 배웅 장면이에요."

수범은 일본에는 가본 적이 없었지만 매너도서관의 이야기를 마치 드라마 보듯이 상상의 나래를 펴며 듣고 있었다.

"선생님 말씀 들으면서 엘리베이터 문이 닫힐 때 다시 한번 인사하는 장면을 상상해보았습니다. 정말 귀한 사람으로 여겨지는 느낌일 것 같네요. '방문객의 모습이 보이지 않을 때까지 배웅하기!' 이것도 무척 감동적이었고요. 저도 실천해 봐야겠습니다. 그리고 선생님께서 좋아하는 과자를 눈여겨보았다가 선물로 포장해둔 것도 정말 센스 있는 것 같습니다."

아는 만큼 보이는 법이다. 이제는 배울 점들을 제대로 찾아내는 수범을 매너도서관은 흐뭇하게 바라보았다. 처음 만났을 때보다 정말 일취월장한 모습이 아닐 수 없었다.

"잘 찾아내주었어요. 그 후로는 우리나라에서도 예절이나 서비스 교육이 본격화되어서 감동적인 고객 응대를 잘하시는 분이 꽤 많아졌을 거예요. 하지만 당시에 저한테는 일종의 문화 충격 같은 거였어요. 엄청 감동했었으니까요."

수범은 그랬겠다는 듯이 고개를 끄덕였다.

"그날 이후로 방문객을 특별하게 접대하는 저만의 방법을 찾아서 노력하고 있어요. 진심이 담긴 특별한 접대는 어떤 좋은 나비효과를 가져올지 알 수 없거든요. 그날의 감동이 휴일에도 학생들을 가르치고 돕게 했고요."

수범은 계속 고개를 끄덕이며 이야기를 듣다가 문득 매너도서관을 처음 만나던 날, 황당하게 무료 컨설팅을 해달라는 사람인 수범조차도 끝까지 정중하고 귀하게 대해주던 매너도서관의 모습이 떠올랐다. 계속해서 사무실 방문 고객을 안내하는 예절에 관한 이야기가 이어졌다. 수범은 하나라도 놓칠세라 열심히 노트에 써내려갔다(pp. 155~156 참조).

사무실 방문 고객 안내법

1. 상황이 허락된다면 리셉션 데스크가 있는 곳까지 나가서 고객을 맞이한다. 본인이 마중할 수 없을 경우에는 대리인이 리셉션 데스크에 나가서 고객을 맞이해서 안내하도록 한다.

   사무실에서는 내가 막내니까 마중 나가는 대리인은 내가 될 확률이 높겠다.

2. 대리인이 고객을 본인의 사무실까지 안내했을 때는 자리에서 일어나 책상 밖으로 나와서 맞이한다. 남성의 경우 풀어놓았던 양복 단추를 채우며 일어난다.

3. 좌석 배치를 잘 고려해 방문객을 상석으로 안내한다.

   이건 좀 어려운 것 같아. 좌석 서열 따지기가 아직 쉽지가 않거든. 나중에 자세히 배워야겠다.

4. 사무실로 손님이 방문한 경우에는 하던 일을 멈추고 일어난다. "안녕하십니까? 무엇을 도와드릴까요?"라고 인사한다. 명함을 받았을 경우에는 회사명과 직함, 이름 등을 확인한 후 안내한다. 자신의 신분을 밝히지 않는 손님의 경우에는 정중하게 여쭈어본다.

5. 손님을 오래 기다리게 해서는 안 된다. 부득이하게 오래 기다리게 되었다면 지루하지 않도록 차나 음료 등을 권하고 기다리는 동안 볼 잡지나 책을 준비한다.

   이건 오늘 충분히 잘 배웠지. 손님의 시간을 귀하게!

6. 고객을 안내할 때는 층수, 위치, 부서명 등의 행선지를 먼저 알려드린다. 이때 손가락을 모아 방향을 안내한다.

7. 안내할 때에는 약간 옆으로 비켜선 자세로 오른편 두세 걸음 앞에서 걸어간다. 가끔 뒤돌아보며 방문객과 발걸음 속도를 맞추도록 한다.

   이건 잘 몰랐었네. 집에서 연습 좀 해봐야겠다.

8. 엘리베이터를 탈 때는 안내자가 먼저 탑승한다. 고객이 탑승하는 동안 문이 닫히지 않도록 열림 버튼을 누르고 있어야 한다. 안내자는 버튼 앞에 서서 방문객을 대각선 방향의 상석으로 안내한다. 내릴 때는 안내자가 열림 버튼을 누른 상태에서 방문객을 먼저 내리도록 안내하고 안내자는 나중에 내리도록 한다.

   그러니까 고객이나 상급자가 나중에 타고 먼저 내린다는 말이네.

엘리베이터 상석 위치

• 번호는 상석 순위

9. 출입문을 당겨서 여는 경우에는 문을 열어 방문객이 먼저 들어가도록 한다. 밀어서 여는 문의 경우에는 안내자가 먼저 밀고 들어가 손님을 안내한다. 회전문의 경우에는 방문객이 먼저 들어가도록 하고 안내자는 뒤에서 회전문의 속도를 조절한다.

10. 응접실에 소파가 있다면 긴 소파가 상석이고 출입구에서 가까운 쪽이 말석이다.

어, 일인용 단독 소파가 아니라 긴 소파가 상석이라고?

응접실 소파 상석 위치

① 방문객 ② 회사 상급자 ③ 회사 하급자

11. 배웅할 때는 가능하면 엘리베이터나 현관 앞까지 배웅하되 상황에 따라 결정한다. 출입구까지 안내하지 못할 때는 반드시 양해를 구한다.

명함은 자신의
또 다른 얼굴이다

방문 예절에 관한 이야기가 끝났을 때였다. 매너도서관이 작은 선물을 수범에게 건네주었다. 깔끔하고 고급스러운 디자인의 검은색 가죽 명함 지갑이었다.

"이건 명함 지갑 아닙니까? 전 아직 명함이 없는데요."

감사함과 당황함이 섞인 목소리로 수범이 말했다.

"알아요. 하지만 앞으로 몇 달 뒤면 정직원 명함이 생길 거잖아요. 그때 사용하라고 준비했어요. 요즘처럼 노력한다면 꼭 정직원이 될 거니까요. 미리 축하하는 겁니다. 명함이 생기면 소중하게 명함 지갑에 넣어서 가지고 다니세요."

수범은 명함 지갑을 한동안 말없이 내려다보았다. 정직원이 되라고 용기를 주는 고마운 마음에 가슴이 뭉클해지며 눈물이 핑 돌았다.

"아직 본인 명함은 없지만 명함 받을 기회는 많을 거예요. 내 명함이 생기는 날까지 계속 힘내자는 의미로 오늘 명함 예절에 관해서도 이야기해보려고 해요. 마지막에는 실습도 해볼게요."

"네! 열심히 하겠습니다!"

수범은 큰 목소리로 씩씩하게 대답했다. 생각지도 못했던 선물에다가 명함 예절까지 덤으로 배울 수 있게 되어 신이 나서였다. 한편으로는 이렇게 진심으로 도와주는 분을 실망하게 해서는 안 되기에 정직원이 되도록 더욱더 노력해야겠다고 다짐했다.

"명함은 짧은 시간에 자신을 소개하는 가장 확실하고 효과적인 인사 방법이에요. 비즈니스나 대인 관계의 필수품이기도 하고요. 흔히 명함은 그 사람의 얼굴이라고 표현하는데요. 그만큼 주는 명함이든 받는 명함이든 소중하게 관리하고 다루어야 한다는 뜻이에요. 업무상의 명함을 지갑이나 수첩에 넣고 다니다 건네는 것은 프로답지 않아 보여요. 그러니까 꼭 명함 지갑에 넣고 다니도록 하세요."

'아, 비즈니스 필수품이라 일부러 명함 지갑을 선물로 주셨구나.'

수범은 교육을 들으면서 다시 한번 명함 지갑을 만져보았다. 명함 예절에 대한 매너도서관의 교육은 계속 이어졌다. 수범은 하나라도 놓칠세라 열심히 노트에 메모했다(pp. 160~162 참조). 설명이 끝나자 명함을 가지고 실제 상황처럼 연습도 해보았다.

"명함은 일어서서 두 손으로 공손히 받으세요. 손의 위치는 허리 위로요. 그
렇지요. 잘하셨어요."

수범은 사실 그동안 방문객들 명함을 받으면서 마음이 편치 않았
다. 나름 명함 예절에 관해 책을 보긴 했지만 제대로 잘하고 있는지
확신이 서질 않아서였다. 그런데 오늘 이렇게 직접 개인 지도를 받고
나니 가슴의 체증이 내려가는 듯했다. 게다가 명함 지갑까지 생기고
나니 내일이라도 '한수범'이라고 적힌 명함이 생길 것만 같았다.

명함 주고받기 예절

1. 명함을 주고받을 때는 아랫사람이 윗사람에게, 방문한 사람이 방문을 받는 사람에게, 직책이 낮은 사람이 직책이 높은 사람에게 먼저 명함을 주는 것이 예의다.

   그럼 나는 말단이니까 명함이 생기면 당분간은 항상 먼저 드리면 되겠구나.

2. 명함을 건넬 때는 일어서서 주고받는 것이 매너다. 자리가 불편하면 일어나는 시늉이라도 하면 된다.

3. 명함은 허리 위쪽에서 두 손으로 공손하게 건넨다. 서양처럼 한 손을 사용하는 문화에서는 한 손으로 건네면 된다.

4. 명함을 건네며 밝은 표정과 목소리로 인사말을 한다. 자기 이름과 회사명도 소개한다.

5. 명함을 건넬 때는 상대방이 글씨를 보기 좋은 방향으로 건넨다. 이때 명함 내에 글자가 없는 여백을 잡고 건넨다.

   상대방이 글자를 읽을 수 있는 방향으로… 그렇지 매너는 상대를 배려하는 거니까.

6. 명함을 앉은 자세에서 탁자 위에 올려 밀어서 주는 것은 실례다.

7. 동시에 명함을 주고받을 때는 오른손으로 명함을 주고 왼손으로 명함을 받는다. 이때 내 명함은 상대의 명함보다 약간 낮게 해서 건넨다. 받은 후에는 오른손으로 옮겨 두 손으로 받쳐서 공손히 다룬다.

   그럼 왼손을 조금 더 높게 해서 받아야겠구나.

8. 명함을 받았을 때는 잠시 명함의 내용을 읽어본다. 소리 내서 읽어 주면 더욱 좋다. 명함의 주소나 이름, 직책 등을 언급하며 상대에게 관심을 보인다.

9. 한문 명함의 경우 한자를 모르면 그 자리에서 바로 물어보는 것이 낫다. 혹은 뒷면의 영어로 표기된 부분을 참조한다.

   아, 영어 표기! 이거 중요한 꿀팁이네. 한자 못 읽을 때 좀 당황스럽거든!

명함 주고받을 때 주의할 점

1. 중요한 자리에 명함을 잊고 가는 일이 없도록 미리 준비해둔다. 이때 필요한 개수보다 여분의 명함을 더 챙긴다.

2. 명함 교환 시 명함이 어디 있는지 몰라 여기저기 찾는 모습은 준비성이 없어 보인다. 남성은 양복 안주머니, 여성은 핸드백이나 옷 주머니 등 일정한 곳에 명함 지갑을 보관해 명함을 바로 꺼낼 수 있도록 준비한다.

   🙂 양복 안주머니에서 명함을 척 꺼내면 멋있겠다. 나도 명함 생기면 이렇게 해야지.

3. 명함을 뒷주머니에서 꺼내거나 넣지 않도록 한다.

4. 명함의 내용은 꼭 필요한 것만 넣는 것이 이미지 관리에 좋다. 업무나 영업상 꼭 필요한 내용이 아니라면 경력이나 직책 등을 여러 개 나열하지 않는 편이 낫다.

5. 자리에 앉아서 미팅할 때는 명함을 왼쪽에 놓는 것이 좋다. 오른손으로는 회의 내용을 메모해야 하기 때문이다.

6. 명함을 받았을 때는 직책 서열에 따라 순서대로 놓는다. 가령 상급자의 명함은 위에, 하급자의 명함은 아래에 둔다. 명함을 줄 때도 상급자에게 먼저 준다.

   🙂 와, 세상에! 명함 놓는 자리에도 서열을 따져야 한다니! 갑자기 어지러워진다.

7. 명함을 받았을 때는 명함을 주는 것이 예의이다. 그런데 굳이 비즈니스 명함을 사용하고 싶지 않을 경우에는 이름과 주소, 연락처 정도가 적힌 개인 명함을 사용한다.

8. 명함을 받았을 때 내가 명함이 없는 경우에는 양해를 구하고 깨끗한 종이에 연락처와 이름을 적어주는 방법이 있다.

9. 서열이 높은 사람이나 연장자가 명함을 먼저 꺼낸 경우에는 연장자의 명함을 먼저 받은 다음 내 명함을 건네는 것이 예의다.

   🙂 내가 서열이 낮다고 무조건 먼저 드리면 안 되는 거구나. 그러니까 상황에 맞게 눈치껏….

10. 명함을 받았을 때는 손가락 끝으로 쥐고 있기보다는 손바닥에 올려놓고 보는 것이 좀 더 정중한 표현이다.

11. 명함 주인 앞에서 명함에 메모하지 않는다. 상대의 얼굴에 낙서하는 것과 같기 때문이다. 나중에 헤어지고 나서 뒷면에 메모해 두는것을 추천한다.

> 아차, 지난번에 손님한테 명함 받자마자 바로 메모 했는데… 얼굴에 낙서를 한 셈이었구나. 기분 나빴겠다.

12. 명함을 받고 바로 명함 지갑에 넣는 것보다는 탁자 위에 놓고 중간중간 이름과 직책을 부르며 미팅하는 것이 좋다. 관심을 두고 있다는 표현이 되기 때문에 호감도가 상승한다.

13. 명함을 가지고 손장난하는 건 큰 실례다.

14. 받은 명함을 놓고 가는 것은 상대를 무시하는 행동이니 반드시 챙기도록 한다.

> 놓고 간 명함을 보면 좀 황당하긴 하겠다.

15. 계단을 오르내릴 때, 식사 중의 식탁에서, 다른 사람과 이야기하고 있는 사람에게는 명함을 건네지 않는다.

LEVEL 3 사회생활 필살기 업무 매너 갖추기

4

능력이 더욱 돋보이는
직장 생활 매너 갖추기

인격과 센스를 동시에 갖추는 메신저 매너

오후 내내 사무실 분위기가 살얼음판 같았다. 숨소리조차 들릴 정도로 적막이 흐르고 있었다. 팀원 중 한 명이 회사 전 직원이 보는 단체 채팅방에 '엄 팀장 또 꼰대 짓 시작이다…'라는 메시지를 보냈기 때문이다. 친한 동료에게 보낸다는 것이 그만 실수로 단체 채팅방에 보내져 버린 것이다.

한바탕 폭풍이 몰아친 후 해당 직원이 시말서를 쓰는 것으로 일단 마무리는 되었지만 언제 어디서 다시 폭탄이 터질지 몰라 모두 조심하고 있었다.

그때 조용한 사무실에 누군가의 휴대전화가 요란하게 울렸다. 숨소리도 멈춘 긴장감이 돌았다. 이어서 모두가 예상했던 고함이 사무실에 울려 퍼졌다.

"누구야? 근무 시간엔 휴대전화 진동도 몰라!"

신경질적인 엄병태 팀장의 목소리가 사무실에 울려 퍼졌다. 당황한 휴대전화 주인이 급히 전화기를 껐다. 수범도 혹시나 하는 마음에 슬쩍 휴대전화를 확인해보았다.

"휴, 매일 오늘 같으면 회사 다니기 너무 힘들겠다. 암튼 험담은 절대 안 하는 것이 유일한 방법이야. 특히 상사 험담은 너무욱!"

수범이 혼자 중얼거리고 있을 때였다. 엄 팀장이 "한수범 씨"라고 수범을 부르는 소리가 들렸다. 심장이 멎는 듯했다. 혹시 불똥이 튀는 게 아닌가 싶어서였다. 하지만 '한수범 씨'라고 불렀으니 일단은 안심이 되었다.

"네, 팀장님."

"1층에 지난번 광고회사 담당자 와 계셔. 모시고 회의실로 안내하도록."

"네, 알겠습니다."

수범은 안도의 숨을 내쉬며 얼른 자리에서 일어섰다. 얼마 전부터 엄 팀장이 가끔 방문객 안내나 접대를 수범에게 시키고 있었다. 방문객들이 엄 팀장에게 수범이 예의 바르고 기분 좋게 응대를 잘한다고 칭찬했다고 한다. 그 덕분인지 요즘은 깐깐한 엄 팀장도 수범을 비교적 편하게 대해주었다.

***

손님을 회의실로 안내하고 돌아오는 길에 수범은 문득 오다해가 생각났다. 요즘 안부 인사도 못했는데 음료수라도 하나 뽑아 들고 가야 겠다는 생각이 들었다.

"선배님, 안녕하세요? 많이 바쁘신가요?"

음료수를 슬쩍 내밀며 인사했다.

"아, 수범 씨, 마침 잘 왔어요. 이번 마케팅팀 단체 채팅방 건으로 위에서 지시가 내려왔어요. 단체 채팅방이나 메신저 매너에 관한 글을 작성해 서 공지하라고요. 거의 다 작성되었는데 한 번 읽어봐 줄래요?"

"아, 그 일이 윗분들에게까지 알려졌군요."

"그러게요. 앞으로 이것보다 더한 일이 생기지 말라는 법이 없다고 걱정들 하세요. 요즘 젊은 사람들 위아래 없이 말을 함부로 한다고…."

수범은 오다해가 작성한 글(pp. 168~169 참조)을 찬찬히 읽어 내려 갔다. 첫줄의 '불쾌한 메신저 매너 1위는 읽고도 답 안 하기'라는 항목 을 보자마자 자기 이야기를 하는 것 같아 뜨끔했다.

"그러고 보니 저도 요즘 회사에 적응하느라 정신없어서 '읽씹'을 꽤 했네 요. 친구들에게 미안했다고 오늘 당장 사과해야겠습니다. 앞으로는 더욱 주의해야겠어요."

수범은 오다해에게 들르기 잘했다는 생각이 들었다. 그리고 아직 계약직인 자기에게 먼저 읽어볼 기회를 주어 무척 고맙게 느껴졌다. 왠지 동료로 인정받은 느낌이 들어서였다.

"선배님, 그런데 실수든 아니든 남을 험담하는 것이 제일 문제가 클 것 같 은데요. 그 부분을 좀 더 강조하시면 어떨까요?"

"좋은 지적이에요. 서로 좋은 말만 하고 살면 얼마나 좋을까요? 그럼 실수로 잘못 보낸다 해도 오늘처럼 큰 문제가 되지 않을 텐데요. 그건 그렇고 일전에 김한별 씨 만났더니 한수범 씨 칭찬을 많이 하던 걸요. 정말 잘하고 있다고요. 이제는 보고서 작성도 잘한다면서요? 오탈자 하나 없이."

"아, 그래요?"

수범은 오다해에게 황급히 도움을 청했던 그날이 생각나서 겸연쩍어하며 머리를 만졌다.

"다 선배님께서 잘 지도해주신 덕분입니다."

메신저 매너 ABC

1. 불쾌한 메신저 매너 1위는 읽고도 답 안 하기(읽씹)

읽은 문자에 대해서는 가급적 답을 해주는 것이 메신저 매너입니다. 하지만 읽고 답을 하려 했는데 급한 업무를 처리하느라 깜빡하는 경우도 있습니다. 이럴 때를 대비해서 답을 바로 못 할 상황이라면 차라리 나중에 읽는 것도 '읽씹' 예방법이 됩니다. 혹은 '나중에 답할게요'라고 간단히 메시지를 보내두는 방법도 있습니다.

답이 늦어졌을 때는 '답이 늦어졌어요'라는 인사 문구로 시작해보세요. 상대방의 마음을 덜 상하게 할 수 있습니다. 물론 지나치게 계속 문자를 보내는 경우나 매번 답할 필요가 없는 경우인 단체 메시지는 개인 상황에 따라 처신하면 됩니다.

참고로 읽씹보다 문자를 아예 읽지도 않는 '안읽씹'은 더욱 기분이 나쁘다고 합니다. 무시당한 기분이 들어서랍니다. 이 부분은 개인 간의 사정이나 그 사람의 인격과도 관련된 부분이므로 각자 상황에 맞게 처리하면 좋을 것 같습니다.

 그러고 보니 나도 요즘 '읽씹' '안읽씹'을 꽤 하고 있는데….

2. 언어 예절 지키기

언어 예절에 관해서는 100번 강조해도 모자람이 없습니다. 얼굴을 보지 않고 함축된 글로 대화를 하므로 경어 사용에 주의해야 합니다. 특히 단체 채팅방에서 누군가에 대한 험담이나 비방을 하는 글은 올리지 않기를 추천합니다. 글을 발송하기 전에 맞춤법, 띄어쓰기, 오타 등을 다시 한번 점검하도록 합니다. 이는 읽는 사람이 틀린 문자를 좀 더 신경 써서 읽는 일이 없도록 상대를 배려하는 마음입니다. 메시지가 업무상의 내용일 경우에는 'ㅋㅋ'나 'ㅎㅎ' 등의 표현은 가벼워 보일 수 있으므로 사용을 자제하는 것이 좋습니다.

 맞아, 띄어쓰기 하나도 안 해서 보내는 문자 읽으려면 좀 짜증나고 피곤하긴 해.

3. 업무상 메시지 보내는 시간

퇴근 후나 주말에는 업무상 메시지를 보내지 않는 것이 원칙입니다. 하지만 꼭 보내야 한다면 '주말인데 미안합니다' '퇴근 후인데 미안합니다'라는 인사로 시작하길 추천합니다. 단체 채팅방의 경우에는 불필요한 시간에는 무음 설정이나 방해금지 시간을 설정해두는 것도 방법입니다. 개인 관계에서도 이른 아침이나 저녁 9시 이후에는 메시지를 보내지 않는 것이 예의입니다.

우리 엄 팀장님이 이건 잘 지키시는 것 같아. 근무 시간에는 일을 빡세게 시켜도 퇴근 후에는 연락 안 하시잖아.

4. 정보 공유에 대하여

좋은 글이나 영상을 공유하기 전에 꼭 필요한지 한 번 더 생각해보길 바랍니다. 용량이 큰 파일은 상대방이 열어보는데 시간과 데이터를 사용해야 하기 때문입니다. 복사 후 붙여넣기로 연하장이나 계절 인사를 보내는 것은 무성의한 문자 공해로 인식되어 부정적인 인상을 줄 수 있습니다. 게다가 상대방은 '잘 받았다' 혹은 '고맙다'라는 답을 해야 하는 부담도 생깁니다.

 그치 연락 한번 없던 사람이 단체로 연하장 날리는 건 스팸 문자 같다는 생각이 들기는 해.

5. 단체 채팅방 대화 예절

단체 채팅방에서 개인적이거나 남의 사생활 이야기를 하는 것은 특히 삼가야 합니다. 정치나 종교적인 이야기도 하지 않는 것이 좋습니다. 부정적인 표현이나 거친 표현도 삼가는 것이 좋습니다. 모임 공지에 관해서는 참가 의사는 빨리 답장하면 좋지만 불참 의사는 나중에 답장하는 것이 좋습니다. 누군가 답글을 달았을 때 아무도 반응이 없으면 정말 무안합니다. 서로 관심을 두고 답글을 달아주는 배려를 한다면 분위기 좋은 단체 채팅방이 될 것입니다. 단체 채팅방에서 나가기를 할 때는 '이런 이유로 나간다'라는 인사를 하고 나가는 것이 매너 있는 처신입니다. 단체 채팅방에 남아 있는 사람들과 본인의 이미지 관리를 위해서입니다.

 맞아, 아무도 답글 안 달아주면 정말 뻘쭘하긴 해.

업무 의전의 시작인
회의실 좌석 배치

　　수범이 출근한 지도 벌써 반년이 되어가고 있었다. 잠시 창밖을 내다보고 있던 수범에게 그동안의 회사 생활이 주마등처럼 스쳐 지나갔다. 이제는 커피 한 잔 하며 창밖을 내다볼 마음의 여유도 생겼다.

　　수범은 매너도서관에게 내부 고객에 대한 교육을 받은 후 엄 팀장에게 감동을 주는 응대를 어떻게 할까 고민했다. 그러다 엄 팀장이 믹스커피를 무척 좋아한다는 걸 떠올렸다. 믹스커피를 두 봉지나 넣어 진하게 탄 모닝커피를 꼭 마시고 나서야 업무를 시작하곤 했다.

　　수범은 인터넷을 뒤져 믹스커피 맛있게 타는 방법을 찾아 여러 번 연습했다. 그리곤 매일 아침 엄 팀장이 출근하면 책상 위에 조용히 따끈따끈한 모닝 믹스커피를 가져다 두었다. 수범에게는 사실 그렇게 어려운 일이 아니었다. 어차피 자신의 모닝커피를 타면서 한잔 더 준비하면 되는 일이었다. 게다가 비용이 드는 것도 아니었다.

처음에는 엄 팀장이 별말이 없었다. 한두 번 하다 말 줄 알았나 보다. 그래도 커피잔은 매번 깨끗이 비우곤 했다. 한 일주일쯤 지났을 때였다. 탕비실에서 그날도 모닝커피를 준비하고 있자니 엄 팀장이 탕비실로 들어왔다. 그리곤 슬쩍 한마디 하고 나갔다.

"한수범 씨, 커피 타는 솜씨가 아주 좋던데. 내가 타는 것보다 훨씬 맛있어. 고마워."

그날 이후 지금까지 수범은 어김없이 아침이면 엄 팀장의 책상에 모닝커피를 올려놓고 있다. 그 덕분인지 요즘은 엄 팀장이 수범에게 꽤 부드럽게 대해주고 있었다. 수범이 커피를 다 마셔갈 때쯤이었다. 엄 팀장이 한별과 수범을 호출했다.

"일주일 뒤에 신상품 판매 전략 회의가 있어. 협력업체와 회의하게 될 거야. 장소는 대 회의실, 이건 참가자 명단이야. 회의 자료부터 진행까지 차질 없도록 준비하고. 한수범 씨는 이번에 잘 배워둬. 앞으로 이런 업무는 자네가 맡아서 할 테니까. 김한별 씨는 이제 후배한테 이런 업무는 물려줄 때가 되었거든."

'앞으로라면?' 수범과 한별은 우리 같은 생각이지 하는 눈빛으로 서로를 잠시 쳐다보았다.

"윗분들도 참석하는 자리니까 특히 자리 배치나 의전에 차질 없도록 신경 쓰고. 회의가 끝나면 이동해서 거래처 담당자들하고 식사까지 할 거야.

잘 준비하도록."

"네, 알겠습니다."

수범은 떨리는 마음을 진정하며 대답했다.

"아 참, 그리고 한수범 씨는 정직원 전환할 때가 된 것 같아서 내가 보고

올려 두었어. 이번 주 내로 결과 나올 거야."

성격은 까다롭고 별나지만 허튼소리는 절대 안 하는 엄 팀장이었

다. 그런 그가 보고서를 올려 두었다고 하고, 앞으로의 업무를 말한다

는 것은 이변이 없는 한 정규직으로 전환된다는 말이었다.

'아, 이런 순간이 내게도 오는구나!'

수범은 기뻐서 소리치고 싶은 걸 억지로 누르고 애써 침착한 척했

다. 괜히 샴페인 먼저 터트리는 우스운 꼴이 되고 싶지 않았다.

"감사합니다 팀장님. 최선을 다해 잘 준비하겠습니다."

수범과 한별은 아이디어 회의를 하러 미팅 룸으로 옮겼다. 누가 먼

저랄 것도 없이 회의실에 들어서자마자 서로 부둥켜안았다.

"수범아 축하한다. 결국 네가 해냈구나."

"고마워요 형. 다 형 덕분이야. 그런데 아직은 실감이 안 나."

"실감 나게 내가 꼬집어줘 볼까? 하하하."

수범은 지난 반년 동안 한별이 알게 모르게 도움을 주었던 일들을

결코 잊을 수가 없었다.

한별과 수범은 우선 회의 참석자들의 참가 여부를 확인하기로 했

다. 인원 파악이 되어야 자리 배치와 식당 예약을 진행할 수 있기 때문이다. 확인된 참가자에게는 회의 안내 자료를 보낼 예정이다. 일정표는 한별이, 참석자 안내와 식당 관련된 업무는 수범이 맡기로 했다. 회의 기초 자료 준비는 수범이 하고 정리와 마무리는 한별이 하기로 했다.

식당 의전을 수범이 맡게 된 데에는 그만한 이유가 있었다. 입사한 후로 수범은 식당에서 선배들의 시빙을 자발적으로 도맡아 했었다. 무언가 작지만 팀원들이 좋아할 만한 일을 찾아서 꾸준히 해보라는 매너도서관의 조언이 있어서 시작한 일이었다.

점심이나 저녁 모임에는 맛집을 찾아 팀원들에게 정보도 제공해왔다. 대학 동창 중에 유별난 미식가 친구가 있어서 도움을 받았다. 다행히 추천 음식이 맛있었다는 인사말을 꽤 듣고 있었다. 덕분에 한별도 이번 일을 믿고 맡기는 눈치였다.

수범은 이제 방문객 접대나 안내에 관해서는 어느 정도 잘할 수 있었다. 하지만 이번 업무는 무언가 그 이상의 것들이 있을 것 같다는 생각에 급히 매너도서관에게 메일을 보냈다.

선생님께

안녕하시지요? 다음 주가 되어야 확실히 알겠지만, 제가 곧 정직원이 될 것 같습니다. 모두 선생님 가르침 덕분입니다. 정식으로 발표가 나면 찾아뵙고 좋은 곳에서 식사를 대접하고 싶습니다.

그런데 그전에 제게 중요한 업무가 생겼습니다.

다음 주에 신상품 판매 전략 회의가 있는데, 제가 참석자 안내와 식사 관련 준비를 맡게 되었습니다. 정직원 발표를 앞두고 하는 의전 업무라 제대로 잘해보고 싶습니다. 알아 두어야 할 내용이 있을까요?

바쁘실 텐데 매번 이렇게 급하게 도움을 요청드려 죄송합니다.

한수범 올림

오후 내내 한별과 의견을 주고받으며 회의 자료를 준비하다보니 시간이 어떻게 지나갔는지도 몰랐다. 늦은 저녁 퇴근 준비를 하다가 혹시나 하는 마음에 이메일을 열어보았다. 감사하게도 매너도서관의 답신이 와 있었다. 수범의 급한 사정을 알고 시간을 내어 바로 회신해 준 것이 틀림없었다.

한수범 씨에게

우선 축하한다는 말부터 해야야겠네요. 이메일 열어보고 너무 좋아서 함성을 질렀어요. 다시 한번 축하해요.

늦은 시간인 줄 알지만 답장 기다릴 것 같아 회신을 보내요. 이번 업무는 좌석 서열에 대한 것을 알아두면 큰 실수는 없을 거예요. 인원이 많을 경우에는 자리 배치를 정하기가 쉽지 않을 수 있어요. 이럴 때는 참가자 이름과 직책을 포스트잇에 한 명씩 적어두세요. 서열 순위도 함께요. 큰 종이에 테이블과 의자의 위치를 그려놓고 포스트잇을 이리저리 옮겨보면서 배치를 해보면 도움이 될 거예요. 회의실 자리 배치에 필요한 기본 자료는 첨부해서 보내요.

그밖에 궁금한 점이 있으면 언제든지 전화 주세요.

늘 응원하고 있어요. 파이팅!

수범은 서둘러 첨부파일(pp. 176~179 참조)을 열어보았다. 회의실 자리 배치에 관한 자료를 보고 나니 수범은 왠지 자신의 레벨이 한 단계 더 올라간 듯한 느낌이 들었다. 고급반에 입문한 느낌이랄까? 마음 같아서는 좌석 서열에 관한 공부를 이대로 계속 하고 싶었다. 하지만 아침 일찍 출근할 생각에 퇴근 준비를 하고 사무실을 나섰다.

회의실 좌석 배치 ABC

1. 기본적인 회의실 좌석 배치 방법

좌석 배치는 출입문의 위치, 참석자의 상황, 회의 성격에 따라 달라진다. 따라서 기본적인 좌석 서열을 알아두고 상황에 맞게 응용하면 된다. 일반적으로는 아래의 그림처럼 입구에서 먼쪽이 상석이고 입구에서 가까운 쪽이 말석이다. 1번 상석의 오른쪽에 2번째 서열, 왼쪽에 3번째 서열 순으로 배치해나가면 된다.

아직까지 내 자리는 항상 입구 자리가 되겠구나.

일반적인 미팅 좌석 배치

2. 한 회사 내에서 미팅할 경우

다음 좌석 배치도는 한 회사 내에서 미팅할 경우이다. 회의실에 출입구가 2개 있을 때는 출입구 하나는 잠근다. 혹은 출입금지 표시를 해두고 출입문에서 제일 먼 곳을 상석으로 정하면 된다. 이때 12번 제일 말석에 앉은 사람은 1번 상석의 사람에게 가장 눈에 잘 띄는 자리가 된다. 따라서 자세를 바르게 하고 경청하는 태도로 회의에 임하는 것이 1번 상석에 앉은 사람에 대한 예의다.

이 12번 자리에 앉는 말단은 정말 괴롭겠다. 절대 졸면 안 될 거 아니야. 헉, 그게 나잖아!

LEVEL 4 능력이 더욱 돋보이는 직장 생활 매너 갖추기

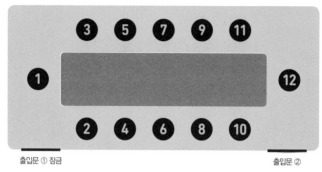

출입문 ① 잠금   출입문 ②

한 회사 내에서 미팅할 경우

3. 2팀이 미팅할 경우(일반적인 경우)

다음 좌석 배치는 2팀이 미팅할 경우다. 거래처의 방문객들이 회사를 내방했을 경우 혹은 거래처를 방문해서 미팅하게 될 경우라 할 수 있다. 문에서 멀고 문을 바라보고 있는 자리가 상석이 된다. 문을 바라보고 앉은 방문객 중에 1번 순위의 사람이 가운데 좌석에 앉게 된다. 그 좌석의 오른쪽이 2번 순위, 왼쪽이 3번 순위가 된다. 문을 등지고 앉는 쪽에서도 마찬가지 방법으로 자리를 정한다.

> 이거 드라마에서 많이 보던 장면 같은데… 가운데 자리는 주인공이 앉는 건 알았는데 나머지는 서열을 이렇게 정해 앉는 거였구나.

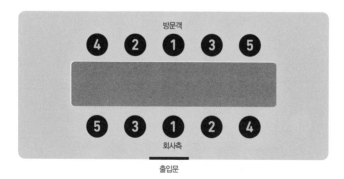

방문객

회사측

출입문

2팀이 미팅하는 경우(일반적인 경우)

4. 2팀이 미팅을 할 경우(특별한 경우)

다음 좌석 배치에서 방문객의 경우는 '3. 2팀이 미팅할 경우(일반적인 경우)'의 좌석 배치와 같다. 그러나 맞은편의 좌석에는 방문객 측과 회사 측의 서열이 같거나 업무가 같은 사람을 배치한다. 미팅의 성격에 따라 같은 서열이나 같은 업무를 담당하는 사람끼리 많은 대화가 필요한 경우에 활용할 수 있는 좌석 배치이다.

이 배치는 업무상으로 볼 때 상당히 효율적이겠네.

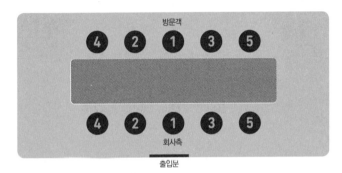

2팀이 미팅하는 경우(특별한 경우)

5. 리더가 있고 2팀이 미팅하는 경우

두 팀이 회의하지만 한 명의 리더가 있을 경우에는 다음 그림처럼 좌석 배치를 한다. 리더를 출입구에서 가장 먼 쪽으로 배치한다.

지난번에 이사님께서 우리 마케팅팀이랑 영업팀하고 함께 미팅할 때 이렇게 앉았었어.

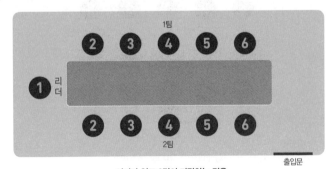

리더가 있고 2팀이 미팅하는 경우

6. 리더가 있고 한 팀이 회의하는 경우

회의 리더가 있고 팀이 나누어지지 않은 경우에는 다음 그림처럼 좌석을 배치한다. 리더의

오른쪽이 2번 서열, 왼쪽이 3번 서열이 된다.

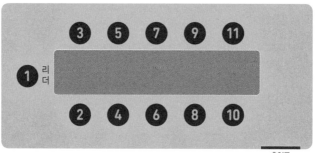

리더가 있고 1팀이 미팅하는 경우

확인하고 또 확인해야 할 상석 자리

수범은 오늘따라 알람이 울리기도 전에 눈이 떠졌다. 이번 계약직 마지막 업무를 잘 해내야겠다는 결심 때문이었으리라. 그래야 비록 공채는 아니지만 정직원으로 발령 나도 이러니저러니 하는 말들이 없을 것 같아서였다. 수범은 평소보다 한 시간이나 일찍 집을 나섰다.

신상품 판매 전략 회의 자료를 열심히 정리하고 있을 때였다. 한별이 수범의 자리로 다가왔다.

"참석 확정자 명단이야. 좋아하는 메뉴도 문의해서 기록해두었어. 참고
해서 식당하고 메뉴 정하면 될 거야."

수범은 역시 선배는 다르구나 하는 생각이 들었다. 그렇지 않아도 식당을 정하기 전에 어떤 메뉴가 좋을지 고민하고 있던 참이었다.

"형, 고마워."

수범은 작은 목소리로 속삭였다. 회사에서는 한별을 '선배님'이라고 호칭하고 있었는데, 일전에 '형'이라고 부르는 소리를 엄 팀장이 듣고 여기가 동네 놀이터인 줄 아느냐며 날벼락을 맞았던 적이 있었기 때문이다. 하지만 동생을 생각하는 마음으로 특별히 세심하게 마음 써 준 것을 잘 알기에 이 순간만큼은 '형'이라고 부르고 싶었다.

"고맙긴. 참석자 명단이 확정됐으니까, 이제 좌석 배치도를 만들어야해. 한 시간 뒤에 미팅룸 괜찮니?"

수범은 어젯밤 회의실 자리 배치에 대해 공부한 것을 떠올렸다. 타이밍이 정말 신의 한 수라는 생각이 들었다. 물론 몰라도 한별이 친절하게 가르쳐 주겠지만 그래도 어느 정도 알고 듣는 것과 모르고 듣는것은 배우는 정도가 하늘과 땅 차이기 때문이다. 수범은 마음속으로 매너도서관에게 감사의 인사를 외쳤다.

수범은 한별과 점심을 함께 먹으며 그동안 어떤 점을 고려하여 식당을 정했는지 물어보았다. 물론 적당한 식당을 몇 군데 마음에 두고 있긴 했다. 하지만 그동안의 경험상 고객 리뷰만 보고 결정했다가는 실수할 수도 있기 때문이다.

"중요한 행사의 경우에는 예약하기 전에 미리 가서 확인해보는 수밖에 없어. 일차적으로 위치나 시설이 적당한지 판단해보고 괜찮다 싶으면 식사를 직접 해보는 거야. 음식 맛도 봐야 하고 서비스가 좋은지도 확인해봐야 하거든. 차로 이동해야 하는 경우에는 주차 공간이 넉넉한지도 파악해

두고. 식당에 미리 부탁해두어야 할 사항이 있는지도 체크하고. 별도로 준
비해 가야 할 물품이 있는지도 확인해둬야 해."

수범은 한별의 철저함에 그만 입이 벌어질 지경이었다. 그동안 인
터넷에서 맛집을 검색해 동료들에게 추천하던 수준과는 다른 차원이
었기 때문이다.

"그런데 식당에 별도로 부탁해두어야 할 게 뭐가 있어?"

"가령 공간이나 식탁 배치 변경이 가능한지, 술을 별도로 준비해도 되는지
같은 거."

수범은 앞으로 한별처럼 잘해낼 수 있을지 내심 걱정되기 시작했
다. 갑자기 먹던 밥도 잘 넘어가질 않았다. 이런 마음이 이번에도 수
범의 얼굴에 그대로 드러났나 보다.

"수범이 너 걱정되는구나. 괜찮아. 이번에 나하고 한 번 진행해보면 다음
에 너 혼자 충분히 해낼 수 있어. 그리고 내가 있잖아. 모르면 항상 물어보
면 되지. 이 형이 어디 가는 것도 아니고. 진행 사항 잘 정리해서 보관해
두고 참고하면 돼. 나도 필요한 자료 넘겨줄게."

한별은 힘내라는 뜻으로 수범의 밥그릇에 고기 한 점을 올려주며
씩 웃었다. 심사숙고 끝에 수범은 후보 식당을 몇 군데 정해 한별이
알려준 대로 시식과 현장 확인까지 한 후에 한곳을 엄선해 예약까지
마쳤다. 물론 한별과 동행해서 함께 검증하고 결정했다. 식사 좌석 배
치도를 만드는 데 참고하기 위해 식당 사진을 찍어오는 것도 잊지 않

았다. 이제 수범이 맡은 회의 준비는 거의 다 된 듯했다.

"좀 힘들기는 해도 회의 준비가 생각보다 나름 꽤 재미있는걸."

수범은 좌석 배치도(p. 185 참조)를 들여다보며 중얼거렸다.

***

수범이 잠시 머리를 식히러 휴게실에서 커피를 한잔하고 있을 때였다. 오다해가 들어오며 반갑게 인사했다.

"수범 씨 요즘 엄청 바쁜가 봐요. 한별 씨랑 전략 회의 준비하는 것 같던데 잘 되어가요?"

"선배님, 혹시 제가 더 알아둬야 할 사항이 있을까요?"

하나라도 더 알아두면 도움이 될 것 같아 수범은 오다해에게 의전에 관한 대략적인 준비 사항을 이야기하며 질문을 했다.

"들어보니 준비를 잘했네요. 그런데 혹시 자동차 좌석 서열은 알고 있지요? 식당까지 차로 이동할 계획이면 참고로 알고 있어야 할 것 같아서요."

자동차 뒷자리가 상석이라는 정도는 알고 있었다. 그런데 그것 말고도 또 좌석 서열을 따져야 한다는 말인가? 수범은 오다해에게 의논하길 잘했다는 생각이 들었다.

"선배님, 괜찮으시면 잠깐 설명 부탁드려도 될까요?"

"물론이지요."

흔쾌히 대답한 오다해는 여느 때와 마찬가지로 거침없이 술술 설명하기 시작했다(p. 186 참조).

"운전기사가 있는 경우와 자가운전의 경우 좌석 서열이 달라져요. 운전기사가 있을 경우에는 운전자와 대각선으로 뒷좌석이 1번 상석이에요. 운전기사 옆이 말석이고요."

오다해는 혹시 잘 이해하지 못할까 봐 메모지에 그림까지 그려가며 승용차 좌석 서열에 관해 열심히 설명해주었다. 수범은 그런 오다해를 보며 자신이 참 인복이 많은 사람이라는 생각이 들었다.

"자가운전일 경우에는 반대로 운전자의 옆좌석이 1번 상석이 돼요. 운전자와 대각선으로 뒷자석은 2번 상석이고요. 뒷좌석의 가운데 자리가 말석이에요. '대각선 뒷자리가 무조건 상석이다'라고 알고 있다가는 수행하는 사람이 자가운전자 옆자리 1번 상석에 앉는 실수를 하게 돼요."

수범은 순간 흠칫했다. 오늘 오다해를 만나지 않았더라면 틀림없이 그 옆자리에 앉는 실수를 할 사람이 바로 자기였을 테니 말이다. 수범은 정말 큰 도움이 되었다는 생각에 진심을 담아 오다해에게 감사 인사를 했다.

식사 좌석 배치

1. 공동 호스트가 있는 경우

호스트 오른쪽에 1번 서열의 손님이, 왼쪽에 2번 서열의 손님이 앉는다. 공동 호스트 오른쪽에는 3번 서열의 손님을, 왼쪽에는 4번 서열의 손님을 배치한다.

이건 호스트는 이사님, 공동 호스트는 팀장님으로 정할 때 사용하면 되겠다.

2. 주인과 주빈이 서로 마주 보고 앉는 경우

테이블 중앙에 주인과 주빈을 서로 마주 보게 한다. 주인의 오른쪽에 서열 1번 손님을, 주빈의 오른쪽에 서열 2번 손님을 앉게 한다. 3번 서열 손님은 주인의 왼쪽에, 4번 서열 손님은 주빈의 왼쪽에 앉는다. 이렇게 교대로 인원수만큼 자리 배치를 해나가면 된다. 사교 모임인 경우에는 맨 끝 자리에 여성이 앉지 않도록 배려한다.

이건 주인 자리에 이사님을, 주빈 자리에는 협력업체 대표님을 배치하면 되는 방법이네.

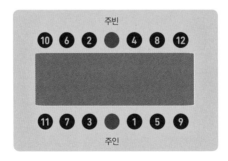

승용차 좌석 서열

1. 운전기사가 있는 경우

운전기사가 운전하는 자동차에서는 운전자와 대각선으로 뒷좌석이 1번 상석이고, 뒷자리 가운데 좌석이 말석이다.

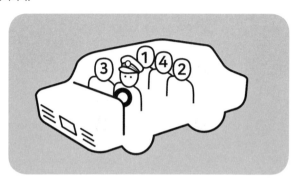

2. 자가운전인 경우

자가운전하는 자동차에서는 '1. 운전기사가 있는 경우'와 반대로 운전자의 옆좌석이 1번 상석이고, 운전자와 대각선으로 뒷좌석이 2번 상석이다. 뒷자석 가운데 자리는 말석이다.

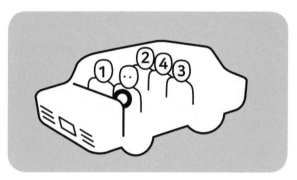

지금은 뒷자리 가운데 4번 자리가 내 자리구나. 잘 기억해두어야지.

LEVEL 4 능력이 더욱 돋보이는 직장 생활 매너 갖추기

돈을 벌어다 주는
비즈니스 미팅과 방문 매너

어제는 하루가 어떻게 지나갔는지 기억도 나지 않았다. 수범은 전략 회의에 참석하는 방문객 모두 면접관이라는 마음으로 최대한 깔끔한 복장을 준비해서 입었다. 그리고 그동안 익혀온 직장 예절을 총동원해서 방문객들을 안내했다.

＊＊

전날 온종일 이리 뛰고 저리 뛴 탓에 오늘은 몸이 천근만근이다. 그래도 회의가 무사히 잘 끝나서 마음은 날아갈 듯 가벼웠다. 오늘 오전에는 식당을 제대로 잘 골랐었다고 엄 팀장에게 칭찬까지 받았다. 긴장이 풀렸는지 노곤함에 잠시 졸음이 오려는 순간이었다.

"김한별 씨, 한수범 씨."

엄병태 팀장의 호출이었다. 정신을 차리고 급히 엄 팀장의 표정을 살폈다. 표정이 밝은 걸 보니 야단치려는 건 아닌 듯했다.

"두 사람 어제 수고 많았어. 윗분들도 흡족해하셨고. 한수범 씨는 오늘부로 정직원으로 전환될 거야. 앞으로는 더 분발하도록."

"감사합니다. 팀장님. 더 열심히 하겠습니다."

까랑까랑한 엄 팀장의 목소리가 오늘만큼은 천사의 목소리로 들렸다. 순간 '야호' 하며 펄쩍 뛸 뻔한 걸 겨우 참았다. 한별도 마치 자기가 정직원이 된 것처럼 기뻐서 어쩔 줄 모르는 표정이었다. 침착하려 애썼는데도 인사하는 수범의 목소리가 가늘게 떨렸다.

"참, 그리고 다음 주 초에 어제 합의된 내용 추진 건으로 실무자 미팅이 있을 거야. 그쪽 사무실에서 하기로 했으니까 다녀오도록. 한수범 씨도 업무 파악하고 있어야 하니까 동행하고."

이 말은 수범이 실무진에 바로 포함될 수도 있다는 뜻이었다. '그래, 이제부터 시작이야. 난 잘할 수 있어.' 드디어 회사에서 정직원이 되어 일할 수 있다 생각하니 심장이 두근거리기 시작했다.

***

수범은 주말 내내 마치 입사 시험을 치르는 각오로 집에서 두문불출하며 미팅에 대한 사전 준비를 했다. 동시에 비즈니스 미팅 매너와 방문 예절에 관해서도 따로 공부했다. 아직 실무자는 아니지만 최소한 예의에 어긋나는 행동은 하고 싶지 않아서였다.

"비즈니스 미팅을 한다는 건 그 자체가 큰 비용이 드는 일이다. 부대 비용을 제외하더라도 회의에 참석하는 사람들의 시간당 인건비를 합한 것을 비용으로 보아야 한다."

'그렇네. 시간이 곧 돈인 셈이네. 그러니까 결국 미팅은 상대의 시간을 아껴주자는 배려에서 준비하면 큰 실수는 하지 않겠네. 좋았어. 그럼 미팅 매너에 대해 공부한 내용을 체크리스트(pp. 192~194 참조)로 만들어 둬야겠다.'

수범은 메모해둔 내용을 읽으며 자신이 프로젝트 책임자가 되어 회의에 참석한 모습을 머릿속에 구체적으로 상상해보았다. 그리곤 펜을 마이크 삼아 쥐고 마치 회의를 직접 진행하듯 연습해보았다.

"안녕하십니까? 저는 이번 프로젝트 책임자인 한수범입니다."

***

정직원이 된 후 첫 출근하는 날이다. 발걸음에 날개가 달린 기분이었다. 엄 팀장의 지시대로 이번 주는 업무 파악 겸 거래처와의 미팅을 견학하는 걸로 알고 있는 수범은 주말 동안 미팅 매너에 관해 집중적으로 공부해두었다.

그런데 출근하자마자 한별이 자기하고 단둘이 가는 기회이니 부담 없이 연습 겸 한번 발표해보라며 수범에게 미팅 자료를 건네주었다. 갑작스런 제안에 당황했지만 좋은 기회다 싶어 자료를 열심히 외웠다. 그런 모습을 지켜보던 한별이 수범에게 잠깐 휴게실에서 커피 한 잔 하자며 문자를 보내왔다.

> "수범아, 가만 보니 너 발표 자료를 달달 외우고 있는 것 같더라. 무조건 외우면 나중에 미팅 중에 긴장하면 하나도 생각나지 않을 수 있어. 상대방이 중간에 갑자기 질문이라도 하면 외운 게 다 헝클어져 아무 생각도 안 나고 머릿속이 하얗게 될 거야. 외우기보다 내용을 완전히 이해하는 게 중요해. 옥상에라도 가서 소리 내서 연습해봐. 중얼거릴 때랑 제대로 소리 내서 연습하는 건 다르거든. 시간도 체크하면서 실제와 똑같이 리허설도 해보고. 나중에야 연습 없이 할 수 있겠지만 처음에는 연습이 좀 필요할 거야. 만에 하나를 대비해서 핵심 단어들을 한눈에 보이게 따로 메모해 두면 더 좋고. 말하자면 컨닝페이퍼 같은 거지. 발표하다 막히면 그 단어들이 실마리가 되어 말을 이어나갈 수 있거든."

수범은 한별의 깨알 같은 프리젠테이션 꿀팁을 듣고 나니 왠지 잘 할 수 있을 것 같은 자신감이 생겼다.

***

드디어 거래처와의 미팅이 시작되었다. 이미 서로 아는 사이라 명함 교환은 따로 할 필요가 없었다. 아직 명함이 없는 수범으로서는 다행이었다. 한별의 발표가 끝나자 거래처에서 이런저런 질문을 해왔다. 한별은 당황하지 않고 거침없이 술술 답변을 해주었다. 그런 한별을 바라보며 수범은 감탄하지 않을 수 없었다.

마침내 수범이 발표할 차례가 되었다. 자료를 반쯤 설명했을 때 회의 참석자가 갑자기 이런저런 질문을 했다. 한별의 조언대로 내용을 앞뒤로 잘 이해하고 있었기에 편안하게 답을 한 후 발표를 계속할 수 있었다. 정말 달달 외웠더라면 대책이 없었을 뻔했다. 그럭저럭 무사히 발표를 끝내자 한별이 잘했다는 듯 살짝 미소를 지어 주었다.

마침내 회의가 끝나자 수범은 매너 책에서 공부했던 대로 자리 주변을 잘 정돈하고 관련 자료를 빠짐없이 챙겨서 회의실을 나섰다. 한별은 그런 수범의 행동을 놓치지 않고 보고 있었다. 마침내 둘만 있는 시간이 되자 한별이 한마디 건넸다.

"수범아, 너 언제 비즈니스 미팅 매너를 그렇게 잘 배워뒀냐. 회의하는 동안 태도도 좋았고, 발표도 제대로 잘했고, 뒷정리까지 깔끔하게 하고. 네 덕분에 내가 어깨가 좀 올라가더라."

"정말 그랬어? 다 형 덕분이지 뭐. 퇴근하고 맥주 한잔 할까? 내가 쏠게 형, 아니 사수님."

한별의 칭찬에 수범은 좋아하는 표정을 감출 수가 없었다. 업무를 제대로 해냈다는 뿌듯함과 함께 한별과 수범의 웃음소리가 거리를 가득 채웠다.

비즈니스 미팅 체크리스트

- 미팅에 참석하기 전에 시간, 장소, 참석자 명단, 예정 진행 시간, 회의 안건 등을 재확인한다.

- 필요한 서류나 자료가 준비되었는지 확인한다.

- 필요한 관련 자료 혹은 미리 배포된 자료를 미팅에 참석하기 전에 읽어본다.

- 하고 싶은 질문 혹은 언급하고 싶은 사항을 메모해둔다.

- 미팅 전에 리허설을 해본다.
   처음에는 떨려서 실수할 수도 있으니까 미리 연습해보는 게 중요하겠네.

- 자신의 직업과 직책, 회사의 이미지를 고려하여 프로다운 복장을 한다.

- 정시에 도착한다.

- 착석 시 상석과 하석에 관한 에티켓에 어긋나지 않도록 한다.
   아, 이건 이제 좀 자신 있지! 혹시 모르면 안내할 때까지 서 있으면 되고.

- 그룹별 미팅이 아니라면 남자나 여자끼리 혹은 같은 부서끼리 모여 앉지 않도록 배려한다.

- 타 회사나 다른 부서 사람들과 미팅할 때는 자기소개를 한다.

- 인사 후 바로 본론으로 들어가 분위기를 딱딱하게 하지 않는다.

- 말의 내용은 알아듣기 쉽고 구체적으로 한다.

- 말은 천천히 하되 회의실의 모든 사람에게 다 들릴 수 있도록 한다.
   지난번에 목소리 작다고 굵고 다니냐고 엄 팀장님에게 혼났었지. 앞으로는 회의할 때 좀 더 자신 있게 말을 해야겠어.

- 자신의 의사를 활기차고 분명하게 표현한다.

- 코멘트는 짧고 간결하며 요지에 맞도록 한다.

- 미팅을 끌어가는 리더를 존중하는 태도를 갖는다.

- 미팅의 주최자나 리더가 상의를 벗어도 된다고 하기 전에는 상의를 벗지 않는다.

- 회의 중에 휴대전화는 진동이나 무음으로 해둔다.

- 회의 중에 사적인 대화는 삼간다.

- 여러 사람이 의견을 낼 수 있도록 배려한다.

- 대화 시 상대방의 눈을 바라본다.

- 상대방이 의견을 말하는 동안 집중해서 경청한다.

- 다른 사람의 의견에 불쾌한 표정이나 태도를 취하지 않는다.
  난 표정을 잘 못 감추는데… 조심해야겠다.

- 상대편이 한국어를 모르는 외국인일 경우 그 앞에서 동료와 한국말을 많이 사용하지 않는다.

- 상대편이 외국인일 경우 그 나라의 문화나 기본적인 제스처 등을 미리 알아둔다.

- 참석자 중 여성이 있을 경우에는 여성에 대한 에티켓에 어긋나지 않도록 행동한다.
  여성에 대한 에티켓? 맞아, 이것도 배워둬야겠구나.

- 상대편이 말하는 도중에 끼어들거나 화제를 바꾸지 않는다.

- 자사에서만 통하는 은어를 사용하지 않는다.

- 자신의 관심 영역을 지나치게 강조하지 않는다.

- 생각 없이 성급하게 "네"라고 말하거나 의사결정을 내리지 않는다.

- 이행에 자신 없는 약속은 하지 않는다.

- 상대편과의 약속 내용을 합의 없이 일방적으로 변경하지 않는다.

- 긍정적이고 적극적인 태도로 회의에 참석한다.

- 등을 반듯이 세우고 바른 자세로 앉는다.

- 테이블 아래라도 발의 자세를 단정히 하며, 볼펜을 만지작거리는 등의 불필요하고 프로페셔널하지 않은 동작은 삼간다.

  아, 내가 긴장하면 볼펜을 손으로 돌리는 습관이 있는데… 이건 좀 조심해야겠다.

- 회의 중 자리를 뜰 때나 다시 돌아왔을 경우에는 양해를 구하고 조용히 행동한다.

- 제공된 음료수를 서류나 테이블에 흘리지 않도록 주의하며, 음료수가 제공되지 않는 경우에는 요청하지 않는다.

- 상대가 거북함을 느낄 정도로 필요 없는 내용까지 모두 메모하지 않는다.

  메모를 열심히 하는 게 무조건 좋은 건 아니구나.

- 회의가 끝난 후에는 뒷정리를 깨끗이 한다.

  맞아, 주변을 지저분하게 해놓고 간 자리 보면 그 사람 인격이 보이는 것 같았어.

- 상담 후 의사결정이 필요할 때는 상대편에게 의사결정 결과를 빠르게 통보한다.

- 재택근무 중 화상회의를 할 경우에도 예의에 어긋나지 않는 복장을 갖추어 입는다.

- 화상회의는 대면회의처럼 추임새를 넣기가 힘드니 고개를 끄떡이거나 미소를 짓는 등의 비언어적 표현을 가능한 많이 사용한다.

  셀프 카메라 켜 놓고 연습 좀 해둬야겠다. 요즘은 화상회의가 많아지고 있으니까.

- 화상회의 시에 중요한 안건을 이야기할 때는 반드시 카메라를 응시한다.

- 화상회의 시에는 화면에 얼굴뿐만 아니라 손도 보일 수 있도록 해서 말하고자 하는 메시지 전달의 정확성을 높인다.

매일 먹는 한식도
매너 있게

엄 팀장에게 정직원이 되었다는 말을 들은 후 수범은 매너도서관에
게 바로 전화를 했었다.

"선생님, 감사합니다. 지금은 감사하다는 말 밖에 생각나지 않습니다."

지난 반년간 매일 꿈꿔왔던 일이었음에도 수범은 정직원이 되었다
는 말이 사실 실감 나질 않았다.

"진심으로 축하해요. 저는 그냥 옆에서 도왔을 뿐이에요. 한수범 씨가 열심

히 노력한 결과에요. 변해가는 모습 지켜보면서 오히려 제가 행복했어요.

그동안 고생 많았어요."

잠시 더 대화를 나눈 후 수범은 매너도서관과 식사 약속을 해두었
다. 작은 성의지만 보답하고 싶은 마음에서였다.

***

약속 당일 수범은 컨설팅비를 정성껏 봉투에 담았다. 정직원이 되지 못할 것을 대비해서 반년간 알뜰하게 저축해서 모아둔 돈이었다. 매너도서관은 물론 무료로 도와주기로 했었다. 하지만 그동안 월급 받은 것도 매너도서관을 만나지 못했다면 불가능한 일이었다고 생각했다. 그래서 조금이나마 보답하고 싶었다.

수범은 고풍스런 한옥을 개조한 분위기 좋은 한정식 맛집으로 매너도서관을 초대했다. 실내에는 은은한 가야금 소리가 흐르고 있었다. 커다란 통창 너머에는 한옥의 아기자기한 정원이 보였다. 식사를 하지 않고 창밖을 바라보고만 있어도 기분 좋은 곳이었다.

수범은 정원의 알록달록한 꽃들을 바라보며 말할 수 없는 행복감에 젖어 들었다. 스스로 번 돈으로 이런 멋진 곳에서 고마운 분에게 식사 대접을 할 수 있게 되었다는 사실이 믿기지 않았다. 음식을 기다리는 동안 수범은 준비한 봉투를 매너도서관에게 살며시 내밀었다.

"선생님, 적지만 제 마음입니다. 어떻게든 감사의 표시를 하고 싶어서요."

매너도서관은 빙그레 미소를 짓더니 열어보지도 않고 다시 수범에게 건네주었다.

"받은 걸로 할게요. 마음은 고마워요. 정직원 될 때까지 무료로 컨설팅 하기로 했잖아요. 약속은 지켜야지요."

"하지만…."

수범은 봉투를 다시 받기가 쑥스러워 망설였다. 어찌할 바를 모르는 수범에게 매너도서관은 새로운 제안을 내놓았다.

"사실 처음에는 정직원이 될 때까지만 도와주려고 했어요. 하지만 기왕 인연이 되었으니 한수범 씨가 제대로 매너 교육을 받았으면 좋겠다 싶어요. 열심히 노력하는 모습에 감동받았다고 해야 할까… 앞으로도 몇 번 더 만나 컨설팅 해주고 싶다는 생각이 드네요. 아직 알려주지 못한 부분이 꽤 있어서요. 그 봉투에 들어 있는 돈은 앞으로 테이블 매너 수업을 할 때 식사비로 사용하면 어떨까요?"

"하지만 제가 계속 그냥 도움을 받는 건 도리가 아닌 것 같아서요…."

수범의 곤란한 표정을 보자 매너도서관은 다시 제안을 했다. 수범의 자존감을 지켜주고 싶어서였다.

"흠, 그렇다면 이렇게 하면 어떨까요? 앞으로 반년 정도면 한수범 씨가 매너 있는 비즈니스맨으로 어디에서도 손색없게 될 것 같아요. 교육비는 반년 뒤에 한수범 씨가 내고 싶은 만큼 마음대로 내는 걸로요. 물론 마음에 안 들면 안 내도 되고요."

매너도서관은 어떠냐는 듯이 양손을 들고 어깨를 으쓱해 보였다. 수범은 매너도서관의 제안이 크리스마스 선물처럼 느껴졌다. 사실 이 자리에 나오기 전까지 많이 고민했었다. 아직도 배울 게 많은데 앞으로는 어떻게 매너도서관의 도움을 받을 수 있을까 싶어서였다.

알록달록한 음식들이 하나씩 나오기 시작했다. 보기만 해도 맛있어 보였다.

"음식이 참 맛있네요. 한수범 씨가 정직원이 되어서 초대한 자리라 더 맛있는 것 같아요. 마침 한식을 먹으니 오늘은 한식 식사 예절에 대해 배우면 어떨까요? 앞으로 회식이나 접대 자리가 꽤 있을 테니까요."

수범은 자기도 모르게 좋아라 박수를 쳤다. 생각지도 못한 식사 예절까지 배우게 되어 너무 기뻤고, 그렇지 않아도 요즘 회식 자리에 참석하면서 식사 예절이나 음주 매너의 필요성을 느끼고 있었기 때문이다. 항상 자신이 궁금해하는 걸 미리 알고 있는 매너도서관이 수범은 늘 신기하게만 느껴졌다.

"식사하는 모습을 보면 그 사람의 수준과 살아온 모습이 보여요. 가정교육 수준도 보이고요. 그래서 예전부터 며느리나 사윗감의 수준을 알고 싶을 때 식사를 같이했어요. 식사 중에 상대를 대하는 태도를 보면 성품도 파악할 수 있고요. 비즈니스 할 때도 마찬가지로 적용돼요."

'앞으로는 다른 사람과 밥을 먹을 때도 신경 써서 먹어야겠구나.'

수범은 식사 중에도 상대방에 관해 많은 것을 파악할 수 있다는 말에 자기 모습이 그동안 어떻게 보였을지 조금 긴장되었다.

"업무를 하며 동료나 거래처와 식사를 한 번도 함께 하지 않는 경우는 드물 거예요. 그래서 식사 예절은 사회생활 할 때 우리가 생각했던 것보다 훨씬 중요한 부분을 차지해요. 그런데 우선 두 가지만 잘 지키면 식사 예절 반은 배운 셈이에요."

두 가지만 배우면 반을 배운 셈이라는 말에 수범은 귀가 솔깃해졌다.

"첫째, 소리 내지 않고 먹기. 둘째, 음식을 입에 넣고 말하지 않기. 아무리

LEVEL 4 능력이 더욱 돋보이는 직장 생활 매너 갖추기

강조해도 지나치지 않아요."

"그럼 음식이 입에 있을 때 누가 말을 시키면 어떻게 하나요?"

"얼른 삼키고 말을 해야지요. 손으로 입을 가리고 음식을 삼킨 후 말하면 돼
요. 그래서 누군가와 식사할 때는 음식을 한 번에 조금씩 먹는 것이 좋아
요. 그래야 언제든지 꿀꺽 삼키고 말을 할 수 있거든요."

매너도서관은 입안의 음식을 삼키고 말하는 모습을 직접 보여주었
다. 그때였다. 매너도서관이 잠시 말을 멈추고 조용해진 사이 쩝쩝거
리며 음식 씹는 소리가 들렸다. 수범이 음식 먹는 소리였다. 순간 수
범은 너무 당황스러웠다. 자신이 그토록 쩝쩝거리며 음식을 먹는다는
걸 지금까지 미처 인식하지 못했었기 때문이다.

"괜찮아요. 오늘은 원래 식사하던 대로 편하게 먹도록 해요. 신경 안 써도
돼요. 하지만 다음 식사 때까지는 소리 내지 않도록 고쳐올 수 있지요? 한
번 마음먹으면 잘하잖아요?"

매너도서관은 얼굴이 홍당무가 된 수범이 마음 편히 식사할 수 있
도록 배려의 말을 해주었다. 그리고는 아무 일도 없었다는 듯이 다음
이야기를 이어나갔다.

"세 번째로 중요한 점은 자세를 똑바로 하고 식사하기예요. 내가 음식을
먹어야지 음식이 나를 먹게 해서는 안 돼요."

수범은 이번에는 무슨 뜻인지 잘 이해되지 않았다.

"선생님, 음식이 나를 먹는다는 게 무슨 뜻이신지….."

"가령 국을 먹을 때는 상체를 앞으로 살짝 당기듯이 한 후 수저를 들어서 입으로 가져가야 해요. 그러면 내가 음식을 먹는 거지요. 그런데 많은 사람이 고개를 숙여서 얼굴을 국그릇으로 가져가서 먹곤 해요. 이건 마치 음식이 나를 먹는 듯한 모습이지요. 이런 모습에서 당당함이나 품위를 찾아보기는 어렵겠지요?"

"아하, 그런 뜻이었군요."

그제야 이해가 된 듯 수범은 고개를 끄덕였다.

'매일 먹는 식사에도 이렇게 지킬 것이 많은 줄 미처 몰랐네. 이런 기본적인 생활 예절도 모르고 살아왔으니… 하마터면 가정교육 제대로 못 받았다고 우리 부모님까지 욕먹게 할 뻔했잖아.'

식사를 마치고 집에 돌아온 수범은 오늘 배운 한식 식사 예절(pp. 201~202 참조)에 대해 노트에 잘 정리해두었다. 그리곤 음식 절대 소리 내지 않고 먹기를 중얼거리다 잠이 들었다.

한식 식사 매너

- 어른이나 상사가 자리에 앉은 다음에 아랫사람이 앉는다.

- 방석은 절대 발로 밟지 않는다.

- 식사 전에 나오는 물수건은 손만 닦는다.
  🙂 여름에는 가끔 얼굴 닦는 사람도 본 것 같아.

- 어른이 수저를 든 다음에 아랫사람이 수저를 든다.

- 식사를 시작하기 전에 "잘 먹겠습니다"라고 인사한다.

- 밥그릇을 들고 먹지 않는다.
  🙂 공깃밥으로 먹을 땐 가끔 이렇게 먹곤 했는데 주의해야겠구나.

- 밥과 국물은 숟가락으로, 반찬은 젓가락으로 먹는다.
  🙂 아, 젓가락으로 밥을 먹을 때가 많은데….

- 숟가락과 젓가락을 한 손에 같이 들지 않는다.

- 젓가락을 들 때는 숟가락은 내려놓는다.
  🙂 한 번에 한 동작….

- 접시에 음식을 덜어서 먹는다.

- 맛있는 음식만 골라 먹거나 음식을 뒤적거리지 않는다.

- 음식을 쩝쩝거리며 소리 내서 먹지 않는다. 특히 국물이 있는 음식은 후루룩 소리 내며 먹지 않는다.
  🙂 이건 반드시 기필코 고쳐야 해. 별표 5개!

- 음식을 흘리지 않고 먹되 떨어진 음식은 주워 먹지 않는다.
  🙂 쌀 한 톨이라도 흘리면 큰일 나는 줄 알고 다 주워 먹었는데… 식사 예절로는 틀린 거였구나.

- 말을 해야 할 때는 입안에 있는 음식을 삼키고 수저를 내려놓은 후 한다.

  이게 아주 중요한 거라고 하셨지?

- 식사 도중 대화를 하면서 젓가락이나 수저를 휘두르지 않는다.

  이런 사람이 의외로 많던데… 혹시 나도?

- 생선은 한쪽 면을 먹은 뒤 뒤집어서 먹지 않는다.

- 젓가락으로 반찬 그릇을 움직이지 않는다.

- 함께 먹는 찌개는 항상 공용 국자를 사용하고 개인용 숟가락을 담그지 않는다.

  이건 위생상 사람들이 꼭 지켜주었으면 좋겠어.

- 식탁에서 트림하지 않는다.

- 이쑤시개는 상 앞에서 사용하지 않으며, 사용할 때는 한 손으로 가리고 사용한다.

- 다른 사람과 식사 속도를 맞춘다.

  내가 자취 하면서 후다닥 빨리 먹는 습관이 생겨서… 이제는 좀 천천히 먹어야겠다.

- 어른보다 식사가 먼저 끝났을 때는 수저를 국그릇에 걸쳐 놓았다가 어른이 식사가 끝나면 내려놓는다.

- 식사를 마치면 수저를 처음 위치에 다시 잘 놓는다.

- 식사를 마치면 "잘 먹었습니다"라고 인사한다.

- 식사가 먼저 끝나더라도 어른보다 먼저 일어나지 않는다.

  이건 내가 잘하고 있지!

규칙만 알면 간단한
서양식 테이블 매너

"이번에 신제품 판매 촉진 아이디어 회의를 하려고 하네. 한수범 씨도 프레젠테이션 자료 한번 만들어 봐. 직접 발표도 해보고."

엄 팀장의 갑작스런 지시였다. 수범은 마치 승진 발표를 듣는 기분이었다. 지금까지는 발표자의 보조자로 자료를 수집해 전달하는 역할만 했었다. 그럴 때마다 '나는 언제 내 프레젠테이션 자료를 만들어 볼 수 있을까?' 하며 늘 부러워하곤 했었다. 그런데 이제는 직접 발표까지 할 수 있게 된 것이다.

"네, 팀장님. 열심히 준비해 보겠습니다."

대답이 저절로 힘차게 나왔다. 수범은 주말에도 쉬지 않고 준비했다. 제대로 해보고 싶어서였다. 이번에도 한별이 많은 조언을 해주었다. 덕분에 첫 발표치고는 그럭저럭 잘 해낼 수 있었다.

***

프레젠테이션에 몰두하다 보니 날짜가 그야말로 화살처럼 지나갔다. 어느새 매너도서관과 만나 양식 테이블 매너를 배우기로 한 날이 다가왔다. 이번에는 시간에 쫓기지 않고 테이블 매너를 제대로 배워보고 싶어 월차를 신청해 컨설팅도 점심시간으로 정했다.

처음으로 제대로 된 양식 풀코스 요리를 먹게 되는 날이었다. 수범은 설레는 마음으로 새 양복을 꺼내 입었다. 정직원이 되어 첫 월급 받은 기념으로 마련한 것이었다. 멋쟁이 한별이 함께 가준 덕에 마음에 드는 옷을 고를 수 있었다. 다른 교육보다 유난히 관심을 보이는 걸 눈치챈 매너도서관이 물었다.

"테이블 매너를 왜 배워두려고 하나요?"

"실은, 예전에 소개팅하고 차인 적이 있습니다. 제가 매너가 너무 없어서 싫다고 했다는데… 그때 스테이크를 먹으러 갔었거든요. 그런데 제가 양식 먹는 법을 잘 몰라서… 아마 실수를 많이 했던 것 같아요."

수범은 더듬거리며 상처받았던 이야기를 꺼냈다.

"그런 일이 있었군요. 옛날 기억은 다 잊어버리세요. 앞으로는 자신 있게 소개팅할 수 있게 될 테니까요. 앞으로 우연이라도 그 파트너를 한 번 더 만날 기회가 있었으면 좋겠네요. 한수범 씨가 얼마나 멋있고 매너 있는 사람으로 변했는지 보여주면 좋을 것 같아서요."

매너도서관은 코와 눈을 찡긋하며 개구쟁이 같은 표정을 지었다. 수범에게 용기를 주기 위해서였다. 점잖은 분이 분위기를 반전시키려 일부러 짓는 어색한 표정이 재미있어 수범도 웃음이 나왔다. 수범의 얼굴이 밝아지자 매너도서관의 목소리도 한톤 높아졌다.

"서양식 테이블 매너를 잘 익혀두면 데이트할 때도 물론 도움이 돼요. 하지만 직장 생활을 잘하는데도 꼭 필요해요. 직장에서 왜 필요한지 혹시 생각해본 적 있나요?

"앞으로 해외 바이어랑 식사하게 되거나 해외로 출장 가게 되면 필요할 것 같습니다. 저는 해외 업무에 관심이 많거든요."

"네, 맞아요. 제 경험상 중요한 해외 비즈니스를 하면서 식사를 함께하지 않은 경우는 거의 없었어요. 식사하면서 상대방에 대한 탐색도 하고 서로 친해지기 위해 노력하니까요. 때로는 그 자리에서 협상도 하고요. 계약서에 서명하기 전에 식사나 술자리 대화에서 이미 많은 내용이 결정되곤 하지요. 이처럼 중요한 내용이 오갈 수도 있는 식사 자리에서 어떤 것이 내 빵이고, 어떤 나이프를 어떻게 사용해야 하는지 모른다면 대화에만 집중할 수 없겠지요?"

수범은 절로 고개가 끄덕여졌다. 사실은 데이트든 직장이든 또 망신당할까 봐 배워두려고 했었다. 그런데 테이블 매너를 배워둬야 하는 이유에 이렇게 깊은 뜻이 있는 줄은 미처 생각하지 못했다.

"만약 상사를 모시고 함께 식사한다면 상황은 더욱 어려워지겠지요? 식사하는 방법도 몰라 진땀 흘리랴, 상사 보좌하랴 더 정신없을 거예요. 하지만 테이블 매너를 제대로 익혀 편안하고 자연스럽게 식사할 수 있다면 어떤 것 같아요?"

"대화에만 집중할 수 있어 성공적인 비즈니스를 할 확률이 높아지겠지요. 상사를 더 잘 보필할 수도 있고요."

수범은 이제 제대로 이해했다는 듯이 힘주어 대답했다.

"네, 맞아요. 그 결과는 더 많은 수익 혹은 승진으로 돌아올 테고요. 그래서 저는 외국인과 비즈니스 하는 분들은 외국어를 배우듯이 그 나라의 테이블 매너도 사업의 도구로 반드시 잘 익혀두라고 권해요."

"그러네요. 정말 그래야 할 것 같습니다."

수범은 소개팅하면서 스테이크를 어떻게 먹어야 할지 고민하느라 무슨 말을 했는지 기억조차 나지 않았던 그때 일이 떠올랐다. 만약 중요한 비즈니스 자리였다면 어땠을까 생각하니 아찔했다. 매너도서관의 강의는 계속 이어졌다.

"테이블 매너는 기본적으로 식사를 맛있게 그리고 즐기면서 하기 위해 지키는 예절이에요. 가령 식사 중에 큰 소리로 대화하면 옆 테이블 사람이 불쾌하겠지요. 음식을 쩝쩝 혹은 후루룩 소리 내 먹으면 식사 분위기가 어수선해질 테고요. 식사하다가 포크와 나이프를 휘두르며 대화하면 같이 식사하는 사람이 불안할 거고요. 조금 과장해서 표현하면 저 칼로 나를 찌를지도 모른다는 생각이 들 수 있으니까요. 식사하는 동안 다리를 꼬고 앉아 있으면 다리를 풀 때 잘못하면 식탁을 쳐 테이블이 흔들릴 수 있고요."

테이블 매너를 지키라고 하는 건 다 이유가 있었다. 하지 말아야 하는 이유를 알면 쉽게 기억할 수 있겠다고 생각하니 수범은 이제 서양식 테이블 매너에 대한 부담감이 훨씬 줄어들었다. 그 원리가 이해되었기 때문이다.

"그런데 한국 사람은 양식 테이블 매너를 쉽게 배울 수 있어요."

"왜 그런가요?"

쉽게 배울 수 있다는 말에 수범은 반색을 하며 이유를 물었다.

"양식은 각자 앞에 놓인 자기 접시에서 음식을 입으로 가져갈 때만 흘리지 않도록 조심하면 돼요. 하지만 우리나라는 저 멀리 있는 그릇에서 반찬을 젓가락을 사용해 입까지 떨어뜨리지 않고 가져오지요. 정말 대단한 집중력이에요. 게다가 잘 흘리지도 않아서 무릎에 냅킨도 사용하지 않고요. 손을 사용하는 기술이 대단한 거지요. 그러니 서양 테이블 매너를 괜히 어렵게 생각할 필요 없어요. 절대 주눅 들지 말고 편안하게 생각하세요. 사용하는 도구가 다를 뿐이에요."

수범은 정말 그렇겠다는 생각에 고개를 끄덕였다. 매너도서관은 양식을 접하기 힘든 시골에서 자란 수범에게 자신감을 심어주고 싶었다. 그래서 본격적인 강의를 시작하기 전에 일부러 용기를 줄 수 있는 이런저런 이야기를 먼저 해주었다.

"그럼 한식과 양식의 식사법이 어떻게 다른지 한번 살펴볼까요? 첫째, 수저와 젓가락 대신 포크와 나이프를 사용하지요. 나이프는 오른쪽에, 포크는 왼쪽에 놓여 있어요."

매너도서관은 테이블에 이미 세팅되어 있는 포크와 나이프를 가리키면서(p. 213 참조) 설명을 이어갔다.

"서양 사람들도 평소에는 포크와 나이프를 하나씩 사용해서 식사하는 경우가 대부분이에요. 하지만 정식 만찬이나 고급 레스토랑에서 식사할 때는 코스별로 사용하는 스푼, 포크, 나이프를 이렇게 식탁 위에 쭉 세팅해두지요. 여러 개가 놓인 이 세팅을 보면 무엇부터 사용하나 싶어 긴장될 수 있어요. 이때는 맨 바깥쪽에 있는 것부터 사용해서 안쪽으로 옮겨가며 사용하면 돼요."

수범은 테이블 세팅이 그제야 눈에 들어오기 시작했다. 처음 자리에 앉았을 때는 겁부터 나서 제대로 보지도 못했었다.

"혹시 실수해서 순서에 맞지 않게 사용했더라도 당황하지 마세요. 서양 사람들도 이런 정식 만찬에 다 익숙한 게 아니거든요. 우리처럼 테이블 매너 교육을 통해 식사하는 법을 배우니까요."

"정말인가요? 서양 사람들도 이런 걸 배워야 하나요?"

"그럼요. 한국 사람이 한식 식사 예절을 배우는 것과 같아요."

서양 사람들도 테이블 매너 교육을 받는다는 말에 수범은 왠지 마음이 편안해졌다. 모른다고 굳이 창피해할 필요가 없다는 생각이 들어서였다.

"둘째, 밥 대신에 빵을 먹지요. 빵은 왼쪽에 놓여 있어요. 그런데 여러 사람이 함께 식사하는 만찬 자리에서는 오른쪽과 왼쪽 비슷한 거리에 모두 빵이 놓이게 돼요. 어느 쪽이 내 빵인지 혼동될 수 있겠지요?"

수범은 만찬에는 아직 참석해본 적이 없었다. 하지만 어디선가 남의 빵을 먹었다는 이야기를 들은 것 같았다.

"확률은 반반이니까 집어 든 것이 맞으면 다행이에요. 그런데 틀리면 누군가 한 사람은 빵을 먹지 못하는 상황이 생기게 되겠지요? 그래서 오늘 간단히 내 빵을 구별하는 방법을 알려주려고 해요."

남의 빵을 먹으면 얼마나 무안할지 생각만 해도 얼굴이 달아오르자 수범은 얼른 내 빵 구별하는 방법을 받아적었다(p. 213 참조). 실수하는 사람이 자기가 되는 일은 절대 없어야겠다는 생각이 들어서였다.

"셋째, 한 상 푸짐하게 차려주는 한식과 달리 양식은 코스별로 음식이 한 가지씩 나와요. 일반적으로 풀코스Full Course의 경우 전채 요리Appetizer, 수프Soup, 생선 요리Fish, 고기 요리Main Entree, 샐러드Salad, 디저트Dessert, 음료Beverage 순으로 구성되어 있어요. 샐러드는 메인요리 전 혹은 후에 나오기도 하고 때로는 함께 나오기도 하고요."

이야기를 듣던 수범은 이 많은 걸 다 주문하려면 돈이 얼마야 하는 생각이 들었다.

"순서대로 모두 주문해야 하나요?"

"상황에 따라 몇 가지만 골라서 시키기도 해요. 식사가 너무 과하지 않게 보통 생선 요리나 고기 요리 중 한 가지를 선택하는 경우가 많고요."

수범은 모두 차려 한 번에 나오는 한식이 정말 편하고 좋은 방식이라는 생각이 새삼 들었다. 음식도 먹고 싶은 것만 골라서 먹을 수도 있으니 말이다.

"벌써 12시네요. 자 이제 스테이크 주문하는 방법까지만 설명하고 식사를 주문하도록 할까요?"

"아, 벌써 시간이 이렇게 되었나요? 선생님 말씀을 듣다 보면 항상 시간이 너무 빨리 가서요."

이번 컨설팅은 매너도서관이 점심 약속을 오전 11시쯤으로 하자고 했었다. 식사를 시작하기 전에 미리 배워야 할 것이 많다고 해서였다. 그런데 설명을 재미있게 듣고 있었더니 한 시간이 마치 몇 분처럼 훌쩍 지나가 버렸던 것이다.

"우리나라의 불고기와 갈비는 보통 잘 익혀 먹으면 돼요. 그런데 양식 요리인 소고기 스테이크는 주문할 때 익히는 정도를 미리 말해주어야 해요. 처음에는 좀 복잡하게 느낄 수 있어요. 하지만 한번 주문해보면 그다지 어렵지 않아요. 본인 취향의 굽기 한 가지만 알아두면 되니까요. '적당히 구워주세요'와 같은 표현은 절대 하지 마시고요. 좀 무식해 보일 수 있어요."

매너도서관은 '무식'이라는 말을 하면서 장난스럽게 살짝 윙크를 했지만 수범은 웃음이 나오질 않았다. 소개팅 때 스테이크를 주문하면서 바로 자기가 했던 말이었기 때문이다.

"한수범 씨는 고기가 어느 정도 익은걸 좋아하나요?"

"네, 저는 바짝 익혀 먹습니다."

"웰던Well-done이군요. 스테이크 써는 법을 특히 잘 연습해두는 것이 좋겠네요. 웰던은 고기가 질겨서 썰어 먹는 동작이 힘들거든요. 자, 여기 스테이크 굽기 정도에 대한 설명이 있어요."

매너도서관은 미리 준비해온 자료를 건네주었다(p. 214 참조).

식사를 주문하고 기다리는 동안에도 강의는 계속되었다. 이번에는 냅킨에 대한 이야기가 이어졌다. 수범은 자세를 바로 하고 계속 집중해서 듣고 있었다. 시간 안에 하나라도 더 알려주려고 애쓰는 매너도서관의 마음을 잘 알기 때문이다.

"이 헝겊으로 된 냅킨은 반으로 접어서 무릎에 올려놓으면 돼요. 음식물이 떨어지더라도 옷이 더러워지지 않도록 사용하는 거예요. 식사하다가 입에 기름이나 음식물이 묻었을 때도 사용하고요. 핑거볼Finger Bowl에 손을 씻은 후 손에 물기를 닦을 때도 사용하지요."

평생 냅킨 없이도 잘 살아왔는데 저런 거추장스러운 걸 꼭 사용해야만 하나 싶어 수범은 의아심이 들었다.

"식사 중에 냅킨을 꼭 사용해야 하나요?"

"중요한 질문이에요. 한식은 냅킨 없이 식사해도 문제가 없어요. 그러니 냅킨 사용법이 대수롭지 않게 느껴질 거예요. 그런데 서양 테이블 매너에서는 냅킨 사용법을 반드시 알아두어야 해요. 게다가 사용법에 은근히 난

도가 있어요. 사용하는 방법이나 태도에 따라 그 사람의 수준이나 품위도 어느 정도 알아볼 수 있고요. 식사 중간에 우아한 모습으로 입을 닦아 가며 먹는 모습을 보면 귀족적인 고귀함이 느껴진다고 할까, 뭐 그런 거요."

수범은 여전히 납득이 잘되지 않았다. 하지만 지금까지 늘 바른 말씀만 해주셨으니 일단 무조건 받아들이기로 했다. 한편으론 소개팅하면서 냅킨을 목에다 끼고 식사했던 생각이 떠올랐다.

'선생님 말씀대로라면 냅킨 사용하는 걸 보면 그 사람의 수준을 알 수 있다는데… 내가 얼마나 한심해 보였을까?'

수범은 쥐구멍이라도 있으면 숨고 싶은 심정이었다. 이런 마음을 아는지 모르는지 매너도서관은 열심히 다음 설명을 이어나갔다.

"지금은 잘 이해가 안 갈 거예요. 오늘 냅킨 사용법을 배우고 나서 식사 장면이 나오는 외국 영화를 몇 편 찾아서 보세요. 그러면 '아하 저런 느낌이구나' 하면서 알게 될 거예요. 여기 정리한 자료가 있으니까 함께 보면서 설명하도록 할게요."

자료(pp. 215~216 참조)를 받아든 수범은 깜짝 놀랐다. '냅킨 사용법에 주의할 사항이 이렇게 많단 말이야? 품위 있는 사람들은 이걸 다 지키면서 냅킨을 사용한다는 말이네.' 수범은 품위 있는 사람들은 냅킨을 어떻게 사용하는지 호기심이 생겨 매너도서관의 설명에 집중했다.

서양식 테이블 세팅

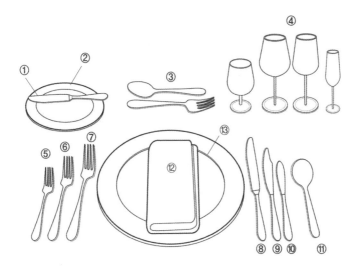

①버터나이프 ②빵 접시 ③디저트 스푼과 포크 ④음료잔(물–레드 와인–화이트 와인–샴페인)

⑤샐러드 포크 ⑥생선 포크 ⑦고기 포크 ⑧고기 나이프 ⑨생선 나이프 ⑩샐러드 나이프

⑪스프 스푼 ⑫냅킨 ⑬서비스 접시

내 빵 내 물이 어느 쪽인지 헷갈리지 않는 방법

1. 양손을 엄지와 검지로 동그랗게 만들고 중지를 펴본다. 왼손은 빵의 영어 단어 bread의 b 모양이 된다. 오른손은 음료수의 영어 단어인 drink의 d 모양이 된다. 왼쪽은 빵, 오른쪽은 음료수이니 손으로 몇 번 모양을 만들어서 기억해둔다.

2. 왼쪽부터 독일 자동차의 이름인 BMW로 외운다.
   B(Bread, 빵), M(Main Dish, 본 요리), W(Water, 물과 음료수)

3. 혹은 '좌빵 우물(왼쪽은 빵, 오른쪽은 물과 음료수)'이라고 기억해둔다.

스테이크 굽는 정도에 따른 표현

명칭	설명
웰던 (Well-done)	완전히 익히는 것 표면과 중심부 모두 갈색이 나게 구운 것
미디엄 웰던 (Medium Well-done)	웰던보다 약간 덜 익히는 것 중심부를 연갈색이 나게 구운 것 🙂 그럼 미디엄 웰던은 웰던보다 칼질하기가 조금은 더 쉽겠네. 다음에는 이렇게 한번 주문해볼까?
미디엄 (Medium)	중간쯤 익힌 것 중심부가 핑크색이 나게 중간 정도 구운 것
미디엄 레어 (Medium Rare)	미디엄보다 약간 덜 익히는 것 중심부가 붉은색에 가까운 핑크색이 나게 약간 덜 구운 것
레어 (Rare)	설익히는 것 표면은 갈색으로, 속은 붉은색이 나게 약간 구운 것 🙂 아, 이건 거의 육회 수준인가?

냅킨 사용 제대로 하려면?

1. 냅킨은 식사할 사람이 모두 자리에 앉은 다음에 편다.
   아무 때나 펴는 게 아니구나.

2. 냅킨을 펼 때는 식탁 위나 옆에서 펄럭이면서 펴지 말고 얌전히 접힌 면을 하나하나 편 후 반으로 접어서 무릎 위에 놓는다.

3. 냅킨은 반으로 접힌 쪽이 자기를 향하게 놓는다. 립스틱을 바른 여성은 입을 닦을 때 냅킨 안쪽 면으로 뒤집어서 닦고 다시 무릎에 놓으면 된다. 혹시 립스틱이 묻더라도 안쪽으로 접혀 있어서 보이지 않는다. 식사하는 동안 깔끔한 모습으로 이미지 관리가 되는 노하우다. 물론 립스틱이 냅킨에 묻지 않도록 조심한다.

4. 냅킨으로 얼굴이나 목 또는 손의 땀을 닦는데 사용해서는 안 된다.

5. 냅킨으로 입을 닦을 때는 똑바로 앉은 자세에서 냅킨을 입으로 가져간다. 고개 숙여서 냅킨으로 얼굴을 가져가지 않는다.
   아, 이건 내가 음식을 먹어야지 음식이 나를 먹게 하면 안 된다는 원리와 같네. 내가 냅킨을 사용해야 하는 거니까.

6. 와인을 마실 때는 냅킨으로 미리 입을 가볍게 두드리듯이 닦아준다. 음식의 지방이 유리잔에 묻으면 보기에도 지저분해 보이고 와인 맛을 해칠 수도 있기 때문이다. 특히 음식의 기름기와 립스틱이 함께 섞여 와인 잔에 묻지 않도록 냅킨을 적절히 잘 사용한다.
   서양 음식은 기름기가 많으니까… 이제 이해가 좀 되네.

7. 실수로 물이나 음료수를 엎질렀을 때 냅킨으로 닦지 않는다. 냅킨은 걸레가 아니기 때문이다. 직원을 불러 처리를 부탁하면 된다.
   아, 이건 내가 선생님을 처음 뵈었을 때 했던 실수네.

8. 냅킨을 허리 벨트에 끼우고 사용하지 않는다.

9. 냅킨을 목 혹은 셔츠 단추 사이에 끼우지 않는다.

    > 휴, 남 이야기가 아니야. 내가 이랬었잖아.

10. 흔들리는 비행기에서 식사할 때는 냅킨을 셔츠의 단추에 끼우고 식사해도 무방하다. 냅킨 한 쪽 코너에 단추를 끼울 수 있는 구멍이 있는 경우도 있다.

11. 핑거볼에 손을 씻을 때는 두 손을 한꺼번에 넣지 않는다. 젖은 두 손이 냅킨까지 이동하는 동안 식탁에 물이 떨어진다는 사실을 기억해두면 이해가 될 것이다. 오른손 손끝을 먼저 씻고 냅킨을 손으로 가져가 물기를 닦는다. 다시 왼손 손끝을 씻고 역시 냅킨을 손으로 가져가 물기를 닦는다.

    > 이런 식사를 자주 하지는 않겠지만 잘 기억해두어야겠다. 한 번에 한 손씩. 이것도 선생님께서 강조하시는 한 번에 한 동작 원리구나.

12. 식사 중에 부득이 자리를 뜰 때는 냅킨을 의자 위나 의자의 등받이 혹은 접시 아래에 고이도록 놓아 냅킨 자락을 식탁 아래로 늘어뜨려 둔다. 자리를 뜰 때 냅킨의 위치는 매너 전문가에 따라 의견이 나뉜다. 엉덩이를 대는 곳에 입을 닦는 냅킨을 놓는 것은 위생상 좋지 않다고 하는 의견, 냅킨을 의자 등받이에 걸어두면 사용하던 지저분한 얼룩이 상대방에게 보이게 되어 불쾌할 수 있으니 옳은 매너가 아니라는 의견도 있다. 접시 아래에 고여 두면 테이블 매너를 잘 모르는 식당 직원은 식사가 끝난 줄 알고 접시를 치워가기도 한다. 이중 한국에서는 보편적으로 의자 위에 두는 방법을 사용하고 있다.

    > 그럼 나는 의자 위에 두는 걸로….

13. 식사를 마친 뒤에는 냅킨을 적당히 접어 식탁 왼쪽에 놓아두면 된다. 너무 깨끗하게 접어두면 사용하지 않은 냅킨으로 착각할 수 있다.

    > 왼쪽, 이건 외워둬야겠다.

14. 냅킨을 익숙하고 품위 있게 사용하려면 연습이 필요하다. 거울 앞에 앉아 무릎에 냅킨 혹은 손수건을 놓고 연습해보면 도움이 된다. 이때 동작을 여유 있게 하면 좀 더 품위 있어 보인다.

15. 영국, 캐나다, 호주, 뉴질랜드 등의 영연방 국가에서는 냅킨(Napkin)이 기저귀를 뜻하고, 서비에트(Serviette)가 미국 영어의 냅킨에 해당된다.

분위기를 바꿔주는
와인 매너

"와인에 대해 어느 정도 알고 있나요? 혹시 미리 공부해본 적 있나요?"

와인 리스트를 건네주며 매너도서관이 물었다.

"그게… 한두 번 마셔본 적은 있는데 아직 따로 관심 가져본 적은 없습니다. 그럴만한 여유도 없었고요."

수범은 솔직히 대답했다.

"이제는 마시지는 않더라도 와인에 대해 기본적인 것은 알고 있으면 좋을 것 같아요. 그래야 다음 소개팅 때 파트너가 마음에 들면 분위기 있는 곳에서 한잔 할 수 있지 않겠어요? 마음에 드는 좋은 배우자를 만나는 건 인생 최고의 성공 중에 하나잖아요."

매너도서관은 수범이 가장 쉽게 동기부여를 할 수 있는 소개팅에 대해 한마디 하고는 빙그레 웃어 보였다.

"한정식을 먹을 때는 술을 마실 수도 있고 안 마실 수도 있어요. 술 종류를 고르는 것도 그리 어렵지 않고요. 그리고 한 가지 술을 정하면 식사 시간 내내 보통 같은 술을 마시면 되지요. 술에 대해서 모른다고 무식하게 취급하지도 않고요. 그런데 양식을 먹을 때 마시는 와인은 종류가 셀 수 없을 정도로 많아요. 코스별로 마시는 와인의 종류도 다르고 술잔 모양도 다르지요. 그래서 음식에 어울리는 와인을 고르는 일이 와인 초보자에게는 결코 쉬운 일이 아니에요."

다른 건 아직 잘 모르겠지만 와인 고르는 일이 쉽지 않다는 대목에서 수범은 고개를 끄덕였다. 와인 리스트를 들여다봐도 전혀 알 수가 없으니 말이다.

"이렇게 다소 복잡한 대신에 와인에 대해 알아두면 한국이든 해외든 사람들과 공감대를 형성해서 대화하고 어울릴 수 있는 훌륭한 도구가 되어주지요. 제 경험상 외국인들과 비즈니스 하면서 와인에 대해 서로 대화가 통하면 호감도와 신뢰 지수가 급격히 상승하는 효과가 있었어요. 동양인이 와인에 대해 해박하면 생활 수준이나 교육 수준이 어느 정도 있는 사람이라고 인정하는 것 같았거든요. 결과적으로 비즈니스를 성공적으로 잘 진행시키는 데 도움이 되었어요."

해외 업무에 관심이 많은 수범은 매너도서관이 왜 와인에 대해 공부해둘 필요가 있다고 하는지 이제야 제대로 이해가 되었다. 한편으로는 소개팅에서 와인 종류는 생각지도 않고 아무거나 제일 싼 와인을 시켰던 기억이 떠올랐다. 물론 주머니 사정이 여의치 않아서였기도 했지만 말이다.

"그런데 와인은 꼭 병으로 시켜야 하나요? 가격이 만만치 않던데요."

"가볍게 한잔하고 싶으면 잔으로 시켜도 돼요."

"정말인가요? 그럼 어떻게 주문하면 됩니까?"

수범은 잔으로 시켜도 된다는 말에 귀가 솔깃했다. 사실 제일 싼 와인을 시켰어도 가격이 부담되었기 때문이다.

"메뉴판에 보면 '하우스 와인House Wine'이라고 적혀 있을 거예요. 하우스 와인은 대부분 가격 대비 가성비가 좋아요. 그 식당 음식에 제일 잘 어울릴만한 와인을 골라서 제공하거든요. 와인에 대해 잘 모를 때는 하우스 와인을 주문하는 것도 요령이에요. 음식에 어울리는 와인이 레드 와인인지화이트 와인인지만 고르면 되니까요."

'빙고! 이렇게 간단한 방법이 있었구나. 그럼 앞으로는 하우스 와인만 시키면 큰 망신은 안 당하겠네.'

수범이 안도하는 모습을 보자 수범의 마음을 읽은 매너도서관은 미소를 지으며 부드럽게 일침을 가했다.

"그렇다고 데이트하면서 언제까지 하우스 와인만 시킬 수는 없잖아요? 와인선택과 시음은 남성이 하거든요. 그러니 기본적인 것만이라도 좀 더 알아둘 필요가 있을 거예요."

"아, 그렇군요."

"이번에는 비즈니스 접대 상황에서 생각해볼까요? 상대가 와인 애호가라면 특별한 와인이나 좋아하는 와인을 접대하면 상당히 감명받을 거예요. 반대로 특별한 와인을 접대받았다면, 알아봐 주고 감사 표시도 해야겠지요? 기껏 좋은 와인을 접대했는데 상대가 몰라준다면 그것처럼 맥빠지는 일도 없거든요. 당연히 다음부터는 좋은 와인을 접대하지 않을 거예요. 어차피 모를 거라는 생각이 드니까요. 수준대로 대접받는 거지요."

"그럼 와인을 잘 알려면 어느 정도 공부해야 할까요?"

수범은 와인 공부가 쉽지 않을 것 같아 걱정되는 목소리로 물어보았다. 수준대로 대접받는다는 말에 살짝 긴장이 되어서였다.

"부담 갖지 말아요. 마음의 여유를 가지고 시간 투자를 하는 게 좋아요. 하지만 앞으로 해외 업무까지 해볼 생각이라면 지금부터 차근차근 준비해두면 좋겠지요? 우선은 와인을 주문하는데 필요한 기본적인 내용만이라도 알아두면 도움이 될 거예요. 자, 그럼 내일 소개팅에서 와인을 마신다 생각하고 기초적인 것부터 배워볼까요?"

'휴, 언제 소개팅을 다시 할 수 있을지… 그래도 희망을 가져보자.'

수범은 소개팅의 악몽을 애써 지우려 노력하며 교육에 집중했다.

"와인을 선택할 때는 산지, 포도의 수확 연도, 포도 품종, 브랜드를 살펴보면 돼요. 그런 다음 요리 종류와 어울리도록 선택하면 되지요. 그런데 초보자는 이런 것이 쉽지 않겠지요? 그래서 처음에는 식당 직원에게 추천받는 것도 하나의 방법이에요."

"아, 그럼 항상 추천을 받으면 되겠네요?"

수범은 계속 쉽게 와인을 선택할 요령에 집착하고 있었다.

"추천받더라도 어느 정도는 알고 있어야 해요. 어떤 종류의 와인을 좋아하느냐고 물어올 테니까요. 이때 포도 품종은 모르더라도 최소한 본인이 달콤한 스위트 와인Sweet Wine을 좋아하는지, 달지 않은 드라이 와인Dry Wine을 좋아하는지 정도는 알려주어야 해요. 여기에 기본적으로 꼭 알아 두어야 할 것만 골라서 정리해두었어요. 한번 읽어보세요."

매너도서관은 수범에게 정리된 자료(p. 225 참조)를 건네주며 설명을 이어갔다.

"그럼 이제 한수범 씨가 원하는 와인의 색상과 맛을 한번 골라 보세요."

설명을 마친 매너도서관이 직접 와인을 골라보라고 했다. 수범은 첫걸음마를 시작하는 아기처럼 진지해졌다.

"음… 메인이 스테이크니까 드라이한 레드 와인으로 하고 싶습니다."

"잘했어요. 이렇게 하나씩 알아가면 돼요. 쉽지요?"

"네, 그러네요."

수범은 잘했다는 칭찬에 조금 자신감이 생겼다. 긴장이 풀리면서 표정도 그제야 좀 편안해졌다.

"본인이 손님일 때는 호스트가 고른 와인을 마시기만 하면 돼요. 그런데 만약 본인이 호스트가 된다면, 가령 여성과 데이트를 한다면 한수범 씨가 와인을 고르게 되는 거예요. 그리고 와인 테이스팅까지 해야 하고요."

"헉, 제가 테이스팅까지 해야 한다고요?"

수범은 심장이 털컥 내려앉는 것 같았다. 이제 겨우 와인 주문을 해보았는데 테이스팅까지 해야 한다니.

"놀라지 않아도 돼요. 어렵지 않아요. 그럼 이제 와인 테이스팅 하는 방법을 알아볼까요?"

수범은 한 장면이라도 놓칠 새라 눈을 크게 뜨고 집중했다. 언제가 될지는 모르겠지만 다음 데이트 때는 제대로 멋지게 해보고 싶다는 생각이 들어서였다.

"와인 테이스팅은 와인을 마시기 전에 호스트가 와인의 변질 여부를 확인하는 과정이에요. 주문한 와인의 맛과 향기 그리고 빛깔을 살펴보면 돼요. 병마개를 따면 종업원이 코르크를 건네줄 거예요. 그러면 코르크에서 좋지 않은 냄새가 나는지 맡아보고, 손으로도 만져보세요. 그런데 이 과정은 알아만 두고, 초보자는 생략하는 편이 오히려 자연스러울 거예요. 보관이 잘 된 와인은 코르크가 촉촉해요. 만약 건조하다면 와인 병을 눕히지 않고 세워서 잘못 보관한 와인이라고 보면 돼요. 테이스팅 해본 후 이상이 없으면 손님 중에서 최상석의 여성부터 서브하게 하면 돼요. 데이트할 때는 상대 여성 먼저요. 와인 맛에 대해서는 아직 잘 모르더라도 테이스팅 하는 건 집에서 와인 잔으로 몇 번 연습해보면 따라할 수 있어요."

이어서 매너도서관은 와인 테이스팅 하는 방법을 수범이 쉽게 따라할 수 있도록 차근차근 친절하게 설명해주었다(p. 226 참조). 매너도서관이 먼저 시범을 보이고 수범도 따라서 해보았다. 처음에는 굉장히 어려울 것 같았다. 하지만 몇 번 연습해보니 아직 색상이나 냄새를 구별할 수는 없었지만 그럭저럭 흉내는 낼 수 있었다.

"잘하네요. 이제 와인에 대해 점점 자신감이 생기지요?"

"네 그런 것 같습니다. 벌써 많이 친숙해진 느낌입니다."

사실이었다. 불과 한두 시간 전까지만 해도 와인은 자기하고는 상관없는 남의 나라 일처럼 느껴졌었다. 그런데 매너도서관의 자상한 설명을 들으며 따라 하다 보니 어느새 배워볼 만하다는 생각이 들었다.

"아, 참고로 알아둘 내용이 더 있어요. 건배할 때는 와인 잔의 몸통인 보울Bowl 부분을 살짝 부딪치는 거예요. 잔 위쪽 림Rim 부분을 부딪치면 깨질 수 있거든요. 그리고 와인의 종류에 따라 잔의 어디를 잡을지 때로는 혼동될 수 있어요. 그럴 땐 화이트 와인이든 레드 와인이든 항상 와인 잔의 다리인 스템Stem을 잡으면 돼요. 그럼 무난해요. 마지막으로 우리나라에서 어른이 와인을 따라줄 때 와인 잔을 들지 않고 받으면 예의상 곤란하게 느껴질 수 있어요. 그럴 때는 베이스Base 부분에 손을 살짝 대고 받으면 돼요. 와인에 대해서는 오늘 이 정도로 할까요? 한수범 씨 머리에 너무 과부하가 걸릴 것 같아서요."

매너도서관은 이렇게 말하고는 점점 굳어지는 수범의 표정이 귀엽게 느껴져 소리 내어 웃었다. 그렇지 않아도 한꺼번에 너무 많이 배워서 조금 힘겨워지려던 참이었다. 속마음이 또 얼굴에 드러났나 보다.

잠시 쉬는 의미에서 수범은 와인을 몇 모금 마신 후 이런저런 다른 궁금했던 점들을 물어보며 머리를 식혔다. 그래도 이제는 조금이나마 알고 마시니 와인이라는 것이 점점 친숙하게 느껴졌다. 수범이 어느 정도 편안해하는 모습이 보이자 매너도서관은 다음 설명(p. 227 참조)을 이어나갔다.

"이번에는 식사하는 자세에 대해 이야기해볼게요. 식탁과 자신의 아랫배 사이에 주먹 한두 개가 들어갈 정도로 의자를 당겨서 앉아보세요. 허리를 곧게 펴고요. 냅킨은 무릎 위에 이렇게 반으로 접어서 놓으세요. 나이프는 오른손에, 포크는 왼손에 드시고요."

수범은 매너도서관의 시범을 보며 동작을 하나씩 따라 했다.

"식사 중간에는 접시에 포크와 나이프를 한자로 여덟(八)자가 되도록 놓으세요. 나이프의 칼날은 항상 안쪽으로 향하도록 해야 해요. 식사가 끝나면 포크, 나이프 순으로 가지런히 모아 접시 오른쪽에 놓으시고요."

수범은 동작을 따라 하며 매너도서관의 모습을 유심히 관찰했다. 여유 있는 모습, 자연스런 손동작, 냅킨을 자유자재로 사용하는 모습, 서빙 하는 직원을 대하는 태도, 표정, 대화하는 모습… 식사하는 모습만 봐도 사람이 이렇게 품위 있어 보일 수 있다는 것이 저런 거구나 싶었다. 수범은 감탄 반 부러움 반으로 매너도서관을 바라보았다.

　　　　　　　LEVEL 4 능력이 더욱 돋보이는 직장 생활 매너 갖추기

와인의 분류

1. 색상에 의한 분류

레드 와인 (Red Wine)	대개 적포도로 만든다. 적포도의 씨와 껍질을 분리하지 않고 함께 발효시키기 때문에 껍질에서 우러나오는 붉은 색소로 인해 붉은 색깔을 띠게 된다. 일반적으로 육류 요리에 잘 어울리고 상온에서 마셔야 제맛이 난다.
화이트 와인 (White Wine)	노란색 혹은 황금색의 와인을 화이트 와인이라고 한다. 일반적으로 청포도로 만든다. 주로 생선, 조개 등의 해산물 요리와 잘 어울린다. 차게 해서 마셔야 제맛이 나기 때문에 와인 잔을 들 때 손의 온도가 전달되지 않도록 손잡이(Stem)를 잡고 마시는 것이 좋다.
로제 와인 (Rose Wine)	대체로 붉은 포도로 만들고 색은 핑크색이다. 맛은 화이트 와인에 가깝고 차게 해서 마시는 것이 맛이 좋다.

2. 맛에 의한 분류

스위트 와인 (Sweet Wine)	단맛이 나는 와인으로 주로 후식과 함께 마신다. 대부분 화이트 와인이다.
드라이 와인 (Dry Wine)	단맛이 없는 와인으로 주로 레드 와인이다.
미디엄 드라이 와인 (Medium Dry Wine)	드라이한 맛과 스위트한 맛의 중간 정도의 와인을 말한다.

와인 테이스팅(Wine Tasting) 하기

1. 와인 잔에 3분의 1 정도만 와인을 따른다.

2. 와인 잔을 들어 불빛이나 흰색 천에 30도 각도 정도 기울여 색깔을 살펴본다. 와인의 색이 투명해야 한다. 선명하지 않고 흐릿하거나 혼탁한 색을 띠면 정상이 아니라고 판단하면 된다.

3. 와인 잔을 몇 번 돌려가며 흔든 다음 향을 맡아 본다. 잔을 돌리는 이유는 더 많은 향이 나도록 하고, 공기와 반응해서 복합적인 향기가 나도록 하려는 것이다. 잔을 돌리는 것이 익숙지 않으면 테이블에 와인 잔을 놓고 손잡이 아랫부분인 베이스를 검지와 중지로 누르고 테이블 위에서 천천히 몇 번 돌려도 괜찮다. 혹은 와인 잔을 테이블에 놓고 스템을 연필 쥐듯 쥐고 몇 번 돌려도 된다.

   😊 나는 테이블에 놓고 돌리는 게 좋겠어. 잔을 돌리는 게 익숙지 않아서 잘 못 돌리면 와인을 흘릴 수 있으니까.

4. 와인 잔을 코밑에 갖다 대고 향기를 흠뻑 맡는다. 향이 깨끗하지 않고 탁한 냄새나 곰팡이 냄새가 난다면 정상이 아니다.

5. 와인을 한 모금 입에 머금고 혀로 돌리면서 느끼는 맛과 코로 느끼는 향을 음미한다.

6. 이상이 없으면 서브해도 좋다는 신호를 보내면 된다.

7. 와인은 상대가 술을 따를 때 잔에 손을 대거나 잔을 들지 않는다.

   😊 아, 이건 꼭 기억해 둬야겠다.

8. 보통 화이트 와인은 스템을, 레드 와인은 볼을 잡고 마신다.

   😊 생각이 잘 나지 않으면 그냥 스템을 잡으면 된다고 하셨지?

LEVEL 4 능력이 더욱 돋보이는 직장 생활 매너 갖추기

와인 글라스 부분 별 명칭

식사 중 나이프와 포크의 위치 및 손 동작 모양

식사 중   식사 후   식사 중의 손 동작

집에서도 연습할 수 있는 테이블 매너

"선생님, 오늘 너무 많은 걸 배웠습니다. 덕분에 새로운 세계를 알게 되었습니다. 그런데 이런 비싼 걸 제가 자주 먹으며 연습할 수 없는데 어떻게 해야 선생님처럼 편안하게 양식을 먹으면서 대화할 수 있을까요?"

수범은 식사가 끝나고 커피를 마시며 매너도서관에게 물었다.

"좋은 질문이에요. 매번 비싼 식당에 가서 연습하려면 부담이 많이 될 거예요. 집에서도 손쉽게 테이블 매너를 연습할 방법이 있어요."

"아, 정말입니까?"

수범은 솔깃해서 자기도 모르게 몸을 앞으로 내밀었다.

"집에 포크, 나이프 혹은 과일 깎는 칼, 접시는 있겠지요?"

"네, 그럼요. 있습니다."

"거기에 와인 잔을 하나 준비하세요. 냅킨 대용으로 손수건도 준비하고요.

그리곤 칼과 나이프 사용이 익숙해질 때까지 당분간 음식을 접시에 담아 식사해보세요. 스테이크 대신 두부나 햄 같은 것을 썰어서 먹으면 돼요. 넓적한 빵 조각을 놓고 연습해도 되고요. 물이나 음료수는 와인 잔에 담아 오른쪽에 놓고 마시는 연습을 하면 돼요."

"그런 방법이 있군요. 보는 사람도 없으니 실수해도 창피할 것 없겠네요."

수범은 근사한 레스토랑에서 품위 있게 스테이크를 썰며 데이트하는 장면을 상상해보았다. 생각만으로도 기분이 좋아졌다.

"이때 주의할 점은 한 번에 한 동작만 해야 한다는 점이에요. 가령 왼손에 포크를 들고(한 동작) 오른손으로 물을 마시면(한 동작) 두 동작이 되겠지요? 포크를 접시 위에 내려놓고 물을 마셔야 한 동작이 되는 거예요. '한 번에 한 동작!' 품위 있게 보이기 위한 중요한 포인트에요. 모든 동작은 여유 있게 천천히 하시고요."

'바로 이거였구나!' 수범은 식사하는 매너도서관의 모습이 어딘가 여유 있고 품위 있어 보였던 마법의 비밀을 드디어 알았다는 생각에 신이 났다. 이미 매너 고수의 레벨에 성큼 다가간 듯한 기분이었다.

"어느 정도 연습이 되면 식사하는 모습을 동영상으로 찍어 스스로 분석해보면 좋아요. 저한테도 영상을 보내주세요. 제가 피드백해드릴게요."

매너도서관은 기본 동작 연습 방법을 하나하나 시범을 보이며 알려주었다. 식당에서 품위 있게 식사하기 위한 요령이라며 정리한 자료도 함께 건네주었다(pp. 231~233 참조).

"이렇게 집에서 연습하다 보면 나이프와 포크 사용법이 쉽게 익숙해질 거예요. 본 요리를 먹는 기본 동작들이 어느 정도 완성되면 다른 코스의 요리들도 편하게 먹을 수 있도록 연습해보세요. 가령 국을 수프 그릇에 담아 연습해보면 되겠지요? 이때 머리를 수프 그릇 쪽으로 숙이고 먹으면 안 되는 점은 잘 아시지요? 후루룩 소리 내도 안 되고요."

수범은 복잡하게만 느껴졌던 양식 테이블 매너가 어느샌가 만만하게 느껴졌다. 빨리 집에 가서 연습해보고 싶은 생각까지 들었다.

"다음 수업 때는 대화에 집중하면서 식사하는 모습을 볼 수 있겠지요?"

"네, 선생님. 한번 해보겠습니다."

고작 몇 분 정도 지난 것 같았는데 벌써 몇 시간이 흘러 있었다. 매너도서관을 만났을 때는 늘 그랬다. 흥미롭고 새로운 세계를 접하는 대화에 시간 가는 줄 모르기 때문이다.

본 요리 먹는 기본 동작 연습

1. 고기를 왼손의 포크로 찌른다. 오른손의 나이프로 한입에 들어갈 만큼 자른다. 소리 내지 않고 입을 다물고 조용히 먹는다.

   조용히 조용히 소리 나지 않게….

2. 입안에 있는 고기를 다 먹은 후 접시 위의 익힌 채소를 한입 크기로 잘라서 먹는다. 고기와 채소를 같이 입에 넣고 섞어서 먹지 않는다.

   입안의 음식도 한 번에 한가지씩이네.

3. 오른쪽에 나이프를, 왼쪽에 포크를 팔(八)자 모양으로 내려놓는다.

4. 허리를 곧게 편 상태에서 냅킨을 들어 입으로 가져온다. 입 주위만 지그시 눌러가며 닦는다. 무릎 위에 다시 내려놓는다.

   이 동작은 여유 있게 천천히 하라고 하셨지?

5. 빵을 입으로 직접 베어 물지 않는다. 왼쪽의 빵을 한입 크기로 손으로 뜯는다. 빵에 버터나이프로 버터를 바른다. 버터를 원하지 않으면 생략한다. 버터나이프를 내려놓고 빵을 먹는다.

   빵도 조그맣게 한입 크기로.

6. 오른쪽의 와인 잔을 든다. 한 모금 마시고 천천히 다시 내려놓는다.

7. 다시 포크와 나이프를 들고 1번과 2번을 반복한다. 와인을 마실 때는 3번부터 6번을 반복한다. 빵은 굳이 매번 안 먹어도 된다.

8. 식사가 끝나면 포크와 나이프를 가지런히 옆으로 놓는다. 포크와 나이프는 4시 방향에 놓기도 하고 6시 방향에 놓기도 한다. 나라에 따라 조금씩 위치가 다를 수 있다.

   칼날이 상대방을 향하면 위협하는 의미가 될 수 있으니까 칼날은 나를 향하게….

식당에서 품위 있게 식사하기 위한 요령

1. 식당에 미리 예약한다.

2. 예약 시간을 지켜서 도착한다.
   어디든지 시간을 잘 지켜야 대접받는구나.

3. 복장은 식당의 격에 맞게 입고 간다. 정장이라면 대부분 무난하다.

4. 식당 입구에서 매니저나 직원의 안내를 받아 자리에 앉는다.

5. 우산, 코트 등 식사에 불필요한 소지품은 체크룸이 있다면 그곳에 보관한다.

6. 여성은 핸드백을 의자의 등받이에 놓는다. 핸드백이 너무 크면 음식 서빙에 방해되지 않도록 오른쪽 의자 아래에 놔두어도 괜찮다.

7. 여성이나 고령자가 먼저 자리에 앉게 한다. 착석 시에는 상황에 따라 웨이터나 남성이 도와주도록 한다.
   여성이 자리에 앉게 도와주는 거 이것도 연습해둬야겠네.

8. 의자에 앉을 때는 좌측으로 들어가 앉는다.
   의자에 앉는데도 방향이 있구나. 좌측!

9. 허리를 똑바로 세우고 의자 깊숙이 앉는다.

10. 섣불리 아는 척하지 않는다. 잘 모르는 것은 웨이터에게 물어본다.

11. 생소한 음식이 나왔을 때는 당황하지 말고 남들보다 한 박자 늦게 식사하면서 자연스럽게 따라 한다.
    그러니까 어디 가나 눈치가 있어야 한다니까!

12. 왼쪽의 포크와 오른쪽의 나이프는 바깥쪽에서 안쪽으로 테이블에 놓인 순서대로 사용한다.

13. 식사 중에는 한 번에 한 동작만 한다. 품위 있어 보이기 위한 기본적이고도 중요한 사항이다.
    한 번에 한 동작, 밑줄 쫙.

14. 음식은 절대 소리 내지 않고 먹어야 한다.
    이건 중요 표시 별 다섯 개!

LEVEL 4 능력이 더욱 돋보이는 직장 생활 매너 갖추기

15. 입안에 음식이 있는 상태에서 대답하거나 말을 하지 않는다. 한두 박자 쉬면서 음식을 삼키고 난 후 말을 시작한다. 언제든지 삼킬 정도의 작은 양으로 잘라 먹는 것이 요령이다.

16. 디저트 코스의 스푼과 포크는 접시 위쪽에 가로로 놓여 있거나 디저트를 가져올 때 따로 제 공된다.

17. 샐러드와 빵은 왼쪽 것을 먹는다. 물과 와인은 오른쪽 것을 마신다.
    좌빵우물, BMW 이렇게 다 외워뒀지!

18. 절대 포크와 나이프를 휘두르면서 이야기하면 안 된다. 서양인들에게는 가정교육이 의심되 는 장면이다.

19. 식사 중에는 남의 실수도 모르는 척, 내 실수도 모르는 척한다. 아무 일도 없었다는 듯이 식 사를 계속 한다.

20. 종업원을 부를 때는 조용히 손을 얼굴 정도의 높이로 든다. 손을 들고 종업원과 눈이 마주칠 때까지 잠시 기다리면 된다. 손을 높이 흔들거나 '여보세요' 혹은 '여기요'라며 소리 내서 부르 지 않는다.

21. 식사 중에 포크나 스푼 등의 식기가 바닥에 떨어졌을 때는 줍지 않는다. 종업원을 불러 새로 가져오도록 한다.

22. 식사 중 접시를 들어 웨이터에게 주거나 위치를 옮기지 않는다. 서빙하는 종업원이 하도록 놔두는 것이 품위 있는 모습이다.
    친절하게 도와주려고 하는 것이 오히려 품위 없는 행동이구나. 손님은 손님답게!

23. 대화할 때는 옆 테이블에서 들리지 않을 정도의 작은 목소리로 대화한다.

24. 음식에 이상이 있을 때는 조용히 종업원을 부른다. 옆 사람이나 옆 테이블에서 모르도록 처 리한다. 일행들이 같이 식욕이 떨어지면 안 되기 때문이다.
    아, 이건 정말 배려 있는 행동으로 보이겠다.

25. 앉은 자리에서 결제할 때는 카드나 현금을 종업원에게 조용히 건넨다. 테이블에 앉아 있는 다른 손님들의 이목이 집중될 정도로 '내가 돈을 낸다'는 표시를 내지 않도록 한다. 돈을 쓰고 도 품위 없어 보인다.

고객처럼 상사 응대하기

"고객 응대의 기본은 고객을 정중하고 친절하게 진심으로 대하는 것입니다.
비즈니스에서 고객은 '내부 고객'과 '외부 고객'으로 나뉘는데,
직장인에게 '내부 고객'은 상사라고 할 수 있습니다.
직장인이라면 내부 고객인 상사를 진심으로 대하면 어떨까요?
요즘 같은 경쟁 시대에 남들과 차별되는 상사 응대를 한다면 상사들의 기억에 좋
게 남는 것은 물론 업무 능력도 더욱더 인정받을 것입니다.
그러니 사회 초년생 여러분, 여러분의 상사를
'내가 직장 생활에서 성공하기 위해 넘어야 할 산이다'라고 생각해보세요.
그 산을 넘고 나면 앞으로 그 어떤 힘든 업무나 사람도 감당할 수 있게 될 거예요.
어차피 넘어야 할 산이라면 기꺼이 즐거운 마음으로 넘으면 좋지 않을까요?"

5

귀한 인연을 놓치지 않는
궁극의 매너 갖추기

남과 다른 틈새 실력을 보일 수 있는
술자리 매너

"내일 거래처 술 접대 자리에는 한수범 씨도 참석하도록 하고."

"네, 알겠습니다 팀장님."

술 접대 참석은 입사 후로 처음 있는 일이었다. 지시를 듣는 순간에는 '아, 나도 이제 인정해주시는구나' 싶어 약간 흥분되었다. 하지만 이내 걱정이 앞섰다. 아직까지 어려운 술자리 경험이 없었기 때문이다. 우선 급한 데로 한별에게 문자를 보냈다.

"형, 점심같이 할까? 엄 팀장님께서 내일 접대 참석하라고 하시는데, 조심해야 될 것들 좀 알려줘."

"응, 이따 보자."

***

한별은 식판을 들고 자리에 앉으며 수범에게 대뜸 한마디 했다.

"너 취하면 목소리도 커지고 말이 엄청 많아지잖아. 노래도 막 부르는데 괜찮겠냐?"

"그러게. 술을 너무 편하게 배웠나 봐."

"우선은 술버릇 나오면 안 되니까 절대 취하지 않는 게 제일 중요해. 술 마시는 속도는 윗분들하고 맞추고. 아니, 가능하면 마시지 말고. 먼저 취하면 절대 안 되니까. 회사 접대 자리는 업무의 연장이라는 점 꼭 기억하고. 접대 다음 날 지각하면 안 되는 거 알지?"

한별의 주의 사항을 듣고 있자니 수범은 마음이 더 심란해져 밥이 넘어가질 않았다. 평소와는 달리 한별도 걱정되는지 자꾸 잔소리를 해댔다. 한별과 대화하고 나니 오히려 더 긴장되었다. 혹 떼려다 혹 붙여온 꼴이었다. 퇴근 시간이 다가오자 점점 더 불안해져 일도 손에 잡히지 않았다. 그동안 애써서 쌓아온 이미지를 한 번에 무너뜨릴 수도 있다는 생각이 들어서였다.

어쩔 수 없이 매너도서관에게 문자로 긴급 도움을 요청했다. 부끄러움을 무릅쓰고 술버릇이 있다고 솔직히 고백도 해두었다. 매너도서관도 걱정이 되었는지 이번에는 화상 통화를 걸어왔다.

"한수범 씨, 연락 잘 주었어요. 직장 생활을 잘하려면 실력과 열심히 일하는 것이 무엇보다 중요해요. 하지만 치열한 경쟁 사회인 요즘은 일만 열심히 하는 걸로는 부족해요. 그 틈새 실력 중 하나가 바로 '좋은 술자리 매너'

에요. 평소에 아무리 매너가 좋아도 술자리에서 실수하면 한 번에 이미지가 무너져요. 꼭 명심하세요."

매너도서관의 표정이 그 어느 때보다 진지해 보였다. 수범에게 더 강한 메시지를 전달하기 위해 일부러 화상 통화를 하고 있다는 게 느껴졌다.

"실수하면 안 된다는 건 명심했을 테니까, 그럼 이제 술자리에서 알아두면 도움이 될 만한 매너 이야기를 해볼까요?"

"네! 선생님!"

수범은 술 버릇을 꼭 고치겠다는 각오의 뜻으로 일부러 힘주어 대답했다.

"우선, 앞으로 중요한 술자리에 나가기 전에는 해야 할 말에 대한 사전 리허설을 하세요. 머릿속으로 미리 연습하고 나가는 습관을 익히라는 뜻이에요. 말실수를 미연에 방지할 수 있는 좋은 방법이에요. 술자리에서 할 말 안할 말 잘 가리는 건 매우 중요한 습관이자 술자리 대화 매너거든요."

'역시 우리 선생님께 도움 요청하길 잘했네!' 리허설은 프리젠테이션 때나 하는 줄 알았던 수범에게는 신선한 충격이었다. 말실수할까 봐 온종일 걱정했던 부분을 해소할 수 있는 해결책이었다.

"업무상 술자리는 평소 직장 생활보다 좀 더 긴장하고 예의와 서열을 잘 지켜야 하는 자리예요. 그런데 술을 마시게 되면 마음이나 몸이 느긋해지니까 태도나 말투에서 실수할 수 있어요. 아무리 취해도 자기보다 윗사람

LEVEL 5 귀한 인연을 놓치지 않는 궁극의 매너 갖추기

에게는 호칭이나 존댓말에 실수가 없도록 각별히 주의해야 해요. 예의 없는 행동도 삼가하고요."

수범은 속으로 자신의 태도에 웃음이 나왔다. 같은 내용인데도 한별이 이야기할 때는 잔소리처럼 들렸던 말이 매너도서관을 통해 들으니 주옥같은 교훈의 말씀으로 들렸기 때문이다. 한별에게 괜히 미안한 마음이 들었다.

"버릇없이 행동해도 술자리에서는 분위기를 망치지 않으려고 상대방이 그냥 넘어갈 수 있어요. 하지만 술이 깬 후에는 흠이 되기 마련이에요."

수범은 한마디라도 놓칠새라 경청하며 메모했다. 술버릇 역시 반드시 고치겠노라고 다시 한번 각오를 다지며 꾹꾹 힘주어 써 내려갔다.

"우리나라 접대 문화는 2차로 노래방에 가는 경우가 많아요. 이때도 몇 가지 주의할 점이 있어요. 거래처나 상사의 애창곡을 미리 알아두세요. 그 노래는 피해서 불러야 하거든요."

"그런 것까지 신경 써야 합니까?"

수범은 놀란 표정으로 물었다.

"저는 그렇게 생각해요. 한번은 제가 거래처 초대로 노래방에 갔었을 때였어요. 그쪽 직원이 제 유일한 애창곡을 먼저 불러버린 거예요. 제가 부를 노래가 없게 돼 버린 거지요. 할 수 없이 목이 너무 아프다고 핑계를 댔어요. 노래 안 하고 버티느라 애먹었던 기억이 나네요."

수범은 그제야 이해가 된다는 듯이 고개를 끄덕였다.

"마이크는 거래처나 상사에게 양보하시고요. 요즘은 마이크 잡는 걸 좋아하는 분이 많거든요."

노래 부르는 걸 좋아하는 수범은 '마이크는 양보'라는 말도 마음에 새겨두었다.

"앞으로 시간이 지나면 한수범 씨가 술 접대를 해야 하는 날이 올 거예요. 그때는 식사나 술자리 장소를 잡을 때 상대방의 귀갓길이 어느 방향인지 미리 파악해두세요. 술 한잔하고 집으로 가는 길을 가깝고 편하게 배려하는 것도 세심한 좋은 매너라고 할 수 있으니까요."

"그것도 정말 중요하겠네요. 저도 친구들하고 술 한잔하고 집으로 갈 때 교통편이 좋지 않으면 좀 짜증이 나거든요."

"맞아요. 그렇게 되면 일부러 비용과 시간을 내서 접대했는데 결과적으로는 실패한 접대가 되는 거예요."

계속해서 구체적인 술자리 매너에 대한 강의가 이어졌다. 어느덧 접대 자리에 대한 수범의 불안은 사라져가고 있었다.

"술 접대 한번 잘하면 식사 10번 하는 것보다 오히려 나아요. 한수범 씨라면 틀림없이 잘할 거예요. 자신감을 가지세요."

매너도서관의 이 말 한마디는 마치 마술사의 주문처럼 들렸다. 자신감이라는 처방약이 온몸에 퍼지는 것 같았다. 전화를 끊고 난 수범은 그 어느 때보다 평온한 마음으로 매너도서관이 알려준 술자리 매너를 정리할 수 있었다(pp. 241~242 참조).

술자리 매너

1. 술자리 좌석

입구에서 먼 중앙 자리가 상석이다. 그다음 서열은 상석 옆자리 혹은 맞은편 중앙 자리다. 윗사람이 도착하기 전에 술자리를 먼저 시작하더라도 상석은 비워둔다. 빨리 가야 할 사람은 문 앞자리에 앉는 것이 좋다. 주문이나 계산 등을 진행하는 사람도 문 근처 자리에 앉는다. 그러나 윗사람이 자리를 지정할 때는 그대로 따르면 된다.

 이건 식사 자리 좌석 배치랑 같네.

2. 술 따르기

아랫사람이 윗사람에게 먼저 술을 권한다. 오른손은 술병의 중앙을 잡고, 왼손은 병 아랫부분을 받치며 따른다. 주전자일 경우에는 오른손은 주전자 손잡이를 잡고 왼손은 주전자 뚜껑에 대고 따른다. 아랫사람이나 동년배의 경우에는 왼손을 가슴에 대고 따른다. 술잔은 80~90% 정도로 채운다. 상대방의 술잔이 비었는지 관심을 가지고 살핀다. 술을 잘하지 못하는 사람에게 억지로 권하지 않는다.

 오늘 저녁에 집에 가서 연습해 봐야겠다.

3. 술 받기

술을 전혀 못하더라도 술을 못 마신다고 정색하면서 계속 술을 거부하면 분위기가 어색해진다. 첫 잔은 술을 못하더라도 받는 것이 예의다. 술을 안 마시려고 술잔을 거꾸로 엎어놓는 건 예의가 아니다. 윗사람이 술을 따라줄 때는 두 손으로 술잔을 들고 공손히 받는다. 받은 술잔은 상위에 놓지 않고 입으로 가져간다. 술을 못하더라도 입에 대는 시늉이라도 하는 것이 술자리 매너다. 윗사람이 줄 때는 테이블 상황에 따라 무릎을 꿇거나 한쪽 무릎은 꿇고 다른 쪽 무릎은 세우고 받는다. 혹은 일어서서 받는다. 아랫사람이나 동년배에게 받을 때는 오른손으로 술잔을 들고 왼손바닥은 가슴에 댄다.

 술을 안 마시려고 해도 일단 받아서 마시는 시늉은 해야 하는 거구나.

4. 술 마시기

술잔은 연장자보다 낮게 해서 부딪친다. 윗사람이 먼저 마시고 난 후 마신다. 윗사람과 마실 때는 술잔을 손으로 가리고 상체와 고개를 옆으로 돌리고 마신다. 상체를 돌릴 때는 좌/우 방향 중에 서열이 낮은 사람 쪽으로 몸을 돌리되 술잔은 돌리며 마시지 않는다.

 술잔을 가리라고?

5. 건배하기

한국은 식사 전에 건배를 한다. 술을 마시지 못하는 사람도 잔을 채워서 건배하는 것이 예의다. 건배 후에는 잔을 비우는 것이 일반적이다. 술을 못 마시더라도 일단 잔을 입에 가져가 마시는 시늉이라도 하고 내려놓는다. 잔을 부딪칠 때는 가까운 사람과 한다. 먼 사람과는 눈으로 한다.

 내일 건배를 많이 하면 큰일이네… 요령껏 덜 마셔야 하는데….

이상형에게 호감을 사는
소개팅 매너

오후가 되자 수범은 진한 자판기 커피가 생각났다. 전날 접대 후유
증인지 몸이 나른하고 계속 졸음이 와서였다. 찌뿌둥한 몸을 이리저
리 틀며 휴게실로 들어섰다. 때마침 오다해와 한별이 웃으며 대화를
나누고 있었다. 수범이 꾸벅 인사하자 한별이 어서 오라며 반갑게 손
짓했다.

"너 양반 되기는 틀렸다. 그렇지 않아도 네 이야기 하고 있었는데. 정직원
된 지도 꽤 됐는데 너도 이제 슬슬 데이트도 좀 하고 그래야지. 그래서 오
다해 씨에게 네 소개팅 좀 부탁하고 있었어."

언제 데이트 한번 해보나 기다리던 수범에게는 듣던 중 반가운 이
야기였다. 오다해가 그런 수범을 보며 대화를 이어갔다.

"생각나는 후배 중에 한 명이 있긴 한데… 성격도 괜찮고 얼굴도 예뻐요.

집안도 괜찮고요. 그런데 유독 남자가 매너 없는 걸 못 참아요. 그런 면에서는 좀 까다롭다고 해야 하나… 암튼 연애하기가 힘든 아이예요. 우리나라에 매너 있는 남자가 별로 없다나 뭐라나….”

'헉…' 수범은 갑자기 가슴이 답답해져 왔다. 1년 전 매너 없다고 소개팅에서 차였던 생각이 떠올라서였다. 그때였다. 한별이 말을 거들고 나왔다.

“우리 후배 매너 정도면 괜찮지 않나? 오다해 씨도 계속 봤잖아요.”

“그러네요. 한수범 씨 정도면… 한번 물어보고 날짜 잡아볼게요.”

예전 같으면 그런 상대는 부담되어 소개받고 싶지 않았을 게다. 그런데 이번에는 최소한 매너가 없다고 차이진 않을 자신이 있었다. 마침 매너도서관과 식사하면서 컨설팅 받는 날도 얼마 남지 않았다.

'잘됐다. 이번에는 데이트 매너에 관해 배우고 싶다고 해야겠다.'

수범이 소개팅 제안에 응할 수 있었던 자신감은 이렇게 뒤에 매너도서관이라는 든든한 지원군이 있어서였을 게다.

“그나저나 한수범 씨 벌써 술 접대 자리까지 참석했다면서요. 엄 팀장님께서 한수범 씨 너무 잘본 거 아니에요? 정직원 된 지 얼마 되지도 않았는데.”

“누가 아니랍니까? 이번 술 접대 자리에서도 거래처분들 잘 모셔서 칭찬받았다니까요.”

오다해의 반 농담식 칭찬에 한별도 거들며 은근히 후배 자랑을 늘어놓았다.

***

며칠 후 수범은 설레는 마음으로 매너도서관과 마주 앉았다.

"그렇지 않아도 데이트 매너는 언제쯤 알려주어야 할까 생각 중이었어요. 연락받고 나서 내가 소개팅 나가는 것처럼 마음 설렜어요."

수범과 반가운 인사를 나눈 매너도서관이 환한 미소를 띠고 먼저 말을 꺼냈다.

"그러신 것 같습니다. 지금 선생님 표정이 저보다 더 즐거워 보이세요."

수범과 매너도서관은 한동안 화기애애하게 담소를 나누었다.

"데이트 매너 중에서 특별히 궁금한 부분이 있나요?"

"예전에는 식사 매너에 대해 궁금했었는데요… 그 부분은 선생님 덕분에 이제 어느 정도 알게 된 것 같습니다. 그런데 아직 소개팅할 자신감이 부족한 것 같습니다. 지난번 소개팅 트라우마도 있고요."

"그럼 우선 소개팅할 때의 마음가짐에 대해 이야기해보도록 할게요."

"네, 감사합니다."

수범은 오늘은 매너도서관이 어떤 보석 같은 말을 해줄까 잔뜩 기대에 부풀어 귀를 기울였다.

"인생을 바꾸는 방법은 여러 가지가 있어요. 그중 하나가 좋은 배우자를 만나 결혼을 잘하는 것이라고 생각해요. 서로 사랑하게 되면 조건이 중요하지 않을 수 있어요. 하지만 처음 누군가를 만날 때는 아직 사랑하기 전이니까 조건을 먼저 따지게 되지요. 재산, 학벌, 직업, 외모, 집안 배경 등이요. 하지만 아무리 조건이 좋아도 상대가 매너가 형편없고 나를 배려하지 않는다면 계속 만나고 싶어질까요?"

"아니요….”

수범은 작은 목소리로 겨우 대답했다. 아직도 매너 없다고 거절당한 좋지 않은 소개팅의 기억을 극복하지 못해서였다.

"그래서 좋은 사람을 만나기 위한 첫 단추인 소개팅 매너는 그만큼 중요하다고 생각해요.”

수범은 고개를 계속 끄덕이며 차분히 듣고 있었다.

"결혼을 전제로 누군가를 만날 때는 대부분 서로 비슷한 수준에서 만나게 되지요. 하지만 사람이 품위 있고 예절 바르면 자기보다 조건 면에서 더 나은 수준의 사람을 만나도 연애와 결혼에 성공할 확률이 높아져요. 그야말로 돈 한 푼 안 들이고 내 결혼 조건을 업그레이드할 수 있는 인생 성공 '매너 테크'가 되는 거예요.”

"매너 테크요?"

수범은 처음 듣는 말에 의아해하며 반문했다.

"네, '매너'와 '재테크'를 합쳐 제가 만든 말이에요. 쉽게 말해서 매너가 좋으면 더 많이, 더 쉽게 재테크를 할 수 있다는 의미에요. 더 빨리 성공도 할 수 있고요. 결국 매너가 좋으면 결혼을 더 잘할 수 있다는 뜻이지요.”

"아하, 의미 있는 말이네요.”

여기까지 이야기한 매너도서관은 잠시 말을 멈추었다. 조만간 소개팅도 성공하게 될 수범을 상상하며 흐뭇한 표정을 짓고는 다시 말을 이어갔다.

"데이트 상대나 결혼 상대 조건으로 볼 때 한수범 씨는 지난 1년 간 최소 몇 단계는 업그레이드했다고 생각해요. 좋은 직장에 취업도 했고, 이렇게 매너도 좋아졌고요. 성격이랑 태도도 많이 차분해졌어요. 게다가 외적 이미지도 멋지게 다듬어졌잖아요. 그러니 이번 소개팅에 자신감 가지고 나가셔도 돼요."

소개팅을 앞둔 수범에게는 최고의 칭찬이었다. 갑자기 양쪽 어깨가 자신감으로 막 솟아 올라가는 것 같았다. 마치 전교생 앞에서 우수상 상장을 받은 듯한 기분이었다. 매너도서관은 좋아서 어쩔 줄 모르는 순수한 아이 같은 수범의 모습을 보며 빙그레 미소를 지었다.

식사하며 한참 이야기에 빠져 있던 수범은 문득 자신이 테이블 매너에 전혀 신경 쓰지 않고 편안하게 매너도서관의 이야기에 집중하고 있음을 느꼈다. 함께 식사하며 지도받은 내용을 집에서 꾸준히 연습해온 결과였다.

"이제 식사하는 모습이 영락없는 신사네요. 나무랄 데가 없어요."

매너도서관은 대화 중에 무심한 듯 한마디 툭 해주었다. 소개팅에 좀 더 자신감을 갖게 하려는 배려였다.

"자, 그럼 다시 데이트 매너에 관해 이야기해볼까요? 우리가 소개팅에 나가서 상대가 마음에 드는지 안 드는지 결정하는 데는 여러 사항이 있을 거예요. 그 중 알게 모르게 중요한 사항이 바디 랭귀지예요. 같은 외모에 같은 내용의 대화를 하더라도 자세나 몸동작에 따라 사람의 품격과 수준이 달라 보이기 때문이에요. 가령 허리와 등을 구부린 태도로 앉아 있으면 자신감 없는 사람으로 보일 수 있어요. 상대방 눈을 똑바로 쳐다보지 못하면 뭔가 불안하고 자존감이 낮은 사람으로 보일 테고요."

여기까지 듣던 수범은 걱정되는 표정으로 급히 질문했다.

"선생님, 저는 어떤가요? 혹시 고칠 점이 있으면 말씀해주세요."

"걱정하지 말아요. 이제 나무랄 데가 없어요. 그나저나 처음 만난 날 일어나다 물컵 쏟았던 일 기억하나요?"

매너도서관이 갑자기 장난기 어린 말투로 질문했다.

"그럼요, 그랬던 제가 이렇게 변한 건 모두 선생님 덕분입니다."

"그때 일을 제가 이렇게 농담처럼 할 수 있는 건 이제 소개팅에서 그럴 일이 없다고 생각하기 때문이에요. 한수범 씨가 열심히 노력한 결과예요. 늘 이야기하지만 매너라는 건 아무리 방법을 알려줘도 실천하지 않으면 소용없거든요."

수범 역시 그날의 실수를 아직도 생생히 기억하고 있었다. 부끄럽기도 했지만 지금 와서 생각해 보면 재미있는 추억처럼 느껴졌다.

"이번에는 데이트 복장에 관해 이야기해볼까요? 첫 만남에서 상대에게 좋은 첫인상을 주고 싶다면 복장이 중요하다는 점은 이제 너무 잘 알고 있을 거예요. 이때 중요한 점은 내가 입은 복장의 격식 수준이 상대에 대한 내 마음의 표시가 된다는 거예요. 즉 첫 만남에 허름하게 입고 나간다면 상대를 무시하는 것과 별반 차이가 없다는 뜻이에요."

"네, 그 부분은 명심하고 있습니다."

수범은 자신에 찬 목소리로 대답했다. 아직 한별의 도움을 받고 있긴 하지만 요즘 들어 양복만큼은 제법 잘 입는다는 소리를 듣고 있어서일 게다. 매너도서관도 이제는 수범의 양복 스타일에 관해서는 안심하고 있었다.

"데이트할 때 제일 힘든 것 중 하나는 '대화 문제'일 거예요. 아무리 외모가 좋아도 대화가 안 되는 사람과는 오래 지내기 힘들거든요. 그런데 이 문제는 듣기만 잘해도 반은 해결돼요. 상대방의 이야기를 잘 듣다가 중간중간 적절한 반응과 질문을 하면 되고요. 듣기가 쉬울 것 같은데 막상 대화해보면 자기 말만 하는 사람들이 의외로 많아요."

"저는 어떤가요?"

"경청하는 태도는 100점이니까 염려하지 않아도 돼요. 다만 이야기를 들을 때 표정과 함께 좀 더 적극적으로 반응하면 좋을 듯해요."

"어떤 식으로 하면 될까요?"

"'정말요?' '그렇군요' '정말 재미있습니다!' 뭐 이런 거 많잖아요."

매너도서관은 표정까지 지어가며 반응하는 모습을 보여 주었다.

"아… 그런데 그게 마음처럼 잘 안되더라고요."

수범은 어색한 표정을 지어 보였다. 매너도서관은 수범에게 몇 번이고 따라 해보게 하고서야 다음 이야기로 넘어갔다.

"또 다른 중요한 점은 대화를 정직하게 해야 한다는 거예요. 학력이나 나이, 재산 등을 속이는 사람들이 간혹 있거든요. 나중에 밝혀지면 신뢰를 잃거나 헤어지게 되는 이유가 될 수 있어요. 한수범 씨야 속이지는 않겠지만 오히려 너무 솔직할까 봐 걱정이긴 해요."

"너무 솔직해도 안 되나요?"

"가령 예전에 사귄 여자 친구 이야기 같은 것을 일부러 할 필요는 없다는 뜻이에요."

걱정스럽게 물었던 수범은 그제야 매너도서관의 말을 알아들었다는 듯이 고개를 끄덕였다.

"대화 중 화제로 삼지 말아야 할 내용은 잘 알고 있을 거예요. 종교, 정치, 건강 문제, 돈, 이전 교제 상대, 19금 대화 등이요. 이런 대화들은 자칫 어색하거나 좋지 않은 분위기를 만들 수 있는 주제거든요. 남을 험담하는 것도 좋지 않고요. 만약 누군가를 험담한다면 데이트 상대는 한수범 씨가 다른 누군가에게 자기를 그렇게 험담할 수 있다는 생각이 들기 때문이지요."

이제는 '아, 그렇겠군요' 등의 추임새까지 넣어가면서 수범은 연신 고개를 끄덕이며 경청하고 있었다.

"처음 만나서 대화를 잘 끌어나가는 일이 그렇게 어려운 일은 아니에요.

가령 '자기소개를 좀 부탁드려도 될까요?'라고 정중하게 요청해보는 것도 하나의 방법이에요. 상대방에 대해 이것저것 취재하듯이 물으면 아무래도 기분이 좋지 않거든요. 자기소개를 듣다가 만약 상대의 취미를 알게 되면 그 취미에 관해 질문하며 대화를 이어나가면 되고요."

수범은 지난번 소개팅에서 상대에게 이것저것 물어보았던 일이 생각났다. 그때는 그것이 관심의 표현이라고 생각했었다. 그런데 그때 상대방의 표정이 좋지 않았었다. 수범은 이제서야 상대가 왜 그런 표정을 지었었는지 이해가 되었다.

"오늘따라 스테이크가 참 잘 구워졌네요."

수범은 스테이크 한 조각을 입에 넣고 행복한 표정을 지었다. 매너 도서관도 여유 있게 식사를 즐기는 수범을 보며 교육자로서 보람이 느껴져 뿌듯해졌다.

애프터를 보장하는
소개팅 대화 매너

어느덧 식사 코스가 끝나고 커피와 디저트가 나왔다. 그 어느 때보다 화기애애한 분위기의 컨설팅 시간이 흐르고 있었다. 매너도서관은 연기가 모락모락 올라오는 커피를 한 모금 마시고는 강의를 이어갔다.

"이제는 구체적인 데이트 매너에 관해 살펴볼게요. 소개팅이나 데이트에서 이성에게 매너를 잘 지킨다면 호감을 사 잘될 확률이 높아질 거라고 확신해요."

"네, 저도 그렇게 생각합니다."

"그럼, 한수범 씨가 예전에 데이트하면서 했던 행동과 어떻게 다른지 잘 비교하면서 들어보세요."

수범은 커피를 한 모금 넘기다 말고 얼른 펜을 집어 들었다.

"첫 만남은 최소한 며칠 정도 여유를 두고 정하는 편이 좋아요. 충분한 시간 여유를 주는 것이 상대방을 존중하는 태도로 보이거든요. 혹은 상대방에게 부득이한 일정이 있어서 거절당할 가능성도 줄어들고요. 물론 서로 가까워진 후에는 이런 형식에 얽매이지 않고 자유롭게 하면 되겠지요."

'제발 나도 아무 때나 연락하고 만날 수 있는 사람이 생겼으면….'

수범은 이번 소개팅이 정말 잘 되었으면 좋겠다는 마음이 더욱 간절해졌다.

"처음 소개팅을 하는 장소는 가능하면 대화에 집중할 수 있는 조용하고 분위기 있는 곳이 좋을 거예요. 만약 당사자끼리 연락해 소개팅 약속을 잡는 경우라면 구체적으로 하는 게 좋아요. 가령 '주말에 만날까요?'라고 하기보다는 '토요일 오후에 연극 보러 가시겠어요?'라고 물어보는 것이 좋아요. 혹은 '토요일 저녁에 ○○에 있는 ○○ 맛집 식당에서 식사하는 게 어때요?'라고 물어보세요. 이렇게 물어보면 언제 무엇을 할지 알게 되니까 어떤 복장을 준비할지 미리 알 수 있거든요."

고개를 끄덕이며 듣던 수범은 걱정스런 얼굴로 진지하게 물었다.

"전 여자들이 뭘 좋아하는지 잘 모르겠더라고요. 제가 고른 맛집이나 장소가 마음에 안 들 수도 있지 않을까요?"

"처음에는 당연히 어떤 것을 좋아하는지 서로 잘 모르겠지요. 그럴 때는 몇 가지를 제안해서 상대가 선택할 수 있게 하면 배려심 있는 사람으로 보일 거예요. 혹은 뭘 좋아하냐고 물어봐도 되고요."

"아 그러면 되겠네요."

수범은 그제야 마음이 놓이는 듯했다.

"데이트할 때는 정성껏 차리고 나온 여성의 복장이나 외모를 칭찬하는 것이 좋아요. 상대방에게 점수를 따는 좋은 방법이지요. 신사의 매너이기도 하고요. 여성 대부분이 소개팅 복장이나 외모에 신경을 많이 쓰거든요. 준비가 간단한 남성들과는 상황이 다르지요."

"그렇겠네요. 그런데 저는 여자한테 칭찬하는 게 잘 안되더라고요. 왠지 쑥스러워서요."

수범이 곤란한 표정을 지으며 말했다.

"그래도 자꾸 해보는 게 중요해요. 칭찬은 고래도 춤추게 한다고 하잖아요. 게다가 돈이 드는 것도 아니고요. 그러고 보니, 그동안 한수범 씨가 저에게 칭찬하는 걸 들어본 적이 없네요. 연습 삼아 오늘 한번 들어볼까요?"

수범이 머뭇거리며 어색해하자 매너도서관은 잠시 칭찬하는 방법에 대해 알려 주었다.

"칭찬은 구체적으로 그리고 진심으로 해야 효과가 있어요. 상대를 좋아하는 마음으로 바라보면 칭찬할 점을 얼마든지 찾을 수 있을 거예요. 가령 '오늘 옷이 잘 어울리시네요'라고 하기보다는 '핑크색 블라우스와 진주 귀걸이가 참 잘 어울리시네요. 액세서리 고르는 안목이 높으신 것 같습니다'라고 하는 거지요. 이렇게 하면 옷에 대한 칭찬뿐만 아니라 상대방의 안목에 대한 칭찬까지 함께 한 셈이 되거든요."

매너도서관의 칭찬 사례를 듣고 나니 수범도 해볼 수 있을 것 같았다. 그런데 막상 입을 열려고 하니 말을 처음 배우는 아기처럼 입이 열릴 듯 말듯 머뭇거려졌다. 그러다 불쑥 내뱉듯이 한마디 했다.

"선생님, 오늘따라 귀티 나는 선녀처럼 보이십니다. 흰색 정장이 너무 잘 어울리셔서 그런 것 같습니다."

말을 마치자마자 수범은 이내 쑥스러운 표정을 지었다. 매너도서관은 그만 소리 내어 웃어 버렸다. 그야말로 '빵' 터졌다. 어정쩡한 표정과 '선녀'라는 옛스러운 표현이 수범답다는 생각이 들어서였다. 수범도 머리를 만지며 겸연쩍은 듯 씩 웃었다.

"고마워요. 칭찬해줘서. 잘했어요. 그렇게 하면 돼요."

수범의 독특한 칭찬으로 한바탕 웃고 나자 대화 분위기는 더 즐거워졌다.

"식당에서는 여성에게 상석을 권하세요. 분위기를 봐서 착석하는 걸 도와주면 좀 더 호감을 살 수 있을 거예요."

"착석을 어떻게 도와주나요?"

"앉을 의자를 당기고 여성이 앉을 때 의자를 밀어주면 돼요."

수범은 그제야 이해했다는 듯 끄덕였다.

"처음에는 어색할 수 있어요. 그런 경우에는 최소한 여성이 먼저 착석할 때까지 기다렸다가 자리에 앉으면 돼요. 착석을 도와주었다면 식사를 마치고 일어설 때도 여성의 의자를 빼주는 거 잊지 마시고요. 어색하면 빼주는 척이라도 해보세요. 처음에는 쑥스럽겠지만 하다 보면 익숙해져요."

매너도서관은 그 자리에서 수범에게 연습해보도록 했다. 자연스러워질 때까지 집에서 연습해 보라는 말도 잊지 않았다.

"다음 컨설팅부터는 한수범 씨가 제가 착석하는 걸 도와주면서 연습해보도록 해요. 아셨죠?"

수범은 작은 한숨을 내쉬며 그러겠다고 일단 대답했다. 아직은 어색하게 느껴져서였다.

"저, 그런데 데이트 비용은 남자가 꼭 다 내야 하나요?"

그동안 늘 궁금했던 점이었다. 솔직히 데이트 비용이 부담되기도 했고 공평하지 않다는 생각도 들어서였다.

"요즘은 데이트 비용을 남자 혼자 내는 시대는 아니에요. 하지만 진지한 만남이라면 처음 한두 번은 남자가 데이트 비용을 내는 것이 아직은 신사의 모습으로 보일 수 있어요. 그 이후에는 적절히 나누어서 내면 돼요."

수범은 이해가 잘 안 된다는 표정으로 고개를 약간 갸우뚱하며 듣고 있었다. 이런 수범의 마음을 알아챈 매너도서관은 부연 설명을 해주었다.

"제가 여자라서 편을 드는 게 아니에요. 여성들은 일반적으로 소개팅 장소에 나오기 위해서 옷을 사거나 헤어숍에 가거나 화장품을 사는 등 외모에 많은 돈을 쓰게 돼요. 그런데 데이트 비용도 똑같이 내야 한다면 너무 부담되지 않을까요? 제 개인적인 생각으로는 그래요."

"아, 그렇겠군요. 여자들이 꾸미는데 돈이 많이 든다는 생각을 못 했었습니다. 제가 조금 더 부담하는 게 맞겠네요."

LEVEL 5 귀한 인연을 놓치지 않는 궁극의 매너 갖추기

수범은 그제야 이해가 된다는 듯이 고개를 끄덕였다.

"이번에는 '레이디 퍼스트Lady First'라는 에티켓(p. 259 참조)에 대해 이야기해볼까요? 여성에 대한 마음을 겉으로 잘 표현하지 못하는 한국 남성들에게 서양의 레이디 퍼스트 에티켓은 실천하기가 다소 부자연스럽게 느껴질 수 있어요. 문화 차이 때문일 거예요. 한수범 씨도 조금 전에 의자 착석을 도와주면서 좀 부끄러워했잖아요?"

"네 좀 그렇더라고요. 그래도 몇 번 연습하니까 나중에는 할 만 했습니다."

"서양의 여성 존중 사상을 무조건 받아들이자는 건 아니에요. 하지만 제 경험상 서양인 대부분이 여성을 아끼고 존중하지 않는 남성을 신사로 여기지 않았어요. 아무리 학식이 많고 지위가 높고 멋진 옷을 입었다 하더라도요. 요즘은 우리나라 여성들도 이런 매너를 잘 지키는 남성들이 자신을 존중해준다고 생각하는 경향이고요. 물론 우리 정서상 친절이 과하면 상대에게 부담될 수도 있어요."

수범은 수긍한다는 듯이 고개를 끄덕였다. 드라마의 남자 주인공이 여자 주인공에게 자동차 문을 열어주는 장면이 떠올라서였다. 수범이 보기에도 그런 주인공이 멋있어 보였었다.

"처음부터 다 잘할 수는 없을 거예요. 몇 가지라도 자연스럽게 잘할 수 있도록 연습해보세요. 소개팅에서 꼭 좋은 결과가 있을 거예요."

좋은 결과라는 말에 수범의 눈이 순간 반짝였다.

***

어느덧 컨설팅을 마쳐야 할 때였다. 오늘은 다른 때보다 더 긴 시간 함께 이야기를 나누었는데도 수범은 무척 아쉬웠다. 지루한 인생이 핑크빛으로 변할지도 모르는 꿀팁들을 더 배우고 싶어서였다.

"이번 소개팅에서는 한수범 씨가 매너 없다는 말은 절대 안 들을 거예요. 제가 장담할게요. 자신감 가지고 만나세요."

매너도서관은 수범에게 용기를 주기 위해 진지한 표정으로 수범의 눈을 바라보며 말했다.

"소개팅 하고 나면 어떻게 되었는지 저한테도 바로 연락줄 수 있겠어요? 벌써부터 궁금해지네요."

"네, 물론입니다 선생님!"

여성에 대한 에티켓

1. 여성을 위해 문을 열어준다.

    이건 회사에서 방문객 접대할 때 하던 대로 하면 되니까 할 수 있겠다.

2. 코트를 받아준다.
3. 자리에 편하게 앉도록 의자를 당겨주고 밀어준다.

    이건 좀 더 연습하면 될 것 같고.

4. 여성이 들어올 때는 자리에서 일어서며 그녀가 자리에 앉을 때까지 서 있는다.

    일어설 때 양복 단추 채우라고 하셨지?

5. 여성이 자리에서 일어설 때는 같이 일어선다. 혹은 일어서는 시늉이라도 한다.
6. 여성과 같이 식사할 때는 여성이 고른 음식을 대신 주문해준다.
7. 식사 비용은 남성이 내는 것이 관례였지만 요즘은 상황에 맞게 부담하면 된다.
8. 여성에게 먼저 음식이나 음료수가 제공되도록 배려한다.
9. 식사 후 팁을 주는 경우 여성이 팁을 내도록 하지 않는다.
10. 무거운 짐은 들어준다.

    예전에는 좀 쑥스러웠는데 이제는 들어준다고 말을 해봐야겠다.

11. 함께 걸을 때는 여성을 오른쪽에 오도록 한다.

    이거 중요한 사항이지. 청소기라도 붙들고 연습해봐야겠다.

12. 차도나 위험한 곳을 걸을 때는 여성이 안전하게 걸을 방향으로 보호하며 걷는다.
13. 여성이 떨어뜨린 물건은 대신해서 줍는다.
14. 엘리베이터를 먼저 타고 먼저 내릴 수 있도록 한다.

    여성 먼저, 레이디 퍼스트로 외워두자.

15. 회전문에 여성이 먼저 들어가도록 한다. 회전문이 멈추어 있을 때는 남자가 먼저 밀고 들어간다.
16. 계단을 올라갈 때는 남성이 먼저 올라가고, 내려갈 때는 여성이 먼저 내려가게 한다.

    여성이 짧은 치마를 입었다고 상상하면 이해된다고 하셨지? 그러니까 여성이 먼저 올라가고 내가 나중에 올라가면서 위를 올려다본다면… 내려갈 때 내가 먼저 내려가면서 위를 올려다보면… 헉, 그러면 다 보이니까… 이제 완전히 이해가 되네.

존중하고 배려하는
마음에서 우러나는 대화 매너

드디어 소개팅하는 날이 되었다. 만나기로 약속이 정해진 날부터 수범은 기대감으로 가슴이 두근거렸다. 미리 본 사진 속 그녀의 모습이 평소 좋아하는 스타일이었기 때문이다.

수범은 제일 좋은 정장으로 한껏 멋을 내고 약속 장소인 커피숍에 여유 있게 도착했다. 오다해도 일부러 시간을 내어 나와 주었다. 잠시 기다리고 있으니 사진 속 그녀가 수범이 있는 테이블 쪽으로 걸어오는 모습이 보였다. 순간 수범의 눈에는 하늘에서 그녀만을 비추는 빛이 내려온 것처럼 보였다. 주변의 모든 사물은 다 사라지고 오로지 광채 나는 그녀만 보였다. 수범은 뛰는 가슴을 진정하며 풀어놓았던 양복 단추를 얼른 채웠다. 그리곤 자리에서 일어나 테이블 밖으로 나와 살짝 고개 숙여 그녀에게 정중하게 예의를 표했다.

"아름아, 이쪽은 직장 동료 한수범 씨야. 한수범 씨, 이쪽은 제 후배 이아름

이에요. 서로 인사하세요."

오다해의 소개(p. 269 참조)가 끝나자 수범은 최대한 부드러운 표정

으로 아름에게 인사를 건넸다.

"안녕하십니까. 한수범이라고 합니다."

아름도 활짝 미소 지으며 인사했다. 사진보다 실물이 훨씬 더 분위

기 있는 미인이었다. 수범은 마치 로또에 당첨된 기분이었다. 서로 인

사를 마친 후 수범은 얼른 그녀가 앉을 의자를 당겨 착석을 도와주었

다. 오늘을 위해 집에서 수도 없이 연습했던 그 순간이 드디어 온 것

이다. 수범이 자연스럽게 착석을 도와주자 아름은 오다해를 바라보며

마음에 든다는 표정을 지어 보였다. 잠시 어색한 분위기를 풀어준 오

다해는 즐거운 시간 되라며 센스 있게 자리를 비켜주었다.

몇 시간이 눈 깜짝할 사이에 흘렀다. 시간 가는 줄 모를 정도로 아

름이 말을 재미있게 해서였다. 수범은 매너도서관에게 배운 데로 추

임새를 넣으며 열심히 들어주었다. 수범은 헤어지기가 못내 아쉬워

미리 검색해두었던 근처 스테이크 전문점으로 장소를 옮겼다. 아름도

수범이 싫지는 않은지 기꺼이 저녁 식사에 응해주었다. 식사 후에는

물론 아름을 집 앞까지 데려다주었다.

"꼭 다시 만날 수 있기를 바랍니다. 그럼 연락 기다리겠습니다."

수범은 자신의 연락처를 주며 아름에게 정중하게 작별 인사를 했

다. 연락처를 달라고 하고 싶었지만 꾹 참았다. 상대방이 부담스러워

할 수 있다는 매너도서관의 말이 생각나서였다.

다음날 수범이 궁금해하는 걸 잘 알고 있는 오다해가 휴게실에서 잠깐 보자는 문자를 보내왔다.

"우리 후배가 한수범 씨 매너가 너무 좋다고 하네요. 아마 연락이 올 거예요. 잘 해봐요."

상황을 전해주는 동글동글한 오다해의 얼굴이 오늘따라 그렇게 예뻐 보일 수가 없었다. 하마터면 고맙다고 와락 껴안을뻔했다. 그후 수범은 며칠 동안 휴대전화를 손에서 내려놓질 못하고 있었다. 아름의 전화를 기다리는 시간이 마치 천년처럼 길게 느껴졌다.

***

점심 식사를 마치고 커피를 한 모금 넘기며 아름에게 혹시 문자라도 왔나 싶어 휴대전화를 들여다보려는 순간이었다. 드디어 아름에게서 전화가 걸려왔다. 에프터 약속을 잡은 수범은 너무 좋아서 소리 지르고 싶은 걸 겨우 참았다. 회사가 아니라 집에 있었다면 틀림없이 경중경중 뛰었을 것이다. 정신을 가다듬은 수범은 매너도서관에게 바로 전화를 걸어 이 경사를 알렸다.

"아, 너무 잘 되었어요. 한수범 씨를 마음에 들어 할 줄 알았어요."

기뻐서 어쩔 줄 모르는 매너도서관의 모습이 목소리만으로도 마치 보이는 듯했다.

"그런데 지난번 만남에서 제가 여자하고 대화하는 화법이나 언어 표현이 많이 서툴다는 생각이 들었습니다. 부드럽게 말을 하고 싶었는데 마음대로 잘 안되더라고요. 화법 공부도 좀 해둬야 할 것 같습니다."

"그렇지 않아도 대화 매너나 화법에 대해 구체적으로 알려드릴 때가 되었다고 생각하던 참이었어요. 절실히 필요해져야 머릿속에 잘 들어가잖아요. 그럼 이번 컨설팅은 대화 매너로 준비할게요."

수범은 매너도서관에게 소개팅에서 아름에게 어떻게 했는지에 대해 이런저런 이야기를 해주었다. 제대로 매너를 잘 지켰는지 선생님에게 확인받고 싶은 학생 같은 마음이었다.

"그동안 공부한 걸 제대로 활용했네요. 복장, 테이블 매너, 여성에 대한 에티켓 모두 잘하신 것 같아요. 특히 한수범 씨가 주문한 와인을 만난 분이 마음에 든다고 하셨다니 참 잘했어요. 별 다섯 개."

"별이 다섯 개나요?"

매너도서관이 소리 내어 웃었다. 수범도 마치 담임선생님에게 별도장을 받은 아이처럼 우쭐한 기분이 되어 함께 웃었다.

***

며칠 후 수범은 잔잔한 음악이 흘러나오는 식당 입구에 들어섰다. 매너도서관도 막 도착한 듯 자리에 앉으려 하고 있었다. 수범은 얼른 매너도서관이 앉을 의자를 빼내어 착석을 도왔다.

"데이트는 어떻게 잘 되어가고 있나요?"

매너도서관도 무척 궁금했었나 보다. 인사하자마자 바로 데이트에 관해 물었다.

"현재까지는 잘 진행되고 있습니다."

수범은 생각만 해도 기분이 좋은지 싱글벙글 웃으며 대답했다.

"그래서 인사하는 얼굴이 오늘따라 유난히 밝아 보였군요?"

매너도서관이 놀리듯이 말했다. 식사가 나오는 동안 데이트에 관한 이야기는 계속 이어졌다.

"자, 그럼 이제 대화 매너에 대한 이야기를 슬슬 시작해볼까요? 대화를 잘하려면 우선 마음이 중요해요. 마음을 열고 상대를 존중하고 배려하는 마음으로 대화에 임해야 한다는 뜻이에요."

수범은 '존중과 배려'를 중얼거리며 반복했다.

"그리고 상대가 듣기 좋은 음성과 표현으로 대화 내용을 전달하는 거예요. 그러려면 효과적으로 말하는 요령이 필요하겠죠? 목소리는 물론 타고 나요. 하지만 가능하면 더 듣기 좋은 목소리를 내도록 노력할 필요가 있어요."

"타고난 목소리를 바꿀 수 있나요?"

평소 목소리에 자신이 없던 수범이 관심을 보이며 물었다.

"말의 속도, 억양, 크기, 발음 등을 잘 조절하면 좀 더 듣기 좋은 목소리를 낼 수 있어요."

"저는 어떤가요? 목소리가 그다지 좋은 편은 아니라서요."

수범은 다소 걱정되는 표정으로 물었다. 대화법만 배우면 될 줄 알았는데 목소리도 중요하다고 하니 말이다.

"제 생각에 한수범 씨는 발음을 좀 더 정확하게 하는 훈련을 하면 좋을 것 같아요. 그럼 목소리도 훨씬 좋게 들릴 거예요. 가끔 문장 끝을 얼버무리면서 빨리 말할 때가 있거든요. 저는 이제 익숙해져서 다 알아듣긴 하지만 한수범 씨를 처음 만나는 사람들은 좀 답답하게 느낄 수 있을 것 같아요."

"아, 제가 그런 버릇이 있나요? 그동안 모르고 있었습니다."

"녹음해서 어떤 부분이 정확하지 않은지 한번 들어보는 것도 좋은 방법이에요. 말끝을 좀 더 천천히 또박또박 이야기하도록 연습해보세요."

"네, 노력해보겠습니다."

"그리고 또 한 가지는 목소리 톤이 낮아서 좀 무거운 느낌이 들 때가 있어요. 회사에서 이야기할 때는 묵직하니 믿음직할 거예요. 하지만 여성과 데이트 할 때는 좀 더 밝게 톤을 높여서 대화하면 좋을 것 같네요. 사무실에서 보고나 PT를 할 때도 마찬가지고요."

"그래서 아름 씨가 기분 안 좋은 일 있냐고 물어봤나 보네요. 분명 기분이 좋았는데도요."

"자, 오늘부터 목소리 톤을 조금 높이는 연습도 해보면 어떨까요?"

"네, 알겠습니다."

쇠뿔도 단김에 빼랬다고 수범은 한껏 목소리 톤을 올려 대답했다.

"호감 가는 표현을 하려면 경어법을 잘 구사할 필요가 있어요. 높임말에는 '~입니다, 입니까?' 등의 '다나까체'와 반 높임말인 '~하세요, ~하고요' 등의 '요조체'가 있잖아요? 이 두 가지를 적절히 사용하면 돼요. 음성이 무거우면 '요조체'를, 가벼우면 '다나까체'를 좀 더 사용하면 목소리 무게를 조절하는 데 도움이 될 수 있어요."

"그럼 저는 목소리가 무거우니까 데이트할 때는 지금보다 '요조체'를 조금 더 사용해보면 좋겠군요."

수범은 '요'를 강조하며 바로 '요조체'를 사용해 보았다.

"흔히 사람의 품격은 '입'에서 나온다고 해요. 말은 그 사람의 인격이나 교양을 나타내기 때문이지요. 은어, 속어, 상소리, 과장된 표현, 너무 지나친 농담 등을 한다면 품위 없게 느껴지겠지요. 한수범 씨는 오히려 농담을 좀 하면 좋을 것 같고요."

평소 너무 진지한 모습을 보이는 수범을 매너도서관은 오히려 좋아했다. 착한 모범 학생처럼 보이기 때문이다. 하지만 데이트할 때는 다소 재미없는 남자로 보일까 봐 걱정 되어 살짝 한마디 해주었다.

식사가 끝나고 차를 마실 때쯤 되자 구체적인 화법에 대한 설명(pp. 267~268 참조)이 이어졌다. 수범은 테이블이 정리되자 얼른 수첩을 꺼내 메모할 준비를 했다. 아름과의 다음 데이트에서 바로 활용할 생각을 하니 매너도서관의 교육이 오늘따라 머리에 쏙쏙 들어왔다.

말하기 화법

1. 같은 내용이라도 긍정적인 부분을 강조해서 말한다.

예) 여기서 식사하면 안 됩니다. (X)

저쪽 휴게실에 식사할 수 있는 공간이 마련되어 있습니다. (O)

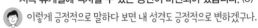 이렇게 긍정적으로 말하다 보면 내 성격도 긍정적으로 변하겠구나.

2. 긍정적인 내용과 부정적인 내용을 혼합해서 사용해야 하는 경우에는 긍정적인 것을 먼저 말하고 부정적인 것은 나중에 말한다.

예) 넥타이가 참 멋있네요. 그런데 양복 색깔하고는 잘 어울리지 않네요.

흠, 이런 경우에는 뒤에 말은 안 하는 게 오히려 좋을 것 같네. 한수범, 긍정적으로 살자!

3. 긍정과 부정의 내용을 함께 말해야 할 때 긍정적인 내용을 나중에 말하는 것이 더 효과적인 경우도 있다(아론슨 화법). 나중에 들은 이야기가 강하게 인상에 남기 때문이다.

예) 이 상품은 포장은 좀 촌스럽지만, 내용물은 품질이 좋습니다.

이건 무언가를 평가해야 할 때 요긴한 화법이겠다.

4. 사람들은 명령형의 표현에 거부감을 느끼는 경향이 있다. 따라서 무언가를 의뢰할 때는 명령형이 아닌 청유형의 질문 형식으로 하는 것이 좋다.

예) 이 서류 좀 작성해주세요. (X)

이 서류 작성 좀 부탁드려도 될까요? (O)

명령을 받으면 누구나 기분이 별로지. 이 청유형 표현법은 사무실에서도, 데이트할 때도 정말 중요하겠는걸.

5. 대화를 부드럽게 하기 위해서는 '안 된다' '이렇게 해야 한다' 등의 강압적인 표현은 사용하지 않는 것이 좋다.

예) 이건 안 돼! (X)

이렇게 하면 어떨까? (O)

완곡 표현법은 결혼해서도, 아이를 키울 때도 좋은 화법이겠네.

6. 쿠션 화법은 양해를 구하거나 부탁할 때 상대에게 마음을 부드럽게 전달할 수 있는 언어 표현이다. 요청 내용의 앞에 완충 작용을 하는 표현을 먼저 말하는 방법이다.

　예) 죄송합니다만/바쁘시겠지만/번거로우시겠지만/괜찮으시다면/불편하시겠지만/양해해주신다면 등의 표현이 있다.

　　흠, 맞아 그러고 보니까 선생님도 식당에서 뭐 부탁하실 때 항상 '죄송하지만…' 이렇게 쿠션 화법을 늘 쓰셨어.

7. 상대방의 이야기가 마음에 들지 않더라도 우선은 긍정적으로 반응하는 것이 좋다.

　예) 점심때 짜장면 먹으러 갈까요?

　　짜장면 좋지요. 그런데 저는 오늘 김치찌개가 먹고 싶네요. 김치찌개는 어때요?

　　아, 이거 데이트 하면서 식사 메뉴 정할 때 꼭 한번 사용해야겠다!

8. 상대방에게 신뢰감을 주고 싶을 때는 '요조체'보다 '다나까체'의 표현을 더 많이 사용하는 것이 좋다. 문장은 모두 완전한 문장으로 말한다.

　예) 다시 한번 말씀해주세요. → 다시 한번 말씀해주시겠습니까?

　　보고서를 언제까지 제출하면 될까요? → 보고서를 언제까지 제출하면 되겠습니까?

9. 나보다 높은 사람을 더 높은 사람에게 이야기할 때는 압존법을 지킨다. 단, 나보다 직책이 높아 '부장'이라고 말하기 불편한 경우에는 '님'을 붙여도 괜찮다.

　예) 사장님, 부장님께서 지시하셨습니다. (X)

　　사장님, 부장(님)이 지시했습니다. (O)

　　고객님, 담당자 분께서는 지금 자리에 안 계십니다. (X)

　　고객님, 담당자는 지금 자리에 없습니다. (O)

　　나는 대리님이… 이렇게 말하는 게 좀 마음이 편할 것 같네. 말단인 내가 "엄 팀장님, 김 대리가…" 이렇게 하기는 아무래도 좀 부담스럽거든.

10. 직장 생활의 호칭은 상급자에게는 직급의 명칭에 '님'을 붙인다.

　예) 동료 간에는 성과 직위, 또는 이름을 부른다. (예: 홍 대리, ○○ 씨)

　　직책이 있는 하급자는 '○○ 대리' 등으로 부른다.

　　직책이 없는 하급자는 '○○ 씨'라고 부르면 된다.

　　직책이 같거나 없는 나이든 선배에게는 '○○ 선배님'이라고 부르면 된다.

　　아, 나는 언제쯤 대리 소리 들어보나!

소개 매너

- 비즈니스에서는 직급이 우선이니, 직급이 낮은 사람을 높은 사람에게 소개한다.

- 연장자나 지위가 높은 사람의 이름을 먼저 언급한다.
  (예: 이사님, 총무부 신입 사원 홍길동입니다.)

- 연하자를 연장자에게 소개한다.
  (예: 할아버지, 제 친구 한수범이에요.)

- 자사 사람을 타사 사람에게 소개한다.
  (예: 김성철 과장님(거래처), 이쪽은 우리 회사 마케팅부 홍길동 과장(님)입니다.)

- 남성을 여성에게 소개한다.
  (예: 아름아, 이쪽은 우리 회사 마케팅팀 한수범 씨야.)

- 개인을 단체나 여러 사람에게 소개한다.

- 소개받을 때는 일어선다. 상황이 여의치 않으면 일어서는 시늉이라도 한다.

- 소개받을 때는 미소 지으며 눈을 맞춘다.

- 인사말을 건넨다.
  (예: 안녕하십니까?/처음 뵙겠습니다./잘 부탁드립니다./만나 뵙게 되어 기쁩니다./말씀 많이 들었습니다.)

- 중간에서 양쪽을 소개하게 되었을 때는 양쪽 당사자의 이름을 정확하게 발음한다.

- 스스로 자신을 소개할 때는 직위명이나 경칭(박사, Mr. 등)을 붙이지 않는 것이 겸손해보인다.

- 비즈니스 관련해서 자신을 소개할 때는 회사나 담당 업무도 간략히 소개하는 것이 좋다.

경조사 매너
알아보기

나른한 오후였다. 수범은 꿈에 그리던 미국 출장 계획서를 제출하고 휴게실에서 느긋하게 커피를 마시고 있었다. 미국 시장 조사팀에 수범도 업무 보조로 함께 가게 되었다. 그동안 자료 조사 업무를 성실히 해온 것에 관한 보너스 성격의 출장이다.

'드디어 미국 땅을 밟아 보는구나. 그동안 갈고 닦은 영어 실력을 제대로 발휘해 봐야겠다!'

수범은 회심의 미소를 지으며 커피를 한 모금 넘겼다. 오늘따라 커피가 입에 감기듯이 향기로웠다. 그때였다. 오랜만에 대학 동창에게서 전화가 걸려왔다. 결혼 소식을 전하는 전화였다.

"결혼 축하한다."

"고맙다. 꼭 올 거지?"

"당연하지. 준비 잘 하고."

전화를 끊고 나니 아름이 너무 보고 싶어졌다. 사귀는 사람 없이 혼자였을 때 이런 전화를 받았다면 온종을 울적했을 텐데… 연인이 되어준 아름이 고마울 따름이다.

***

친구 결혼식이 다음날로 다가왔다. 수범은 축의금 봉투를 앞에 놓고 금액을 얼마나 넣을지 잠시 망설였다. 친한 사이도 아닌데 5만 원만 넣으면 될지 그래도 이제 취업도 했는데 10만 원은 넣어야 할지 고민되었다. 잠시 갈등하다 매너 관련 책을 뒤적이기 시작했다.

"음, 여기 있네. 별로 안 친하면 5만 원, 친하면 5만 원 이상, 아주 친하면 10만 원 이상이라고? 그럼 5만 원만 넣자. 내 결혼식에 올지 안 올지도 모르는 녀석인데."

예전 같으면 대충 결정했겠지만 이제는 매너 책을 항상 옆에 두고 모르는 것은 찾아보는 게 습관이 되었다.

"가만 있어 보자. 봉투는 앞면에 '축 결혼'이라고 세로로 쓰고, 뒷면 왼쪽에 세로로 '○○대학 동창, 한수범'이렇게 쓰면 되겠지요?"

수범은 마치 옆에 매너도서관이 있어서 물어보는 것처럼 장난치듯 중얼거리며 봉투를 써 내려갔다(p. 277 참조). 그리고는 결혼식 참석 매너 부분도 소리 내서 읽었다.

"음, 축의금 봉투는 봉하지 않는다. 옷은 화사한 옷을 입는다. 청바지나 허름한 일상복은 안 된다? 당연하지! 결혼식장에는 조금 여유 있게 도착한다. 맞아, 결혼식 다 끝나갈 때 와서 밥만 먹고 가는 사람들도 있지. 미리 가서 결혼식 주인공과 인사를 나눈다. 식사는 예식이 끝나고 먹도록 한다. 헉, 이건 나도 좀 고쳐야 할 점이긴 해."

***

결혼식에 다녀온 지 며칠 되지 않은 어느 날이었다. 이번에는 과장님 아버님께서 갑자기 돌아가셨다는 소식을 듣게 되었다. 퇴근길에 팀원 모두 조문을 간다고 한다. 마음 아픈 일에 도리에 어긋나는 생각이겠지만 갑자기 이번 달 지출이 은근히 걱정되기 시작했다.

결혼식에 갔다가 오랜만에 만난 동창들과 술 한잔하느라 생각지도 않은 지출을 꽤 했기 때문이다. 그동안 취직이 안 되어 연락도 제대로 못 하고 기죽어 있던 터라 한잔한 김에 좀 팍팍 써버렸다. 그놈의 자존심이 뭔지….

가벼워진 지갑을 생각하니 조의금을 얼마나 내야 하는지 걱정되지 않을 수 없었다. 적게 하자니 과장님에게 찍히지 않을까 하는 염려가 앞서서였다. 게다가 아직 장례식장에 가본 적이 없어서 조문 가는 일도 은근히 부담되었다.

하지만 곧 생각을 바꾸기로 했다. "결혼식은 못 가도 장례식은 꼭 가줘야 한다"라고 늘 말씀하셨던 아버지가 생각났기 때문이다. 수범은 책상 서랍에서 매너 책을 꺼내 경조사 부분을 찾아 펼쳤다. 미리 한번 봐두어야 할 것 같아서였다.

"조문은 남의 죽음에 애도의 뜻을 표하고 위문하는 일이다. 영정 앞에 절하는 것을 '조상'이라 하고, 상주에게 인사하는 것을 '문상'이라 한다. 이 조상과 문상을 합해서 '조문 간다' '조문한다'라고 표현한다. 조문 복장은 남자는 흰색 셔츠와 검은색 계통의 양복에 검은색 넥타이를 한다. 검은색 넥타이가 없을 때는 화려하지 않은 단색 넥타이를 하면 된다. 여자도 검은색 의상에 검은색 스타킹을 신는다. 서양 복식과 검정 기모노를 입는 일본 상복의 영향으로 우리나라에서도 요즘은 상복이 검은색으로 굳어졌다. 그러나 우리의 전통 상복은 흰색이다."

수범은 잠시 읽기를 멈췄다. 검은색 양복이나 넥타이를 갑자기 어떻게 준비해야 하나 걱정되었기 때문이다. 앞으로는 이럴 경우를 대비해 검은색 넥타이를 회사에 하나 보관해둬야겠다는 생각이 들었다.

"장례식장에 들어가기 전에 휴대전화는 진동 모드로 전환한다. 유족들과는 말을 최소화하고 불필요한 질문을 하지 않는다. 예전에는 밤을 새우는 조문객이 많았다. 하지만 요즘은 너무 늦은 시간에는 조문하지 않는 추세이다. 조의금은 보통 가까운 분은 10만 원이나 그 이상, 안면이 있는 정도라면 5만 원 정도 낸다. 장례식장이 처음이라면 다른 조문객들을 관찰하고 따라하며 조문한다."

　조문 예절에 관해 읽어내려가던 수범은 다른 조문객을 따라 하면 된다는 말에 마음이 다소 안심되었다. 하지만 대충이라도 순서를 알아두지 않으면 틀린 사람을 따라 해도 모를 수 있겠다는 생각이 들었다. 만에 하나를 대비해 수범은 책에 적혀 있는 조문 순서를 메모하기 시작했다. 주머니에 넣어두었다가 장례식장에 들어서기 전에 다시 한 번 봐야 할 것 같아서였다(pp. 278~279 참조).

　메모를 끝낸 수범은 한별에게 휴게실에서 커피 한잔 마시자고 메시지를 보냈다. 오늘 저녁 조문 가는 일에 대해 이것저것 의논하고 싶어서였다. 옆자리 선배에게 물어볼까도 생각해봤는데 부의금 문제도 있고 해서 역시 한별에게 물어보는 것이 마음 편할 것 같았다.

　"형은 검은색 양복하고 넥타이 어떻게 준비할 거야?"

　"난 이럴 때를 대비해서 회사 락커에 검은색 상의하고 넥타이가 항상 있어. 내가 미리 알려줄 걸 그랬구나. 미처 생각 못 했네. 다음에 준비하기로 하고 이번에는 장례식장에 가서 빌리자."

　빌릴 수 있다는 말에 수범은 안도의 숨을 내쉬었다.

　"그런데 이런 경우에는 부의금을 어느 정도 내야 하는 거야? 사실 내가 조문 가본 적이 한 번도 없거든."

　수범이 걱정스러운 얼굴로 묻자 한별은 걱정하지 말라는 듯한 표정을 지었다.

"나도 많이 가본 적은 없지만 넌 사원이니까 대략 5만 원 내지 10만 원 정도면 충분하지 않을까? 그런데 우리 팀은 개인적으로 부의금을 내지 않고 팀에서 모아둔 운영비에서 경조사비를 일괄적으로 정해서 전달하고 있어. 그러니까 너는 부담 갖지 말고 그냥 참석해서 마음만 전달하면 돼. 조문 가서 순서 잘 모르겠으면 팀장님이나 내가 하는 거 잘 보고 따라 하고."

수범은 돈 걱정부터 했던 자신이 부끄러워졌다. 한편으론 복지 좋은 회사에 다니고 있다는 생각에 마음이 뿌듯해졌다.

***

수범은 장례식장에 들어서자 한별이 하는 대로 눈치껏 따라 했다. 방명록에 이름을 적고 상주인 과장님과 목례 하고 헌화한 후 재배하고 과장님께 위로의 말까지 했다. 부의금은 팀장님께서 대표로 전달하셨다. 미리 책으로 보고 메모까지 했던 내용이라 어렵지 않게 따라 할 수 있었다.

다만 발에 땀이 많은 수범은 양말에서 냄새가 나는 것이 은근히 걱정되었다. 이럴 때를 대비해서 회사에 양말도 하나 가져다 두어야 하나 싶은 생각까지 들었다.

늦은 시각 집으로 가는 버스 안에서 수범은 한강 다리를 건너며 멍하니 차창 밖을 바라보고 있었다. 친구 결혼식에도 가고 조문도 다니는 나이가 되었으니 이제는 자기도 어엿한 어른이라는 생각에 무언가 뭉클함과 책임감이 가슴에 밀려오는 느낌이 들었다.

문득 부모님이 보고 싶어졌다. 서울까지 유학 보내 어렵게 대학 공부 뒷바라지하시고도 남들보다 뒤늦게 사람 구실 하는 아들을 늘 응원하고 기다려주신 부모님께 감사한 마음이 들어서였다.

'다음 연휴에 집에 한 번 내려가야겠다.'

수범은 달리는 버스의 창문을 열었다. 한강의 습기 묻은 강바람이 수범의 얼굴에 부딪혀 왔다. 서울의 밤이 오늘따라 묵직하게 느껴졌다.

축의금 봉투 쓰는 법

축의금 봉투 앞면에는 축하 문구로 祝婚姻(축혼인)/祝結婚(축결혼)/祝華婚(축화혼)/祝盛婚(축성혼)/祝盛典(축성전)/祝儀(축의)/賀儀(하의)/慶祝(경축)을 쓴다.

뒷면에는 축의금을 내는 사람의 이름은 왼쪽에, 신랑 혹은 신부와의 관계(ex.대학 동창, 직장 동료, 동호회 모임 등)는 오른쪽에 쓴다.

조문 예절(조문 순서)

① 방명록(조객록)에 서명

부의 봉투 앞면에는 賻儀(부의)/謹弔(근조)/追慕(추모)/追悼(추도)/哀悼(애도)/慰靈(위령)이라 쓰고, 봉투 뒷면 좌측 아래에는 세로로 이름과 상주와의 관계(예. 대학 동창, 직장 동료, 동호회 등)를 쓴다. 펜은 검은색을 사용한다

 한자가 어렵네… 글자가 인쇄된 부의 봉투를 사서 써야겠다.

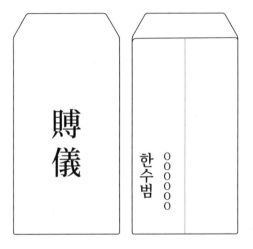

② 상주와 목례

위로하는 마음을 담아 상주와 목례한다.

③ 분향과 헌화

향을 오른손으로 잡는다. 촛불을 이용해 향에 불을 붙인다. 불꽃을 끌 때는 입으로 불지 말고 반드시 왼손으로 가볍게 흔들어서 끈다. 왼손으로 받쳐 두 손으로 향로에 꽂는다.

향을 피우지 않고 헌화하는 경우에는 오른손으로 꽃을 집는다. 꽃줄기 아래를 잡고 왼손으로 받치고 꽃이 오른쪽으로 오도록 한다. 꽃의 줄기 끝이 영전 앞쪽을 향하는 경우와 그 반대의 경우가 있다. 꽃봉오리는 다른 꽃들이 놓인 방향에 맞추어 놓으면 된다.

 이것도 요령껏 커닝하라는 말이구나.

④ 재배

영정을 향해 큰절을 두 번 올리고 일어서서 반절 한다. 공수한 손의 위치는 남성은 오른손이 위로
가게하고, 여성은 왼손이 위로 가게 한다. 여성은 평절을 하면 된다. 혹은 선 채로 할 경우에는 약
45도 정도 허리를 숙여 잠시 머문 다음 일어선다.

> 가만 있어 보자, 내가 평소에는 어떤 손을 위로 하고 있지? 음, 왼손… 잘하고 있네. 장례식장에서는
> 그 반대라고 했지? 그럼 오른손이 위네.

⑤ 조문

상제와 절을 하고 위로의 말을 전한다. 문상 시의 인사말은 '얼마나 슬프십니까' '얼마나 상심이 되
십니까' '얼마나 애통하십니까' '어떻게 말씀드려야 할지 모르겠습니다' '뭐라 드릴 말씀이 없습니
다' 등의 표현을 사용한다.

> 이런 표현은 외워둬야겠네. 평소에는 사용할 일이 거의 없는 말이니까.

⑥ 조의금 전달

딱히 정해진 것은 없으나 짝수보다 홀수로 넣는 편이 좋다.

성공적인 출장을 만드는
비즈니스 매너

매너도서관에게 컨설팅을 받으러 가는 수범의 발걸음이 오늘따라 무척 가벼웠다. 사실 어깨에 힘도 좀 들어갔다. 선생님에게 한껏 자랑하러 가는 아이 같은 심정이었다. 미국 출장이 결정되자 매너도서관에게 바로 연락을 했었다. 해외 출장 매너에 대해 가르쳐달라는 부탁과 함께 자랑도 하고 싶어서였다.

"너무 기쁜 소식이네요. 이렇게 빨리 해외 출장까지 가게 되다니요! 한수범 씨가 자랑스럽네요."

전화상으로도 제자를 자랑스러워하는 모습이 보이는 듯했다. 수범은 요즘 자신을 진심으로 챙겨주며 잘되기를 바라는 매너도서관이 가족같이 여겨지고는 했다. 그래서인지 매너도서관 앞에서는 철부지처럼 자랑해도 부끄럽지가 않았다.

커피숍의 잔잔한 음악과 수범을 교육하고 있는 매너도서관의 나지
막하고 부드러운 목소리가 함께 조화를 이루고 있었다. 컨설팅을 받
고 있는 수범은 1년 사이에 어엿한 신사의 모습으로 변해 있었다.

"처음 가는 해외 출장이니까 출발 전에 선배들의 경험과 노하우를 미리
배워두세요. 생각보다 순조롭게 일을 진행할 수 있으니까요. 무조건 경험
담을 들려달라고 하기보다는 미리 알아두고 싶은 내용을 리스트로 만들어
서 물어보세요. 현지에 도착한 후에 '아, 이것도 미리 알아보고 올걸!' 하
고 후회하지 말고요. 똑같은 일을 경험하더라도 알고 겪을 때와 모르고 겪을
때의 득과 실은 많은 차이가 있거든요."

매너도서관의 수업이 본격적으로 시작되자 수범은 마시던 커피잔
을 얼른 내려놓았다. 한마디라도 놓칠세라 메모하기 위해서였다.

"그리고 출장지에서 필요한 에티켓을 미리 익혀두면 실수에 대한 염려도
많이 줄 거예요. 자신감도 생겨서 출장 목적 달성에 집중할 수도 있고요.
게다가 함께 여행하는 동료나 거래처 사람들에게도 좋은 이미지를 남기
게 될 거예요."

"네 명심하겠습니다. 그럼 우선 출장 준비는 어떻게 하면 효과적일까요?"

수범은 의욕이 넘쳤다. 처음 가는 출장이지만 제대로 해보고 싶은
마음에 물어볼 것이 너무 많았다. 몇십 년간 해외 사업 컨설팅을 해온
매너도서관만큼 해외 출장 노하우를 많이 알고 있는 사람도 흔치 않

다는 걸 알기 때문이다.

"첫째, 출장지에서 필요한 서류나 물품 리스트를 작성해두세요. 둘째, 만날 사람들에 대한 개인적인 인적 사항을 정리해두고요. 셋째, 출장 중 사무실 업무에 차질이 없도록 미리 조치를 해두세요. 출장 중이나 출장 후 일의 연속성 등을 고려해서 사전에 처리해두어야 할 일들은 없는지 잘 생각해두어야 해요. 넷째, 출장 스케줄에 대해 동료나 담당자들과 미리 의논을 해두고 비상시의 연락 방법에 대해서도 의견 교환을 해두세요. 다섯째, 출장 스케줄을 좀 더 효과적으로, 생산적으로, 경제적으로 할 수 있는지 검토해보고요. 여섯째, 출장 후 처리해야 할 업무, 보고서 작성, 감사 편지 작성, 거래처와의 연락 등에 대해 미리 리스트를 만들거나 메모해두는 것도 잊지 마시고요."

몇십 년간의 해외업무 노하우가 압축된 코칭 멘트였다. 수범은 사실 오늘 해외 출장 매너 정도만 배울 줄 알았다. 그런데 이런 실전 베테랑의 실무 비법까지 듣게 될 줄은 몰랐다. 출장이 여행가는 것과 비슷하지 않을까 착각에 빠졌던 자신이 부끄러워졌다.

"와, 생각보다 해야 할 일이 많네요. 사실 처음 해외를 간다는 생각에 마치 여행 가는 것처럼 마음이 들떠 있었는데, 선생님 말씀을 듣고 나니 정신이 번쩍 들었습니다."

매너도서관은 늘 솔직한 수범에게 인자한 미소를 지어보였다.

"그런 것 같아서 처음에 일부러 진지한 이야기를 먼저 했어요. 그래도 너무 긴장하지 말고 틈틈이 요령껏 즐기기도 하고 오세요. 한식만 찾지 말고 되도록이면 현지 음식으로 먹어보고요. 저는 일만 하고 다녔더니 수백 번 해외를 다녔어도 공항하고 호텔 그리고 회의실 밖에 생각이 안 나요. 지금은 무척 후회가 돼요."

수범은 잠시 멍하니 부러운 눈으로 매너도서관을 응시했다. 서류가방을 들고 수백 번이나 해외를 다니며 비즈니스 하는 멋진 커리어우먼의 모습이 눈에 보이는 듯해서였다.

"그럼 출장 휴대품 준비에 주의해야 할 점은 어떤 것이 있을까요?"

수범은 다시 자세를 고쳐 앉으며 물었다. 부러워만 하고 있을 때가 아니라는 생각이 들어서였다.

"항공사 실수로 여행 가방이 다른 곳으로 가거나 늦게 도착하는 경우가 있어요. 이런 경우를 대비해서 가방 안쪽에 여분의 명함이나 일정표를 부착시켜 두면 좋아요. 중요한 서류, 매일 사용하는 화장품이나 면도용품, 속옷 1벌 등은 휴대용 가방에 따로 넣어두세요. 여권 앞장은 복사해서 따로 보관해두시고요. 분실했을 때 요긴할 거예요. 도착지에 거래처 사람이 마중 나오는 경우에는 복장은 세미 정장이나 정장으로 입는 걸 추천해요."

"정장을 입고 장거리 비행기를 타면 불편하지 않을까요?"

여행 가듯이 편안한 캐주얼을 입고 비행기를 타려 했던 수범은 걱정되어 물었다.

"오래전 제가 유럽으로 출장 갔을 때였어요. 가방이 늦게 와서 세계적인 대기업 임원들과 단독 미팅을 하는 자리에 티셔츠에 청바지 차림으로 참석했던 적이 있었어요. 사정을 설명하긴 했지만 미팅 내내 자신감도 떨어지고 프로다워 보이지 않았어요. 그래서 그다음부터는 항상 구김이 덜 가는 니트류 정장을 입고 비행기를 타요. 장거리라면 기내에서 편안한 옷으로 갈아입었다가 내리기 전에 다시 정장으로 갈아입고요. 더군다나 한수범 씨는 윗분들을 모시고 가는 출장이니까 복장에 더 신경 써야겠지요?"

"아, 불편하면 기내에서 갈아입으면 되겠군요."

출장 베테랑다운 깨알 같은 꿀팁과 경험담이 매너도서관의 입에서 하나씩 술술 나오고 있었다. 책에서는 배우기 어려운 경험에서 나오는 노하우들이었다. 수범은 매너도서관의 한마디 한마디가 마치 선물 보따리처럼 느껴졌다.

"명함은 넉넉히 챙겨가는 거 잊지 마시고요. 명함은 남는 편이 부족한 것보다 낫거든요."

수범은 명함 이야기가 나오자 소중히 가지고 다니는 주머니 속의 명함 지갑을 잠시 만져보았다. 정직원이 꼭 되라며 매너도서관이 미리 선물로 주었던 그 명함 지갑이었다.

"네, 잘 알겠습니다."

수범은 손에 명함 지갑을 쥔 채 씩씩하게 대답했다.

"그럼 기내에서 주의해야 할 사항에는 어떤 것이 있을까요?"

쏟아지는 질문에 매너도서관은 흐뭇하고 기특한 미소를 지어 보였다. 질문도 어느 정도 아는 것이 있고 관심이 있어야 하는 법이다. 매너도서관은 많이 발전한 수범이 대견해 보였다.

"좁은 공간에서 오랫동안 있으니 이웃하고 있는 승객에 대한 배려가 중요해요. 옆 사람 공간을 침범하지 않도록 해야겠지요. 창문 가리개를 열거나 머리 위 독서 등을 켤 경우에도 주변 사람에게 방해가 되는지 고려하세요. 화장실에 가기 위해 옆좌석을 통과해야 할 경우에는 가능하면 옆 승객이 음식을 먹거나 음료수를 마실 때는 피하세요. 그래서 전 장거리 비행에서는 옆 사람 눈치 볼 필요 없는 복도 쪽 좌석을 선호해요. 화장실에 가야 하는데 옆 사람이 잠들면 몇 시간씩 참느라 힘들 때도 있거든요."

'아, 그럼 나는 이번에 복도 좌석으로 해야겠다….' 사실 수범은 창가 자리에 앉을 계획이었다. 하늘 위에서 창밖으로 경치를 보고 싶어서였다. 그런데 생각해보니 윗분들을 모시고 가는데 혹시 심부름할 일이 있을 때마다 옆 사람을 통과해서 나갈 생각을 하니 아찔했다.

"좌석을 뒤로 젖힐 때는 뒷좌석을 한 번쯤 돌아보고 상황을 살펴보거나 뒷좌석 승객에게 양해를 구하고 서서히 젖히도록 하세요. 갑자기 뒤로 젖히면 뒷좌석의 승객이 놀라거나 음료수를 쏟거나 하는 일이 생길 수 있거든요. 식사가 제공될 때는 다시 의자를 원상태로 돌려서 뒷좌석 승객이 편안하게 식사할 수 있도록 배려해주는 것이 매너 있는 태도이고요. 물론 기내 방송이 나오긴 하겠지만요."

여러 번 비행기를 타보기 전에는 알 수 없는, 경험에서 나오는 이야기이기에 수범은 귀담아 듣고 있었다.

"선생님, 그런데 비행기에서 잠도 자고 해야 하는데 신발은 어떻게 해야 하나요? 신발 신고 잠을 자면 엄청 불편할 것 같은데요. 신발을 벗고 있어도 되나요?"

발에 열이 많은 수범은 집에 오면 양말부터 벗어 던지곤 했다. 그런데 밤새 신발을 신고 잠 잘 생각을 하니 살짝 걱정이 되었다.

"부득이 발이 불편해서 신발을 벗게 될 경우에는 제공된 담요로 발을 가리면 돼요. 다른 승객들에게 신발 벗은 모습을 보이지 않는 것이 매너 있는 행동이거든요. 양말을 신고 돌아다니거나 하면 실례예요. 저는 이코노미로 장거리 여행을 할 경우에는 가볍고 얇은 기내용 실내화를 들고 타요. 이코노미에서는 대부분 실내화가 제공되지 않거든요. 기내에서 장거리 여행을 하다 보면 발이 부을 수 있어요. 그래서 좀 넉넉하고 편안한 신발을 신고 타는 것이 좋아요."

"아, 그런 방법이 있었군요."

수범은 신발을 벗을 방법이 있다는 말에 그제야 마음이 놓였다.

"윗분들과 함께 출장 갈 때는 입국서류를 대신 작성해드리면 좋아하실 거예요. 본인 입국서류는 미리 작성해두시고요."

매너도서관은 수범이 윗분들에게 점수를 딸 수 있는 조언도 잊지 않고 해주었다.

"보통 윗분들과 클래스가 다른 좌석을 타는 경우가 많아요. 그런데 자기 좌석보다 고급 클래스의 칸에서 일행과 같이 있어야 될 경우에는 너무 오래 머물지 않는 것이 좋아요. 쾌적한 비행을 위해 더 많은 비용을 지불한 그 클래스의 승객들에 대한 매너거든요. 마지막으로 착륙 전에 좌석 주변도 정돈하시고요. 그 사람의 뒷모습이 인격인 건 잘 아시지요?"

"와, 선생님 저 지금 비행기 멀미하는 것 같아요. 말씀 듣다 보니 실제로 미국행 비행기를 탔다가 내리는 것 같은 착각이 들어요."

매너도서관은 수범이 어지럽다며 고개를 돌리는 장난스러운 모습을 보며 소리 내어 웃었다. 이제는 농담까지 하는 여유 있는 모습이 좋아 보여서였다.

컨설팅을 시작한 지 시간이 꽤 흘렀다. 계속 이야기하기가 힘이 들었는지 매너도서관은 종업원에게 커피를 리필해달라고 부탁했다. 수범은 미안한 마음에 '수업은 여기까지 하시지요'라고 말하고 싶었다. 하지만 죄송하더라도 조금 더 욕심을 내기로 했다.

"호텔에서는 어떤 점들을 주의하면 될까요?"

"오늘은 유난히 궁금한 점이 많네요?"

방금 따른 따끈한 커피를 한 모금 넘기며 매너도서관이 물었다. 배려심 있는 수범이 시간이 꽤 흘렀는데도 계속 컨설팅을 받고 싶어 하는 이유가 있는 것 같아서였다.

"실은 이번에 까다롭다고 소문난 선배랑 출장을 같이 가게 되었습니다. 아마 비행기도 옆자리일 테고요. 호텔 방도 같이 써야 합니다. 제가 대학생 때 놀러 가서 친구들과 여관 같은 곳에서 한방을 써본 경험밖에 없거든요. 좋은 호텔에 묵어본 경험도 없고요. 그래서 걱정이 많이 됩니다."

수범은 걱정되는 마음을 솔직하게 털어놓았다. 그리곤 부끄러운 듯 기가 죽어 고개를 숙였다.

"그래요? 걱정하지 말아요. 처음부터 사정을 알았다면 더 차근차근 수업했을 텐데요."

매너도서관은 일부러 더 상냥한 목소리로 말했다.

"일단 호텔 방에 들어서면 선배에게 어느 쪽 침대를 사용할지 먼저 물어보세요. 짐 가방을 놓는 위치도 선배가 먼저 결정하게 하고요. 샤워할 때도 선배가 먼저 하도록 하세요. 만약 한수범 씨가 먼저 해야 하는 상황이 생기면 샤워를 마치고 욕실을 깨끗하게 정돈해두고 나오세요. 사용했던 타월로 세면대나 샤워실 입구의 물기도 닦아두고요."

"일단 점수를 따라는 말씀이시군요."

"네 맞아요. 사회생활은 대인 관계를 얼마나 잘하느냐에 달려 있으니까요. 참, 그리고 출장 동안 선배에게 모닝커피도 준비해드려 보세요. 아주 좋아할 거예요."

상황을 알게 된 매너도서관은 수범이 선배에게 잘 보일 수 있는 깨알 같은 꿀팁들을 알려 주기 시작했다.

"그리고 미국에는 욕실 바닥에 물이 내려가는 구멍이 없는 곳도 있어요. 그럴 경우에는 욕조 옆에 드리워진 샤워 커튼을 욕조 안쪽에 두고 샤워해야 해요. 그렇지 않으면 욕실 바닥이 물바다가 되어 뒤처리에 고생할 수 있어요. 제가 미국으로 처음 출장 갔을 때는 샤워 커튼 사용법을 몰랐어요. 그래서 욕실 바닥 카펫에 물이 튀지 않도록 욕조에 쪼그리고 앉아 샤워했던 기억이 있어요. 벌써 30년이 훨씬 넘은 옛날이야기네요."

매너도서관은 옛날 생각이 났는지 혼자 빙그레 웃었다.

"또 미국에는 우리에게 익숙하지 않은 팁 문화가 있어요. 특히 호텔에서 팁을 줘야 하는 경우가 많아요. 호텔 방 청소를 부탁할 때도 팁을 줘야 해요. 보통 1~2불을 지폐로 놓아두면 돼요. 침대 베개에 반쯤 보이게 넣어두면 청소하시는 분이 가져가요. 동전은 사용하지 마시고요. 1달러 지폐를 여유 있게 준비했다가 선배가 팁을 놓지 않으면 한수범 씨가 선배 침대에 대신 놔주도록 하세요. 몇 달러 정도로 점수를 딸 좋은 방법이에요."

매너도서관은 까다로운 선배의 마음을 녹일 수 있는 이런 세세한 노하우를 계속 알려주었다.

"그밖에도 호텔에 도착해서 도어맨에게, 가방을 객실까지 혹은 객실에서 로비로 옮겨준 벨맨에게, 룸서비스로 음식을 가져다준 룸서비스 직원에게, 호텔을 떠나면서 가방을 차나 택시에 넣어주는 도어맨에게…."

수범은 이렇게 매번 팁을 줘야 한다는 사실에 어안이 벙벙해져 입을 벌리고 듣고 있었다. 그러다 자기도 모르게 마치 버럭 화를 내듯이 큰 소리로 질문을 해버렸다.

"아니 무슨 팁을 그렇게나 많이 줘야 합니까? 출장비가 팁으로 다 나가겠습니다."

수범의 격한 반응에 매너도서관은 재미있다는 듯이 깔깔깔 소리 내어 웃었다. 그리곤 수범의 마음을 달래듯이 부드러운 목소리로 말을 이어갔다.

"고급 호텔을 이용할 때는 그에 맞는 품위 있는 행동을 해야 하는 법이에요. 좋은 호텔에 숙박하면서 팁을 아끼려 하면 안 되겠지요? 팁이 아까우면 여관이나 모텔에 묵으면 돼요. 그런 곳에서는 팁을 줄 일이 거의 없으니까요. 식당도 마찬가지예요. 고급 식당일수록 팁을 후하게 주니까요. 하지만 셀프서비스인 패스트푸드 식당에서는 팁을 줄 필요가 없어요."

'장소에 맞는 품위를 지켜야 한다'는 말에 수범은 조금 전의 돌발 행동이 부끄러워졌다.

"좋은 회사에 입사한 덕분에 숙박도 좋은 곳에서 할 수 있게 되었잖아요. 이럴 때는 감사한 마음으로 그런 고급스러운 분위기를 여유 있게 느끼며 지내다 왔으면 좋겠어요. 그런 경험들이 쌓여서 내면도 여유 있고 품위 있게 변해가거든요."

매너도서관의 이야기를 듣고 있자니 수범은 가슴에 무언가 뜨거운 덩어리가 올라오는 듯했다.

'그래, 팁을 주더라도 특급 호텔에 숙박하고 고급 식당에서 밥을 먹는 그런 인생을 살아야지! 그런 곳에서도 자연스럽게 어울리는 사람이 되는 거야. 그러려고 이렇게 매너도 배우면서 지금까지 열심히 살았잖아. 한수범 넌 할 수 있어!'

수범은 자기도 모르게 주먹을 불끈 쥐었다.

*＊＊

어느덧 몇 시간이 흘러 있었다. 그런데도 아직 질문할 것이 많이 남았다. 하지만 더 길게 시간을 끄는 것은 예의가 아닌 것 같아 수범은 이 정도에서 질문을 멈추기로 했다.

"오늘도 정말 공부가 많이 되었습니다. 선생님 덕분에 자신 있게 출장 다녀올 수 있을 것 같습니다. 감사합니다. 힘드신 거 알면서도 제가 오늘 좀 욕심을 부렸어요."

"괜찮아요. 마음 같아서는 더 많이 알려주고 싶은데… 정말 시간이 많이 흘렀네요."

"그런데 이제 선생님을 뵐 기회가 한 번밖에 남지 않았네요. 벌써부터 마음이 섭섭해 옵니다."

정말 그랬다. 아직도 매너도서관의 도움이 필요한 순간이 많으리라는 생각에서였다. 이제 겨우 날 수 있게 되었는데 늘 보호해주던 어미 새를 떠나 독립해야 하는 아기 새 같은 기분이 들었다.

"섭섭하기는요. 컨설팅이 끝나더라도 언제든지 서로 연락하고 지내면 되지요. 출장 잘 다녀오고요."

매너도서관은 넓은 세상으로 나가 많이 배우고 오라며 수범의 어깨를 다정하게 토닥여 주었다.

귀티 나고 품격 있는
매너 고수가 되는 길

　수범은 미국 출장을 끝내고 귀국하는 기내에서 좌석 위의 독서 등을 켜고 출장 보고서와 감사 편지를 작성하고 있었다. 드라마 속 주인공이 비행기 안에서 노트북으로 무언가를 열심히 작업하는 장면을 보면 늘 멋있다는 생각을 하곤 했었다. 그런데 지금은 자신이 테이블 한쪽에는 맥주를 놓고 이렇게 노트북으로 작업을 하고 있었다. 이 순간만큼은 드라마 주인공이 부럽지 않았다.

　수범은 잠시 작업을 멈추고 맥주를 한 모금 넘기며 창밖을 내다보았다. 캄캄한 밤하늘의 어둠 속에서 비행기 날개의 불빛이 반짝이고 있었다. 잠시 불빛을 바라보며 멍 때리고 있자니 출장지에서의 일들이 떠올랐다.

　처음 가는 해외 출장이었기에 이런저런 사소한 마음고생을 좀 하기는 했지만 매너도서관의 컨설팅을 받고 준비를 철저히 한 덕분에 큰 어려움은 없었다. 처음 며칠 동안은 같은 방을 쓰는 선배가 은근히 잔소리를 하며 스트레스를 주었다.

그래도 내색하지 않고 모닝커피도 챙겨주고 침대에 매번 팁도 대신 놓아주었다. 그러자 미안했는지 며칠 지나고부터는 편안하게 대해주었다. 매너도서관의 깨알 같은 팁들이 정말 효과가 있었다.

다만 영어로 유창하게 미팅하는 선배들을 보면서 마음이 좀 착잡했었다. 현장에 가보니 생각했던 것보다 자신의 영어 실력이 부족하다는 걸 깨달았기 때문이다. 이번에는 보조 역할이라 그나마 다행이었다. 하지만 언젠가는 자신도 책임자가 될 것이다. 그때는 유창한 영어로 미팅을 끌어가야만 한다. 그래서 수범은 귀국하면 영어 공부에 박차를 가하기로 마음먹었다.

***

마침내 매너도서관과 마지막 컨설팅 수업을 하는 날이 되었다. 아기자기한 정원이 마치 한 폭의 그림처럼 보이는 창가 자리에서 매너도서관은 정원의 일부인 듯한 고운 모습으로 수범의 이야기를 듣고 있었다. 수범은 밥 먹는 것도 잊은 채 출장지에서의 일들을 마치 무용담을 들려주듯이 신나게 이야기했다.

"그런데 영어로 비즈니스를 척척 진행하는 선배들을 보면서 아직 배울 게 너무 많다는 걸 느꼈습니다."

"좋은 경험을 했네요. 선배들의 모습이 얼마 안 있으면 곧 한수범 씨의 모습이 될 거예요."

수범은 매너도서관이 해주는 격려의 말에 힘이 났다. 영어로 멋지게 협상하고 있는 자신의 모습이 보이는 듯했다.

"오늘이 컨설팅으로는 마지막 날이네요. 그래서 지난 1년 동안 공부한 내용을 종합적으로 정리해보는 시간을 가지려고 해요."

매너도서관은 잠시 말을 멈추었다가 질문을 이어갔다.

"지난 1년간 매너에 대해 배우면서 매너 좋은 사람들을 보면 어떤 생각이 들었나요?"

"품위, 멋스러움, 그리고 어딘지 모르게 귀티가 난다는 생각이 들었습니다. 아우라 같은 것도 느껴졌고요. 뭐랄까… 함부로 대하기 힘들다고 해야 할까요? 이번에 미국에서 만난 신사들도 그랬고요."

"네. 잘 보셨어요. 그리고 매너 있는 사람들은 어딘지 모르게 절제된 모습이기도 하지요. 그래서 오늘은 그동안 함께 공부한 걸 기본으로 어떻게 하면 품위 있고 귀티 나 보이는지에 대해 이야기해보도록 할게요."

수범은 갑자기 어딘가에서 '딩동댕' 하고 실로폰 소리가 들리는 듯했다. 출장 후 꼭 듣고 싶었던 수업 제목이었기 때문이다.

"정말요? 그렇지 않아도 제가 요즘 궁금해했던 내용입니다. 미국에서 만난 몇몇 CEO에게서 말로는 표현하기 어려운 신사의 품위를 느꼈거든요. 그 귀티 나는 모습이 계속 머릿속에 숙제로 남아 있어서요. 선생님에게서도 느껴지는 그런 느낌이었어요. 저도 그런 모습이 되고 싶은데…."

수범은 한껏 기대된 표정으로 매너도서관의 얼굴을 바라보았다. 마치 맛있는 간식을 기다리는 아이처럼 눈이 반짝거렸다.

"귀티 나게 보이는 방법은 많을 거예요. 그 구체적인 방법을 설명하기 전에 우선은 자신의 모습을 사랑하고 귀하게 여기는 것이 기본 마음가짐이라는 걸 이야기해두고 싶어요. 자신을 존중할 줄 아는 사람의 자존감에서 우러나오는 아우라와 멋스러움이 바탕이 되어야 한다는 뜻이에요. 한수범 씨는 그 부분은 정말 잘하고 있다고 생각 돼요."

매너도서관은 잠시 말을 멈추었다. 그리곤 무언가 중요한 말을 하려는 듯한 표정을 지었다.

"다만 가끔 자신이 시골 출신인 것에 대해 자신감 없어 하는 표정을 보이곤 해서 좀 안타까웠어요. 사람은 저마다 각각 다른 매력을 가지고 있어요. 만약 한수범 씨가 순수하지 않았다면 제가 처음에 무료 컨설팅을 하겠다고 하지 않았을 거예요. 시골에서 자란 것이 한수범 씨의 장점인 그 순수함을 만들어냈다고 생각해요. 자신의 출신이나 배경에 대해 좀 더 자신감을 가졌으면 좋겠어요. 제 개인적인 욕심으로는 앞으로 크게 성공하더라도 그 순수함은 잃지 않았으면 하는 바람이고요."

수범의 눈가가 벌게졌다. 사실 서울에 올라와서부터 마음 한구석에 늘 있었던 콤플렉스였다. 그래서 귀티 나고 품위 있는 서울 사람들을 보면 더 부러웠는지도 모른다. 그런 수범에게 지금 매너도서관이 해준 말은 그야말로 마음을 치유해주는 보약과도 같은 말이었다.

"네 명심하겠습니다, 선생님."

눈물이 나올 것 같아 수범은 천정을 바라보며 눈을 껌뻑였다.

"귀티 나는 방법 첫 번째는 닮고 싶은 귀티 나고 품위 있는 롤 모델 정하기 예요. 처음 만났을 때도 같은 말을 했을 거예요. 하지만 지금 말하는 롤 모델은 그때 한수범 씨가 선택한 롤 모델과 수준이 다를 거예요. 한수범 씨 수준이 달라졌기 때문이에요. 그리고 목표도 달라졌고요. 이제는 승진과 성공을 꿈꾸게 되었잖아요?"

수범은 공감한다는 듯이 고개를 끄덕였다. 너무 세게 끄덕거려서 보는 매너도서관이 어지러울 지경이었다.

"그렇지 않아도 미국 출장을 다녀오고 나서 생각해보았던 부분입니다. 제가 만났던 성공한 CEO 같은 품위 있는 모습이 되고 싶어서요."

"그랬군요. 이번에도 좋은 롤 모델을 찾게 되길 바랄게요."

매너도서관은 수범을 진심으로 응원하며 다음 말을 이어나갔다.

"두 번째 귀티 나는 방법은 시각적인 이미지 부분의 관리에요. 우선 복장, 액세서리 같은 것을 생각해볼 수 있겠지요. 귀티 나는 사람들을 보면 의상 색이 좀 단순한 경향이 있어요. 검은색, 회색, 흰색, 감색, 브라운색 같은 걸로요. 액세서리도 번쩍이거나 과하지 않게 하고요. 한수범 씨는 이 부분도 아주 많이 좋아졌다고 생각해요. 앞으로도 지금처럼 계속 관심을 두고 업그레이드하면 좋을 것 같아요. 양복은 이제 웬만큼 잘 선택하고 있으니까 세미 정장이나 캐주얼 스타일 복장에도 관심을 가지시고요. 처음 만났을 때 드렸던 '매너와 이미지 체크리스트' 기억나지요? 시간 되면 추억 삼아 다시 한번 점수를 매겨 보세요. 자신이 얼마나 변했는지."

수범은 잘한다고 표시할 것이 하나도 없었던 그 체크리스트를 떠올리며 빙그레 미소를 지었다. 1년 전과 비교하면 스스로도 놀랄 정도로 자신의 모습이 많이 변해 있었기 때문이다.

"그리고 여유가 된다면 좋은 필기구를 하나 장만하라고 권하고 싶어요. 비즈니스 계약을 할 때 필기구를 들고 서명하는 모습을 한번 상상해보세요. 아무 펜으로 서명하는 것과 양복 안주머니에서 멋진 필기구를 꺼내 서명하는 모습의 차이를요."

수범은 매너도서관의 말대로 잠시 상상해보았다. 멋진 펜을 꺼내서 사인을 휙휙 하는 모습, 상상만 해도 멋짐 그 자체였다.

"시각적인 이미지에서 또 다른 중요한 부분은 표정이에요. 귀티 나는 사람들은 여유 있고 부드러운 표정을 하고 있지요. 무뚝뚝하거나 찡그리고 화난 표정을 하고 있는 사람이 귀티 나 보이기는 어렵거든요. 한수범 씨 표정이 처음과 비교하면 요즘 많이 부드러워졌어요. 이제는 인상이 좋다는 말을 꽤 들을걸요?"

"네, 요즘은 간간이 그런 말을 듣고 있습니다."

수범은 엄지와 검지로 브이(V) 자를 만들어 턱에 가져다 대면서 씩 웃어 보였다. 그 모습이 귀여운 개구쟁이처럼 보여 매너도서관은 그만 소리 내어 웃어 버렸다.

"네, 아주 좋아요. 다음은 피부에 관한 겁니다. 귀티 나는 사람들은 피부색과는 상관없이 피부가 잘 정돈되어 있어요. 남자라 자칫 피부에 관심을 덜 가질 수 있어서 일부러 강조해서 이야기하는 거예요. 악수를 하거나 서명할 때 손이 거칠고 손톱 주변에 시커먼 때가 있다고 상상해보세요. 아무리 양복을 잘 챙겨 입고 있어도 귀티 나는 이미지가 되긴 어려울 거예요. 데이트할 때도 그렇고요."

그렇지 않아도 수범은 매너 공부를 시작한 후부터는 핸드 크림을 바르기 시작했었다. 그동안 관리하지 않던 손의 거친 피부가 보이기 시작해서였다. 덕분에 요즘은 데이트 중에도 마음 편하게 아름 씨와 손을 잡을 수 있었다.

"세 번째는 청각적인 이미지인데요. 귀티 나는 사람들은 말을 좀 천천히 하는 경향이 있어요. 목소리 톤도 부드럽고요. 그리고 나보다 나이 어린 사람과 대화할 때도 함부로 반말을 하지 않지요. 목소리 부분은 이제 한수범 씨도 잘하고 있다고 생각해요."

수범은 이제 목소리 톤도 많이 부드러워졌다. 말꼬리를 흐리는 습관도 고쳤다. 매너도서관의 지적을 받고 꾸준히 노력한 덕분이다.

"그다음은 움직일 때 소리가 나지 않는다는 점이에요. 가령 식사할 때 '후루룩 쩝쩝' 소리가 나거나 의자에 앉을 때 털썩 소리가 난다거나 하지 않지요. 이 부분도 이제는 잘하고 있다고 생각 돼요. 요즘 식사하면서 한수범 씨가 소리 내면서 식사하는 걸 못 보았거든요."

수범은 자신이 쩝쩝거리는 줄도 모르고 살았던 예전 생각이 나서 얼굴이 살짝 붉어졌다. 요즘은 누가 소리를 내면서 먹으면 오히려 귀에 거슬리게 느끼는 사람으로 변해 있었다. 그럴 때면 '내가 저런 모습이었겠구나' 싶어 피식 혼자 웃곤 한다.

"네 번째는 태도에요. 귀티 나는 사람들은 태도나 손동작이 단정해요. 한 마디로 자세가 잘 흐트러지지 않지요. 특히 행동이 반 박자 정도 느려요. 이 부분은 한수범 씨가 저를 처음 만났을 때 급히 일어나느라 물을 쏟았던 경험을 기억하니까 잘 아실 거예요."

수범은 민망한 듯 머리를 만졌다.

"네, 그 부분은 제가 특히나 신경 써서 연습하고 있는 부분입니다. 같은 실수를 다시는 하지 말아야겠다는 생각에서요. 요즘은 일어서거나 앉을 때 반 박자 느리게 움직이는 게 습관이 되었습니다."

시간이 지나고 보니 수범은 그때의 실수가 오히려 약이 되었다는 생각이 들었다. 처음에 큰 실수를 했기 때문에 더 긴장하고 노력했으니 말이다. 매너도서관은 커피를 한 모금 마시고는 다시 이야기를 이어나갔다.

"귀티 나는 사람이 되기 위한 궁극적인 단계는 남을 배려하는 마음과 태도를 가지고 매너 있게 행동하는 사람이에요. 한수범 씨가 저를 처음 찾아왔을 때 했던 말 기억하나요? '상대의 수준에 맞추어서 제 수준의 높낮이를 조절해 주는 그런 품위 있는 인생을 살고 싶습니다'라고 했던 거요."

"아, 네 물론 기억합니다."
수범은 눈을 반짝이며 대답했다.
"한수범 씨가 살고 싶었던 그런 인생을 사는 사람들이 바로 한수범 씨가 원하는 품위 있고 귀티 나는 사람들이에요."
수범은 일 년 전 자신이 했던 말을 떠올리며 고개를 끄덕였다.
"저는 지금도 그런 레벨의 사람이 되고 싶은 마음에는 변함이 없습니다. 그런데 아직은 그런 수준까지는 미치지 못한 것 같아서요…."
수범은 다소 의기소침해진 듯 말꼬리를 흐렸다.
"조급해하지 말아요. 한수범 씨는 그런 수준의 모습이 꼭 될 수 있으니까요. 아니, 지금도 이미 충분히 매너 있는 사람이 되어 있어요. 다만 품위와 귀티가 가만히 있어도 저절로 배어 나오는 그런 모습이 될 때까지는 시간이 좀 필요할 뿐이에요."
수범은 자신이 원하는 수준의 사람이 될 수 있다는 희망의 메세지를 들은 감격에 마음이 울컥해졌다.

"제 눈에는 영어로 멋지게 회의를 진행하고 있는 귀티 나고 품위 있는 한수
범 씨의 모습이 벌써 보이네요."

매너도서관은 마치 그런 모습을 눈으로 보고 있는 것처럼 확신에
찬 눈빛으로 말했다.

***

컨설팅이 마무리되자 수범은 수줍은 듯 봉투 하나를 내밀었다. 지
난 1년간의 교육에 관해 스승에게 감사하는 마음을 나름대로 정성껏
담았다. 무일푼 백수가 취업해서 번 돈으로 당당하게 컨설팅 비용을
낼 수 있게 된 것에 감사드리는 마음이었다.

봉투를 받아든 매너도서관의 눈언저리가 촉촉해졌다. 그 어떤 컨설
팅 비용보다 의미 있고 귀하게 느껴졌기 때문이다. 이번 컨설팅은 매
너도서관에게도 잊지 못할 특별한 경험이었다.

마지막 컨설팅을 끝내고 집으로 돌아가는 수범의 머릿속에는 매너
도서관이 힘주어 해준 말이 계속 맴돌았다.

**"제 눈에는 영어로 멋지게 회의를 진행하고 있는 귀티 나고 품위 있는 한수
범 씨의 모습이 벌써 보이네요."**

그 말에는 신기한 마법 같은 강력한 에너지가 느껴졌다. 미국에서
만났던 성공한 CEO들의 모습이 언젠가 자신의 모습이 되리라는 믿

음을 심어주었다.

'나를 위해 지난 1년간 진심으로 애써주셨어. 이런 귀인을 만났던 건 정말 큰 행운이야. 선생님에게 보답하는 마음으로 최선을 다해 멋진 인생을 만들어보자.'

수범은 다짐의 다짐을 하며 힘차게 발걸음을 옮겼다.

한수범의 결혼 청첩장

클래식 음악이 대화에 방해가 되지 않을 정도로 잔잔히 흐르고 있었다. 식사를 마치고 막 따른 블루마운틴 커피의 향이 음악과 함께 어우러져 은은하게 퍼졌다. 천천히 커피를 한 모금 마신 매너도서관은 기대를 저버리지 않고 귀티 나고 품위 있는 모습이 되어 나타난 수범을 흡족한 미소로 바라보았다.

오랜만에 식사를 함께 하자며 수범이 연락을 해왔다. 지난 2년간 수범은 매너도서관에게 간간이 안부 문자를 보내곤 했었다. 평생의 은인에게 조금이나마 보답하는 마음을 담아 명절이면 정성껏 선물도 챙겼다. 오늘 매너도서관이 정성스럽게 하고 나온 코발트빛 스카프도 수범이 보낸 감사의 선물이었다. 수범이 어떤 마음으로 보냈는지 잘 알기에 매너도서관은 스카프가 잘 어울리는 검은색 정장으로 일부러 갖춰 입고 나왔다.

"선생님 덕분에 제 인생이 너무 달라졌습니다."

이렇게 화두를 꺼낸 수범은 지난 일들을 떠올렸다.

"취업도 못 하고 추리닝 차림으로 도서관에 다니며 자취방에서 라면을 끓여 먹던 시절이 가끔 생각나곤 합니다. 선생님을 만나지 못했다면 아마 지금도 그런 생활을 하고 있을지도 모르겠네요. 불과 몇 년 사이에 좋은 회사에 취업해서 인정받고 해외 출장을 수시로 다니면서 바라던 직장 생활을 하게 되었습니다. 이렇게 좋은 옷을 입고요. 저축도 어느 정도 할 수 있게 되었습니다."

"도울 수 있었던 저도 무척 보람을 느꼈어요. 특히나 한수범 씨가 잘해주어서 더 그랬고요."

매너도서관은 대견하다는 듯이 수범을 인자한 미소로 바라보았다. 수범도 감사의 미소로 화답하고는 계속 이야기를 이어갔다.

"선생님 앞에서 좀 부끄러운 이야기인데요. 제가 요즘은 틈틈이 신입들에게 매너 교육을 하고 있습니다. 해외 출장 다니면서 모시던 윗분께서 추천을 해주셔서요. 제가 회사에서는 '매너 박사'로 통하고 있습니다."

"아, 그래요? 듣던 중 반가운 소식이네요. 그분이 안목이 있으시네요. 한수범 씨의 매너 있는 모습을 알아보셨군요."

"네, 사실 제가 사내에서 롤 모델로 삼고 있는 임원이세요. 그런 분이 추천해주셔서 저에게는 더 의미가 있었습니다."

커피를 한 모금 마신 수범은 그간의 일들을 계속 차분히 이야기해 나갔다.

"게다가 그 임원께서 저를 미국 파견 직원으로 추천해주셨습니다. 이제는 영어로 미팅하는데도 문제 없는 수준이 되었고요. 다음 달에 미국으로 파견

되어 나가게 되었습니다. 최소한 3년 정도는 근무하게 될 것 같습니다. 몇 달 전에는 대리로 특별 승진도 했고요. 제가 담당한 해외 수출 건이 잘 진행되었거든요. 미국 바이어들이 저에게 무척 호의적이었던 덕분인 것 같습니다."

"그동안 좋은 일이 정말 많았네요! 그럼 이제부터 '한수범 대리님'이라고 불러야겠어요"

수범은 '한수범 대리'라고 적혀 있는 명함을 꺼내 두 손으로 공손히 내밀었다. 명함을 받아든 매너도서관은 그 어떤 선물보다 귀한 선물을 받은 듯 계속 들여다보았다.

"해외사업부 한수범 대리님 축하해요. 이럴 줄 알았으면 승진 선물이라도 준비해왔을 텐데요."

진심으로 기뻐서 어쩔 줄 모르는 매너도서관을 수범은 한동안 행복한 마음으로 바라보았다.

"그리고 아름 씨와도 그동안 계속 잘 만나고 있습니다."

그렇지 않아도 데이트는 잘하고 있는지 무척 궁금하던 참이었다. 하지만 혹시 헤어졌을 수도 있기에 말을 아끼며 수범이 먼저 말을 꺼낼 때까지 기다리고 있었다.

"듣던 중 반가운 소식이네요. 그렇지 않아도 아까부터 궁금했었어요."

"그런데 그동안 청혼을 못 하고 있었습니다. 제 월급으로는 아직 결혼하고 살 집을 마련할 형편이 안 되어서요. 그런데 결혼한 직원이 해외에 파견되면 회사에서 가족이 살 집도 제공해준다는 말을 듣고 바로 청혼을 했습

니다. 몇 년 파견 근무하는 동안 돈을 더 모아서 귀국하면 집을 장만할 수
있을 것 같아서요."

"와, 너무 잘 되었어요."

매너도서관은 자기도 모르게 박수를 치며 좋아했다. 잠시 말을 멈
춘 수범은 가방에서 청첩장을 꺼내 매너도서관에게 내밀었다.

"꼭 직접 뵙고 전해드리고 싶었습니다. 매너 있는 남자를 찾던 아름 씨와
소개팅에 성공해서 결혼까지 하게 된 것도 모두 선생님 덕분이니까요. 저
희를 중매해주신 거나 마찬가지십니다."

수범은 갑자기 울컥해져서 잠시 말을 멈추었다. 만감이 교차하는
듯해서였다.

"사실 저희 집안이 여러모로 아름 씨 집안보다 부족해서 사귀면서도 걱정
을 많이 했었거든요. 그런데 염려했던 것과 달리 아름 씨 부모님께서도 저
를 무척 아껴주십니다. 겪어보니 어른을 공경할 줄 안다고 좋아하세요. 이
것도 다 선생님께서 지도해주신 덕분이고요. 늘 감사한 마음입니다."

매너도서관은 수범의 고마워하는 모습을 보고 있자니 말로 표현하
기 어려운 보람과 진한 감동을 느꼈다.

"저희 결혼식에 꼭 와주실 거지요?"

"물론이지요. 가고말고요."

"미국에 오실 기회가 있으시면 꼭 연락주시고요."

***

Ending

아쉬움을 뒤로 하고 수범과 매너도서관은 악수를 나누었다. 매너도 서관의 진심 어린 격려와 수범의 발전을 기뻐하는 행복한 에너지가 수범에게 그대로 전해졌다.

수범은 매너도서관이 탄 차가 시야에서 사라질 때까지 멘토이자 인 생의 귀인에게 감사하는 마음으로 손을 흔들며 서 있었다. 매너도서 관도 그의 인생이 늘 행복하길 진심으로 기원하며 그런 수범의 모습 을 눈에, 그리고 마음에 담아두었다.

삶이 갓생으로 술술 풀리는 사회생활

매너 레벨 올리기

초판 1쇄 인쇄 2022년 3월 2일
초판 1쇄 발행 2022년 3월 15일

지은이 이정민(매너도서관)

대표 장선희 **총괄** 이영철
책임편집 이소정 **기획편집** 정시아, 한이슬, 현미나
디자인 김효숙, 최아영 **외주디자인** 이창욱
마케팅 최의범, 강주영, 김현진, 이동희
경영관리 문경국

펴낸곳 서사원 **출판등록** 제2021-000194호
주소 서울시 영등포구 당산로 54길 11 상가 301호
전화 02-898-8778 **팩스** 02-6008-1673
이메일 cr@seosawon.com
블로그 blog.naver.com/seosawon
페이스북 www.facebook.com/seosawon
인스타그램 www.instagram.com/seosawon

ⓒ이정민, 2022

ISBN 979-11-6822-050-8 03320

서사원은 독자 여러분의 책에 관한 아이디어와 원고 투고를 설레는 마음으로 기다리고 있습니다. 책으로 엮기를 원하는 아이디어가 있는 분은 이메일 cr@seosawon.com으로 간단한 개요와 취지, 연락처 등을 보내주세요. 고민을 멈추고 실행해보세요. 꿈이 이루어집니다.